KB071882

청백리 나라

깨어나라, 청요의 영혼

함경옥·함기철 공저

청어

청백리 나라

깨어나라, 청요의 영혼

함경옥, 함기철 공저

Contents

제2장

청사靑史의 파수꾼 청백리들

제3장

왕도王道 정치를 꿈꾸었던 선각자들

제4장

시대정신이 나라를 이끈다

◆ 청백리(淸白吏) 배출가문

6명 이상 배출 가문―전주 이씨·파평 윤씨·안동 김씨·연안 이씨·남양 홍씨·전의 이씨, 5명 이상 배출 가문―광주 이씨·한산 이씨·양천 허씨 등 청백리 배출 가문, 총 44씨족에 총 218명이다.

에필로그

제 2 부
함문咸門의 청백리 문화, 양평에 만발

제1장
〈개국시대〉
용문산 골짜기마다 성군의 발자국

제2장

〈저무는 달〉
불교국가에서 유교 나라로

제3장

〈문화시대〉
역사를 창조한 예술인들

제4장
〈충효시대〉
소수가 성취한 위대한 유산

5장
〈교육시대〉
함순·함헌의 후예들

제1부

사대부들의 로망,
청백리 녹선

청백리에 녹선됨은 개인의 영광을 넘어
가문의 축복이며 나라에도 기쁨이다.
조선의 성씨(姓氏)들이 몇백은 될 터인데
500여 년 역사에 44가문에 청백리는 218명에 불과하다.
장원급제보다 어려운 것이 청백리가 되는 축복이다.
청백리는 권력과 재화가 목적이 아닌
노블레스 오블리주에 뜻이 있어서다.
그래서 청백리는 시대를 초월한 사대부들의
아름답고 찬란한 로망이 되었다.

날은 저물고 갈 길은 멀고 멀다日暮途遠

백의민족과 청백리 사상

대명천지(大明天地) 밝은 태양 아래에선 밝은 빛이 고마움을 느끼지 못한다. 허지만 태양이 사라지면 빛은 우리에게 없어선 안 되는 존재로 부각된다. 세상사도 예외가 아니다. 명예와 재화가 그 주인공이다. 인간이 삶을 유지하는 데는 속성을 초월하기 어렵다.

그런데 그런 생활에서 독야청청(獨也靑靑)한 주인공이 있다. 청백리(淸白吏)다. 그들도 재화와 명예를 갖고 싶으나 명예만을 택한 꽃보다 더 아름다운 청백리들이다. 사실 아름답고 위대한 주인공들은 평소엔 관심의 대상이 되지 못한다. 아름답고 위대하여 늘 우리 주위에 있어 미처 몰라보기 때문이다.

태양과 공기가 그런 존재다. 공기와 태양은 우리가 살아 있는 한 불가분의 관계다. 그러나 우리는 그것들을 당연한 것으로 알고 있다.

이 세상에 당연한 것은 그 어느 것도 존재하지 않는다. 모든 것은 관계(關係)에서 이루어지고 있다. 그 관계가 끊어지면 상대적인 것은 우리에게서 떨어져 나간다.

칠흑같이 어두운 밤에 북두칠성 같은 주인공이 있다. 청백리다. 청백리는 어두운 세상을 밝히는 등불인 동시에 횃불 같은 존재다. 청(靑)의 의미는 물처럼 티 없이 깨끗함을 듯하고, 백(白)은 다른 색깔에 전혀 물들이지 않는 흰색이며, 이(吏)는 벼슬아치를 의미한다. 그러니까 남에게 추호만큼의 신세도 지지 않는 목민관(牧民官)을 말합니다. 과연 그런 목민관이 존재할 수 있었을까?

조선의 청백리 정신은 소위 삼불사거(三不四拒)란 것이 있었다. ※사거(四拒)다.

-일불(一不) 부업을 하지 마라.
-이불(二不) 땅을 사지 마라.
-삼불(三不) 집을 늘리지 마라.
-사불(四不) 재임 시 명산물을 먹지 마라.

이같은 목민관이 있으면 임금은 1년 365일 다리 쭉 뻗고 경연(經筵)이나 하고 산천경계 좋은 곳을 찾아 백성들의 태평장춘(太平長春)하게 해달라고 하느님에게 기도나 하겠다. 하지만 세상은 그렇게 그러하지 못했다.

견물생심(見物生心)이 생긴다. ※삼거(三拒)다.

-일거(一拒) 윗사람의 부당한 요구를 거절한다.
-이거(二拒) 부득이한 요구를 들어줬으면 답례를 거절한다.
-삼거(三拒) 경조사에 부조를 거절한다.

삼불사거를 모두 지키란 청백리의 요구조건이다. 이같은 조건을 지켜준 청백리가 몇 명이나 됐을까?

　조선조는 억불숭유(抑佛崇儒)에 남녀칠세부동석, 성리학의 나라였다. 고려는 국교가 불교였었다. 국교가 달라서였는지 알 수 없으나 조선조는 여성의 지위가 확연하게 달랐다.

　오늘날(2021년)의 한국에서 여성 지위야 여성 상위라 할 정도로 위세가 있으나 조선조에서는 고려와는 판이한 삶이었다.

　견물생심이 발동하는 것은 목민관 자신을 위한 것이기도 하지만 결혼한 사내라면 처자식이 있어 욕심이 생긴다. 보고 듣고 하는데 본인도 남들같이 처자식에게 좋은 것 입히고 먹이고 좋은 집에서 살게 해주고 싶은 것이 가장의 본심이다.

　청백리라고 눈과 입이 다르지 않다. 그러나 목민관은 명예와 재물을 어느 하나쯤 선택해야만 한다. 명예다. 명예는 고통스럽고 결혼한 사내라면 남들과 다르게 살아가길 강요하는 삶이다.

　그러나 사후엔 역사가 되어 영원히 살아 있는 청사(靑史)가 되는 아름다운 길이 존재가 된다. 사실 청백리의 존재가 필요 없는 나라가 될 수는 없을까? 옥야천리(玉野千里: 끝이 없는 기름진 땅)면 청백리는 존재 이유가 없다. 하지만 청백리의 길이 없어도 되는 나라는 역사에 없었다.

　청백리는 멀리 중국 한무제(漢武帝 12년) BC 168년에 염리(廉吏)를 선발하여 표창하고 곡식과 비단을 상으로 준 것을 효시(嚆矢)라고 말하고 있다.

후한대(後漢代)에 양진(楊震)은 대대로 청백리를 탄생시켜 가문을 빛냈으며, 당나라에선 방언겸(房彦謙 578~648), 송(宋)대엔 두건(杜愆)과 한때 TV 드라마에서 인기를 누렸던 포청천(包靑天)도 대표적 청백리로 칭송을 누렸다. 또한, 양(梁)나라엔 서면(徐勉)이 칭송을 받았었다.

한편 우리나라에선 고구려 시대부터 청백리를 표창한 기록이 있으며 고려를 거쳐 조선조에서는 이 제도가 정착하여 218명의 아름다운 목민관이 탄생하였다.

청백리는 사실 고행(苦行) 그 자체다. 한 가문에 두 임금을 절대 모실 수 없다고 한 '불사이군(不事二君)과 청백리 그리고 팔도 관찰사를 역임한 톨레랑스(tolerance)에 달인, 게다가 중국의 죽림칠현(竹林七賢)에 비견(比肩)되는 고려의 강좌칠현(江左七賢)의 한 인물이 탄생했다면 그 집안은 어떤 가문이었을까?

청백리는 조선과 중국에서 숭앙받는 주인공들이다. 중국에서 처음 시작됐으나 그 제도를 도입한 조선에서 제도화와 칭송받는 주인공들이 되었다. 그것은 성리학의 영향이 아닐까 생각된다.

송나라에서 태동된 성리학은 조선에 와서 퇴계 이황(退溪 李滉 1501~1570)과 율곡 이이(栗谷 李珥 1536~1584)에 이르러 조선 성리학으로 발전하여 태생지보다 더 발전, 진화된 것을 볼 때 성리학과 무관하지 않을 듯하다.

그리고 흰색(白色)을 유독 좋아하는 소위 백의민족과도 역시 무관하지 않아 보인다. 19세기 말 조선을 방문한『아리랑』의 저자 닐

웨일스(1907~1997)는 흰색에 대해 "이상주의와 순교자(殉教者)의 민족이 아니라면 이처럼 깨끗함과 청결을 선호하지 않을 것"이라 하였다.

사실 우리 조상들은 고대부터 흰색을 숭상하였다. 광명(光明 태양 숭배)와 샤머니즘 영향으로 흰색을 좋아했다는 얘기도 있다. 또한, 성리학의 나라 조선에서 사치를 배격하고 검박(儉朴)함을 지향하는 유교 철학의 청결, 숭고함 등을 상징하는 흰색이 가장 잘 어울려 선비들의 의복 속에서도 선호되었을 가능성이 크다.

이같은 사회의 풍조는 우리 민족에게 백의민족이라는 무의식이 잠재 있다고 할 수 있다. 우리 문헌엔 흰옷에 대한 기록이 빈약하다. 중국의 『삼국지위지 동이전』엔 "부여와 신라 사람들은 흰옷을 즐겨 입었다"라고 기술하고 있다.

또한, 1894년에 네 차례 우리나라에 왔었던 영국의 이사벨 비숍(1831~1904) 여사는 "한국 전통의 흰옷은 항상 현성축일(顯聖祝日)에 나타나는 예수님의 옷에 대한 성(聖) 마가가 했던 세상 어떤 빨래 집도 그토록 하얗게 할 수 없다는 말이 떠올랐다"라고 서술하였다.

아무튼 우리 조상들이 백마(白馬) 백호(白虎)같이 흰색을 유난히 좋아했었던 것은 역사적 사실이다. 우리의 영산인 백두산(白頭山)은 흰색 부석(浮石)이 얹혀 있는 것이 마치 흰머리 같다고 '백두'라는 이름을 붙였으며 제사 때 하얀 소머리를 제물로 바쳐 백두산이라 했다고 한다.

또한, 남한에서 제일 산인 한라산(漢拏山)의 백록담(白鹿潭)도 옛날에 신선이 흰 사슴을 타고 내려와 물을 마셨다는 전설에서 유래한 명칭이라고 전해지고 있다.

이토록 흰색의 역사는 깊다. 또한, 중국인과 서양인들이 본 흰색은 거의 순결·청결·고귀함의 민족의상이라고 보고 있음이 밝혀졌다.

그런 역사와 사회적 분위기에서 청백리의 탄생은 숙명적인 동시에 한민족 특유의 정체성이라고도 말할 수 있을 듯하다.

어느 시대든 시대정신이 있다. 왕조시대엔 그 시대의 미래를 창출해낼 시대정신이 있었다. 삼한(三韓 마한·진한·변한)을 지나 삼국(三國 고구려·백제·신라) 시대를 거치는 과정에서도 그 시대가 요구하는 시대정신을 창출해냈다. 지식인들이다.

왕조시대엔 청백리(淸白吏 선비)들이 그 역할을 맡았다. 소위 청백리란 용어는 조선이 개국 되고 안정기에 접어들어서부터 본격적으로 쓰였다.

조선조는 청백리를 218명 배출시켰다. 500년의 역사에 2년마다 한 명씩 청백리가 나왔다. 218명의 청백리가 조선조 500여 년의 청사(靑史)에 주인공이다. 그들은 사회가 혼탁하여 역사가 소용돌이칠 때 역사의 전면에 나서 온몸으로 불의와 부정부패와 싸웠다.

시대정신으로 갑옷과 투구를 만들어 불의와 부정부패의 화신인 간신배(奸臣輩)들과 맞섰다. 그런 시대정신은 삼국시대인 고구려·백제·신라에서부터 발아(發芽)되었다.

원효·최치원의 시대정신

신라엔 원효(元曉 617~686)와 최치원(崔致遠 857~?)이 각각 다른 길을 걸으며 나라 발전에 이바지하였다. 원효는 한국불교의 태두, 최치원은 유학 사상의 개척자다.

그러면 이들은 과연 그 시대의 시대정신을 만들어 냈을까? 시대정신이란 한시대의 문화적 소산에 공통되는 인간의 정신적 태도와 양식 또는 이념을 지칭한다.

시대정신은 한 사회의 발전과 진화에 횃불(북두칠성) 역할을 한다. 어느 사회든 시대정신은 어둠 속 망망대해에서 가야 할 길을 알려주는 북극성같이 미래좌표로 삼아 앞으로 나가게 한다.

그런데 원효와 최치원은 신라 초기 사회에서 그 역할을 해냈다. 그때 골품제(骨品制 성골·진골) 사회에선 원효(자유인)와 최치원(해외파)의 앞서가는 횃불의 의미를 미처 알아보지 못하였다. 특히 최치원은 해외에서는 유명했으나 정작 조국 신라에선 골품제를 넘지 못하고 좌절에 빠졌다.

고려에선 김부식(金富軾 1075~1151)과 일연 스님(一然 1206~1289)의 역할이다. 김부식은 고려전기 지식인의 대표자인 동시에 『삼국사기』의 편저자이며 일연 스님은 고려 후기를 대표하는 지식인으로 『삼국유사』의 저자이다.

『삼국사기』는 역사적으로 대국인 중국을 의식하지 않을 수 없었다. 그때는 무인(武人) 정치 시대로 접어든 시기로 무의식적으로 어쩌면 그때 시대정신이었을지도 모른다.

일연 스님의 『삼국유사』는 승려들의 중심적 얘기가 펼쳐져 인간군상들의 민족 정서로 향가 등 고대문화의 저수지라 하겠다.

역성혁명(易姓革命)으로 세워진 조선엔 정몽주(鄭夢周 1337~1393)와 정도전(鄭道傳 1342~1398)이 역사의 진로를 놓고 격돌한 무대다. 정몽주는 고려를 개혁하여 역사 앞에 계속 두자는 쪽이고 정도전은 부패한 왕씨(王氏) 나라를 뒤엎자는 혁명파다.

이방원(李芳遠 재위 1400~1418)의 일파에 선죽교에서 정몽주가 질명하면서 고려는 급속히 역사 속으로 사라졌다. 이후 정도전의 세상이 펼쳐진다. 왕조 국가의 역사가 500여 년이란 세월은 드문 역사다.

신라는 992년의 역사를 썼으며 고려 474년, 조선 518년, 고구려 705년, 백제 678년을 각각 한반도에서 자웅을 다투는 투쟁의 역사를 창출하였다. 유럽의 여러 왕조 보다 역사의 무대에서 주인 행세로 버텼다.

걸출한 지식인들의 지혜로운 리더가 있었기 때문일 것이다. 퇴계 이황(李滉)과 율곡 이이(栗谷 李珥)의 학풍을 중심으로 모였으나 나중엔 학풍보다 재물과 명예를 밝히게 되었다. 학문도 먹어야 한다는 원초적 욕망이 발동했으리라!

견물생심(見物生心). 살아 있는 것엔 먹어야 한다는 원초적 욕망이 발동하면 누구나 마음이 흔들린다. 그런 상황에서 지식인으로 사명감을 잃지 않는 이들이 있다. 청백리(선비)다.

한국사에서 왕조(王朝)들이 500여 년을 지킬 수 있었던 것은 자신들의 직분을 철저히 지켜주었기에 가능했던 역사다. 그들은 시대 상황에 따라 사회로부터 받은 혜택을 되돌려 주어야 한다.

사회에 대한 지식인의 역할이다. 소위 노블레스 오블리주(noblesse oblige)다. 이황은 유학자의 모범이며 이이는 경세가의 롤모델이 되었다. 이처럼 어느 시대에서든 지식인의 역할이 뚜렷해야 그 시대의 패러다임(paradigm)이 창출된다. 사실 조선 500여 년은 이황과 이이의 학풍이 꽃피운 세상이 아니었을까?

코로나19가 중국 우한(武漢)에서 발생하여 지구촌을 죽음의 바다로 만들고 있는 것은 변종이 계속 발생 되어서다.

조선조 500여 년의 역사는 시대의 변화로 북학파에서 실학파로 진화되어 개혁과 개방으로 이어갔다. 그 시대의 중심인물은 박지원(朴趾源 1893~1966)과 박제가(朴齊家 1750~1805) 그리고 정약전(丁若銓 1758~1816) 정약용(丁若鏞 1762~1836) 형제가 있었다.

그리고 이건창(李建昌 1852~1816)과 서재필(徐載弼 1864~1951) 등이 있었으며, 뒤이어 신채호(申采浩 1880~1936)와 이광수(李光洙 1890~1950), 함석헌(咸錫憲 1901~1989), 장일순(張壹淳 1928~1994) 등이 메말라가는 유토피안적인 정신세계에 오로라(Aurora)와 오아시스(Oasis)적 한줄기 태양 같은 존재였을 것이다.

모든 것은 때가 있다. 백마 탄 왕자도 기다리는 여인이 있을 때 환영을 받을 것이며 왕조시대에 청백리와 같은 역할이 절체절명적 필요한 즈음에 지식인들의 목소리가 들려오지 않는다.

사실 요즘 지식인들의 걱정이 태산과 같다. 오늘날 5천여 년만에 국민이 누리고 있는 경제적 풍요는 단군 이래 처음 누리는 풍요다. 1945년 해방 이후 높은 교육열이 뒷심이 된 산업화와 민주화를 거친 초고속 경제성장의 달콤한 열매다.

문제는 이 달콤한 열매에 취해 더는 발전, 진화하려는 의지와 청사진이 보이지 않아서다. 민주화의 열매가 너무 크고 향기로워 그만 넋을 잃었나 보다.

조선조가 당파싸움으로 피비린내 나는 골육상쟁을 하는 과정에서도 새로운 인물이 등장(배출)했다는 사실을 간과해서는 안 될 터다. 새 술은 새 부대란 말도 있듯이 이제 민주화 열매의 취중에서 깨어나야 할 절체절명의 시점이다.

민주화 터널에서 빠져나올 뉴비전(New Vision)을 지식인들은 창출, 21세기의 시대정신을 숨 막히게 기다림을 그들은 알아야 한다.

사실 청백리들은 패도 국가와 법질서 국가를 넘어 질서 국가 그리고 왕도(王道) 국가를 바라고 그렇게 치열하게 살았을 것이다. 지금은 이 시대를 위한 순교자적 지식인들의 목소리가 그 어느 때보다 목마를 때다.

청백리는 왕조시대에 뉴패러다임을 제시해야 하는 대명사다. 그리고 오늘날엔 미래의 청사진을 제시해야 함은 지식인들의 책임이자 의무다.

그런데 작금엔 그런 시대정신을 제시, 구현할 중심적 인물들이 보이지 않아 걱정이 태산 같다. 『청백리 나라』를 펴냄은 4차산업혁명 시대에 교육혁명이 어느 시대보다 절박한 때다.

우리나라 최초 사학인 최충(崔沖 984~1068)의 문헌 공도가 고려 미래지향적 시대정신을 제시했듯, 오늘날 시대정신을 제시, 구현할 인재를 발굴, 4차산업혁명의 역군을 육성할 함왕(咸王)서당 건립으로 교육보국(敎育報國)이 목표다.

조선 최초의 청백리, 안성安省 장례행렬

청잣빛 하늘에 구름 한 점 없는 날씨다. 10월 접어들어 제법 날씨가 쌀쌀하다. 이같이 쌀쌀한 날씨인데도 경상도·충청도·경기도 등 삼도 관원들이 모두 소복을 입고 장례행렬을 뒤따르고 있다.

수백 기의 만장(輓章)이 바람에 휘날리는 가운데 5리(里) 길에 이르는 장례행렬은 장엄하기 그지없다. 세종(世宗 2년) 1421년 안성(安省 1344~1421 字 泉谷)의 장례행렬이다. 국장 못지않은 규모에 엄숙하기도 해 개인 장례로는 보기 드물게 호화롭다. 천곡은 조선조가 청백리제도를 시작하고 나온 첫 번째 주인공이다.

여러 벼슬을 지낸 천곡은 끝으로 경상감사의 임무를 마치고 상경하던 중 안동 하회(河回) 마을의 산수에 반해 며칠 쉬었다 상경하려다 그만 이승을 떠났다. 당시 그의 나이 78세였다.

천곡이 7월 16일 한여름 안동에서 영면했으니 10월 가을에 이장하는 것이다. 원래 천곡의 묘지는 자신이 여러 해 전에 대모산(大母山) 기슭에 정해 놓았는데, 지난해(1420년) 원경왕후(元敬王后)의 능소(陵所)로 쓰인 대신 무학대사(無學大師 1327~1405)가 봐두었던 읍내 중대리(中垈里) 땅과 대토(代土)하였다.

천곡은 조선 3대 왕 태종 이방원(太宗 李芳遠 재위 1400~1418)과 인연이 깊다. 두 사람은 고려 말인 1380년과 1382년 각각 문과(文科)에 급제하였다. 천곡이 이방원보다 2년 앞서 급제, 보문각 직제학이 되지만 태종은 2년 뒤 급제, 밀직사대관으로 벼슬길에 나아갔다.

그들은 모두 약관의 나이다. 둘은 우여곡절 끝에 한 사람은 상왕(태종 이방원)이 됐으며 또 한 사람은 경상감사(監司)가 되었다.

그해(1420년) 7월, 태종의 왕비 원경왕후 민씨(閔氏)가 세상을 떴다. 태종은 조선 제일의 지관(地官)에게 왕후의 능을 명당으로 잡으라 엄명을 내렸다. 그런데 조선 제일의 지관이 찾은 자리는 천곡이 잡아 놓은 바로 그 자리였다. 경사(經史)에 밝았던 공은 천문(天文)과 지리(地理)에도 조예가 깊었다. 그래서 어렵게 돈을 모아 몸소 자신의 묘지를 마련했다. 그런데 태종은 조문을 위해 상경한 천곡에게 땅을 바꾸자는 제의를 해왔다.

그들은 왕과 신하의 관계 이전에 가까운 친구였다. 천곡은 주저 없이 태종의 제안을 받아들였다. 태종은 이미 15년 전에 타계한 국사(國師) 무학대사가 봐둔 명당인 광주읍 중대리 땅과 대모산 땅을 바꿔 원경왕후 능을 썼다.

오늘날 서울특별시로 편입된 헌릉(獻陵)이 바로 그 자리다. 서울에서 성남시로 가자면 내곡동을 지나 염곡동 고개 넘어 위치한 곳으로 헌인릉(獻仁陵)이 바로 그런 역사를 지닌 아름다운 왕과 신하, 아닌 절친의 붕우(朋友) 얘기가 숨 쉬는 곳이다.

헌인릉이란 조선의 제23대 순조(純祖)의 인릉(仁陵)과 합쳐 부르기 때문에 헌인릉이라 부른다. 아무튼 천곡은 원경왕후가 1420년 7월 이승을 떠난 후 꼭 1년 후인 1421년 7월 저승으로 갔다.

천곡의 사망 소식을 들은 태종은 몸이 불편한 중에도 금상왕(今上王) 세종(世宗 재위 1418~1450)을 불러 관례장(官禮葬)으로 치르되 삼도신(三道臣) 등 모두에게 소복하고 경건하게 호상할 것을 명하였다.

"공은 사적으론 나와 친구였으며 언행과 예의범절 또한 깍듯했고, 특히 지방관으로 있을 때 치적은 실로 귀감이었다. 생활이 청렴하여 선왕(태조 이성계先王 太祖 李成桂 재위 1392~1398)께서 청백리 수편(首篇)으로 녹선 했으니 그 인품이야 더 말해 무엇하랴…. 또 작년엔 모후(세종의 생모 민씨)를 위해 친히 잡아 두었던 유택(幽宅)을 주저없이 내어주었다. 이번에 관례장을 치러줘 공의 고귀한 넋을 다소나마 위로해 줘야 할 것이다."

"예 분부대로 거행하겠습니다."

이같은 연유로 천곡의 장례는 보기 드물게 호화롭게 치러졌다. 왕과 신하의 관계를 뛰어넘는 친구의 뜨거운 우정이 낳은 장미보다 아름다운 역사다.

얘기는 여말선초(麗末鮮初)로 거슬러 올라가 이어진다. 천곡은 약관에 급제, 내직에 있다가 상주(尙州) 판관으로 나아간다. 왜구의 난동으로 목불인견(目不忍見)의 상황이었다. 공은 부임 즉시 "내겐 일탕이채(一湯二菜)만 올려라." 명했다. 즉 죽 한 대접에 김치와 나물 등을 한 접시씩만 올리라는 엄명이었다.

천곡은 성읍 수축에 나섰다. 때론 부역 나온 백성들과 식사를 같이 했다. 실로 파격적인 목민관이다. 고을 백성들은 차츰 새로 부임한 판관을 신뢰하기 시작하였다. 천곡이 부임한 지 2년이 지나자 성읍은 몰라보게 달라졌다. 당시 청원군 봉함(封緘)을 받고 시중(侍中) 벼슬에 있던 독곡(獨谷) 성석린(成石璘)은 상주 고을을 지나다 공의 업적을 높이 평가 다음과 같은 시를 읊었다.

나라에선 수령을 중히 여기며

기쁨, 걱정 모두가 민생(民生)에 있네

정사(政事)란 오로지 백성을 편안하게 해주는 것

거문고 소리와 노래가 무기와 성곽으로 바뀌었도다

백성을 사랑하니 창고가 가득 차고

나그네 머무는 초막은 깨끗하기도 하여라

스스로 평생에 해온 일 부끄러워하기를

조그만 일도 이루어 놓은 것이 없다

그러나 국운이 쇠약해진 고려는 무기력해 앞날이 보이지 않았다

소위 삼은(三隱) 중 포은 정몽주(圃隱 鄭夢周) 야은 길재(冶隱 吉再) 등과 국운을 토론 끝에 공은 고향으로 돌아갔다. 그는 낙향하기 전에 포은, 야은과 술자리를 나누고 낙타교(駱駝橋)에서 헤어질 때 《명홍(冥鴻)》이란 시를 지었는데 아쉽게도 전해지지는 않고 있다.

고려(918~1392)는 결국 474년의 역사로 끝맺었다. 이같이 여말선초라는 역성혁명(易姓革命)의 와중에도 천곡은 매사를 올곧은 청백리 정신으로 접근하여 역사의 희생양이 되지 않았다. 사실 성(姓)이 바뀐 왕씨(王氏)의 나라에서 이씨(李氏)의 나라로 간판만 교체됐을 뿐 백성과 삼천리 금수강산은 고려나 조선이나 다름이 없었다.

아무튼 태조 이성계는 천곡에게 개성유후(開城留後)를 재수하며 나라의 운명에 협조를 구하였다. 그러나 천곡은 벼슬을 단호히 거절하며 이유를 들었다.

"저희 선조는 17대 가운데 고려조에서 시중(侍中)이 8분이며 학사

7분이 나와 전조(前朝)를 섬겼습니다. 이런 교목세신(喬木世臣)인 제가 어찌 두 나라 왕조를 섬기겠습니까? 지하에 계신 조상님들의 영혼이 모두 여조(麗朝) 신하들이거늘 저만 홀로 어찌 신조(新朝)를 섬기겠사옵니까?" 말을 마친 천곡은 궁궐 주춧돌에 머리를 부딪쳐 자결하려 했다. 이를 본 신진 혁명 세력들이 천곡을 척살하려 하자 태조가 극구 만류하였다.

"어서 부축해서 일으켜라! 그의 말에도 일리가 있느니라! 참된 충신은 불사이군(不事二君)이라 하지 않았느냐?" 머리에 흐르는 피를 씻어 주도록 명한 태조는 공을 귀가시켰다. 태조는 천곡을 설득하려고 그와 친하게 지내는 오남 이방원을 앞세웠다.

자결하면서까지 불사이군의 충절을 지키려는 천곡에게 마음이 더 쏠렸을 터다. 사실 이제 개국(開國)을 했는데 벼슬에만 눈독을 들이는 공신들이 언뜻언뜻 보여 천곡 같은 신하가 더욱 절실한 때였다.

방원는 당시 개국공신일 뿐이다. 온갖 술책으로 참여를 유도했으나 소귀에 경 읽기였다. 방언은 고심 끝에 아픈 곳을 건드렸다. 고희(古稀)를 넘긴 노부 안기(安器)를 처벌하겠다며 협박을 했다. 결국, 천곡은 숙고 끝에 벼슬길에 나아갔다. 천곡은 불사이군 이전에 지극한 효자였다.

이런 와중에도 여조(麗朝)의 구신들은 견원지간(犬猿之間)처럼 나뉘어 대사헌에 공의 탄핵을 올렸다. 하지만 태조는 엄히 조사한 뒤 추호의 잘못도 없음이 밝혀지자 모함한 이들을 엄벌했다.

그 후 천곡은 강원도 관찰사로 외직에 나갔다. 그즈음 극심한 홍

년이 들어 백성들에게 선정을 베풀었으며, 의정부(議政府) 좌참찬, 개성유후를 거쳐 평안감사에 오른다.

천곡은 평안감사 2년을 재임하고 조정의 명을 받고 상경하였다. 그의 짐은 누더기 금침(衾枕)과 책을 담은 고리짝 하나가 고작이었다.

그의 유언은 특별했다. "나는 두 나라 임금을 섬겼으니 비석을 세우지 말라." 오늘날 경기도 광주 중대리에 있는 공의 묘소에는 비석이 보이지 않는다. 조선 최초의 청백리답다.

방촌(厖村) 황희(黃喜)는 "굳세기는 대붕 같고, 도(道)는 정몽주와 길재 같으며 덕과 재는 기산(箕山) 영수(潁水)와 같이 뛰어나 도연명(陶淵明)이 이 세상을 떠난 후 오직 천곡 한 사람뿐이다."라고 칭송을 아끼지 않았다.

벼슬을 50여 차례 거부한 이태중李台重

고결한 영혼의 학풍(學風)을 이뤘다. 이곡(李穀 1298~1351 字 仲父)과 이색(李穡 1328~1396 字 牧隱) 부자가 이룩한 학풍, 삼산(三山) 이태중(李台重 1694~1750)에 이르러선 청백리 사상으로 고결하고 아름답게 피어났다.

삼천 년에 한 번 핀다는 우담바라 꽃같이 아름답고 위대한 영혼의 꽃이다. 더욱이 밤에만 2~3일 동안 살짝 피었다 진다니 웬만한 행운의 주인공이 아니면 볼 수 없는 귀한 존재다.

때는 영조(英祖 재위 1724~1776) 시대에 탕평책이란 인사정책에 휩쓸리지 않고 소신의 정치를 한 삼산은 청백리 중 청백리로 추앙을 받고 있다.

작금의 시대 상황이 너무 엄중해 청백리 사상과 시대정신이 더욱 아쉬운 즈음에 삼산 같은 목민관이 목마르게 기다려지는 시점이다.

현대판 삼산 같은 목민관을 기다리며 265년 전의 그의 정치 행적을 더듬어 올라간다.

이곡과 이색 부자는 고려인으로 본국에서보다 원(元)나라의 과거에 빛나는 기록을 남겼다. 이곡은 정동성(征東省) 향시에 수석, 전시(殿試)에 차석으로 급제하였다.

이때 지은 대책(對策)을 본 원나라 독전관(讀箋官)들이 감탄을 숨기지 않았다.

부전자전이라 하였다. 아니 청출어람(靑出於藍)이라 해야 딱 맞는 표현이 될 터다. 아버지의 학문을 뛰어넘은 아들이 있다. 주인공은 목은 이색이다. 그는 정동성 향시에 1등, 제과 회시에 1등 그리고 전시엔 2등으로 등과하였다. 참으로 위대하게 가문의 영광을 높였다.

목은(牧隱) 이색(李穡), 고려 후기 대사성, 정당문학, 판삼 등을 역임한 문신·대학자

이같이 학문적으로 뛰어난

집안의 자손으로 태어난 자체가 영광일 것이다. 주인공은 삼산의 위치다. 그는 자기 집안 내력을 충분히 알고 있었을 거다.

이색은 이성계(李成桂 재위 1392~1398)의 역성혁명에 호의적이지 않았다. 명(明)나라에 가서 창왕(昌王 재위 1388~1389)의 입조와 고려에 대해 감국(監國)을 주청해 이성계 일파의 세력을 억제하려 하였다. 그는 이성계 일파가 세력을 잡자 오사충(吳思忠)의 상소로 장단에 유배되었다. 이듬해 함창으로 옮겼다 청주로, 다시 함창으로 옮겨 다니는 고초를 겪기도 하였다.

삼산은 이곡과 이색 부자의 학문궤적을 충분히 알고 있었을 것이다. 아마도 삼산은 이색 부자의 학문 세계보다 정치 스타일이 한 차원 높고 강렬했었던 것으로 보인다.

그렇다. 그는 이곡·이색 선대의 학문 세계로 가기보다 진정한 목민관의 길을 택한 듯하다. 그러한 행적은 20년간 벼슬살이를 하면서 50여 차례의 교지를 받지 않은 것을 봐도 짐작이 된다.

삼산는 정치를 잘못해 유배를 간 것이 아니고 벼슬을 거부해 유배를 갔다. 여섯 차례나 유배길에 올랐다. 사헌부 지평(持平) 이태종을 영조가 한밤중에 부른다. 1735년 4월 25일 극비리에 야대(夜對)다. 왕이 밤중에 신하를 불러 나라를 다스리는데 강론을 펼쳤을 것이다.

삼산이 봄에 암행어사를 사직하자 사헌부 지평으로 임명했으나 응하지 않아 영조가 삼산을 부른 것이다. 삼산이 올린 상소가 빌미다. 그 일부는 아래와 같다.

"임금의 도리가 엄하지 아니하여 의리가 점차 어두워져서 궁액

(宮掖)과 가까운 척친(戚親)이 우매한 사건을 벗어나지 못해 충신의 원통함이 밝혀지지 못하여 참소하는 말들이 함부로 나돌아 선대왕 조의 원로들이 아직도 단서(丹書)의 죄적에 있습니다. 죄를 다스림이 느슨하여 법망에서 빠져나간 자가 수두룩하며 음양이 서로 뒤섞여 이익을 추구하는 데에 몰두하니 이것이 금일에 나라의 형세가 위태롭고 세도(世道)가 퇴폐해지는 원인입니다."

영조가 삼산에게 다그친다.

"네가 지칭한 궁액과 가까운 척친과 원로란 누구를 말하느냐?"

"가까운 척친은 서덕수(徐德修)이며 원로는 4대신인 영의정 김창집, 좌의정 이건명, 영중추부사 이이명, 판중추부사 조태제를 말합니다."

영조는 노기충천한 목소리로 "을사년(1725) 이후 조정의 신하 가운데 서덕수의 억울함을 말하는 자가 없었는데 네가 감히 신원(伸寃)하고자 하는가?" 삼산은 조금도 흔들리지 않았다.

영조는 52년의 치세(治世)를 누렸다. 동인과 서인을 고루 등용하여 보위를 지켰다. 고구려 제20대 장수왕(長壽王 재위 412~491)이 80년을 집권 이후 최장수 재위한 임금이 되었다. 98년까지 산 그의 시호가 장수라 장수왕이라 불렀다.

장수왕은 우리 역사에 최장기집권 정치인으로 역사를 썼다. 중국 남북조시대에 등거리외교로 고구려의 최전성기를 이끌었다. 장수왕 이후 영조도 동인과 서인의 권력다툼을 탕평책이란 절묘한 인재등용의 지혜로 52년에 치세를 누릴 수 있었다. 이런 정치 소용돌이 속에 삼산 이태중이 '청백리 중의 청백리' 역할을 해냈다.

영조는 삼산과 동갑내기다. 왕과 신하의 사이가 아니었다면 성난 목소리로 갑론을박했을 것이다. 삼산은 뜨거운 가슴으로 냉철한 머리로 진언(眞言)을 하였다. 왕과 신하의 관계다.

이태중은 과거급제 후 20년 동안 58개의 관직이 임명되지만 대여섯 개의 직만 수행한다. 당시 꽃보직이라 할 전라도 관찰사도 미련 없이 사직 상소를 올린다. 그것도 한 번이 아닌 두 번이나 사직서를 내논다.

이방원이 포은(圃隱) 정몽주(鄭夢周 1338~1392)를 회유할 때 부른 《하여가(何如歌)》가 떠오른다.

이런들 어떠하리 저런들 어떠하리
만수산 드렁칡이 얽혀진들 어떠하리
우리도 이같이 얽혀 백년까지 누려보세

그러나 포은이 《단심가(丹心歌)》로 이방원의 회유를 일언지하에 거절한 것처럼 삼산도 한산 이씨의 정신적인 지주인 이색의 제자 포은의 길을 좇았다.

사실 조선조에는 좋은 벼슬이 많지 않았다. 사대부들이 동인과 서인으로 갈리어 처음엔 학파 중심으로 이합집산했으나 나중엔 이익집단화로 변모한 모습이었다. 권력의 맛을 본 목민관이 되었다. 그런 정치판에서도 삼산은 독야청청하였다. 이곡 이색 부자가 이룩해놓은 도도한 학문의 세계와 청백리 사상을 온몸으로 지킨 것이다.

삼산에게 유배길은 생리적으로 맞지 않는 벼슬보다 오히려 편안한 삶이었을지도 모른다. 흑산도 유배길로 시작하여 영암과 갑산 그리고 의주에서 다시 갑산과 진도 유배를 살았다.

영조는 삼산을 몰라도 너무 몰랐다. 물론 나중엔 정파의 정치가 아닌 목은 이색의 독야청청한 정치궤적과 학문의 세계를 고스란히 이어받았음을 알고 오히려 부탁 조로 벼슬을 내린다.

"해서(海西 현 황해도) 백성들이 지금 죽겠다고 하니 내가 서쪽을 돌보는 걱정을 풀도록 해 달라."

"성교(聖敎)가 여기에 이르니 신이 어찌 감히 사임하겠습니까?"

"장차 어떻게 다스릴 터인가?"

"상하가 서로 믿지 아니한 지 오래입니다. 묘당(廟堂)은 도신(道神)을 믿지 아니하옵고 도신은 수령을 믿지 아니합니다. 이래서는 무슨 일이 되겠습니까? 이러한 폐습을 통렬히 제거하는 것이 오늘의 급선무입니다."

"한말만 들어도 해서의 일은 만족하도다. 어찌 다만 해서뿐이겠는가! 조정에서도 처음으로 득인(得人)함이로다."

영조는 밝은 표정으로 삼산을 보았다. 이태중은 부임 인사 때 영조에게 그곳 실상을 그대로 보고하고 처분 권한을 승낙 받아 1753년 10월 14일 실상을 가감 없이 올린다.

삼산는 감영 내에 장막을 치고 급식처를 설치, 범범죽으로 재해민과 난민들을 위로하고 구휼에 힘써 백성들의 신뢰를 한 몸에 받는다. 이같은 삼산의 목민관 생활이 입소문으로 날개 돋친 듯 퍼져 나갔다.

1753년 늦가을, 영의정 김재로에게 평안도 관찰사를 추천하라는 영조의 지시가 떨어졌다. 김재로는 민백상과 이태중을 추천한다. 이때 영조는 후순위에 추천된 이태중을 발령낸다.

황해도 감사를 마음에 쏙 들게 함으로써 평소 이태중의 벼슬 거부 등으로 마뜩찮게 생각했던 영조의 마음에 훈풍이 일기 시작하였다. 삼산이 처음에 사직 상소를 올렸으나 영조가 받아 주지 않았다.

삼산이 황해도와 평안도 방백으로 있을 땐 대동법과 균역청을 설치, 재정안정을 도모했던 시기다. 각 지역에 방백들이 부패에 관행처럼 물들어 민생의 안정이 쉽지 않은 즈음이었다.

삼산은 부임 즉시 부패 비리 척결, 군비확보, 감세 및 탕감과 상업 활동을 통한 민생안정에 열정을 쏟았다. 그의 애정 어린 목민관 생활은 평양 백성들의 표정에서부터 분위기가 바뀌었다.

평안감사의 녹봉은 24만 전이었다. 쌀 한 가마 가격이 20전 때다. 24만 전은 아주 많은 액수다. 삼산은 1만 전만 살림에 쓰고 23만 전은 각종 공공사업과 이웃을 돕는데 섰다.

이규상의 『병세재언록』에 '삼산은 평안감사 시절 녹봉을 가난한 친구, 생면부지의 걸객, 노자가 떨어진 선비 등에게 아낌없이 나누어 주었다. 또한, 관찰사 내 창고를 수리해 유리걸식하는 백성들을 위해 음식을 제공했다. 당시 이곳엔 숟가락만 수백 개에 이르렀다, 고 기록되었다. ·

영조는 1754년 9월 평안도 암행어사로 황인검을 보낸다. 아마도 관찰사 이태중의 목민관 생활을 암행(暗行)하려 했을 것이다. 그런데 황인검이 그곳 수령들의 성색(聲色)에 동요되지 않고 깨끗한 행정을 함은 삼산의 덕치(德治)에 힘입은 것으로 보고함에 영조는 무릎을 치며 '믿을 만한 사람이다.'라며 감탄을 했다고 한다.

삼산은 1756년 관찰사 임무를 마치고 이조 참관 동경 연사·원손 보양관에 보임하고 또 비국당상에 임명되나 병환으로 취임하지 않고 귀향한다.

삼산의 병세가 깊었을 듯하다. 혹독한 유배 생활과 4년간의 황해도·평안도 관찰사 임무에 몸도 마음도 많이 상했을 것으로 보인다. 그러나 주위에서 그를 그냥 놔두지 않았다.

영의정 이천보가 다시 세손의 보양관으로 추천, 1756년 2월 14일 역사다. 이태중은 편치 않은 몸으로 세손과 상견례를 한다.

"무슨 책을 읽으시는지요?"

"『소학초(小學抄)』를 읽고 있다."

"책을 읽는 게 좋습니까?"

"좋다."

"그 좋음을 아신다면 앞으로 성인이 될 지위를 기약할 수 있으니 축하드립니다."

이태중은 "원손의 지식이 점차 나아지고 있으니 산림이 선비를 초치해 뵈면 크게 보탬이 되지 않겠습니까?"며 보양관을 그만둘 의중을 드러냈다. 그러나 영조는 삼산을 보내 주지 않았다. 이때 사신(史臣)은 이렇게 기록을 남겼다.

이태중이 조정에 들어옴에 사람들은 여전히 사모하여 우러러보았다. 청렴하고 확고함으로 칭송하였다. 삼산에겐 일화가 많다. 그 중에 하나다.

평안감사를 마치고 대동강을 건널 때다. 식구들이 모두 탔는데 갑자기 파도가 심하게 출렁거려 배가 금방 뒤집힐 것 같았다. 이태중이 식구들에게 평양에 들어올 때보다 늘어난 짐이 있으면 당장 내려놓으라 호통을 쳤다. 이때 할머니가 지난 생일 때 친정집에서 은반지 하나를 받았는데 그것이 있다고 하였다. 이태중은 은반지를 즉시 대동강에 던지라고 버럭 소리를 질렀다. 은반지를 대동강에 던지자 심하게 출렁이던 파도가 삽시간에 잔잔해졌다.

삼산에겐 고향인 결성면 삼산(현 천북면 신죽리 삼산마을)에 아버지가 지은 집 한 채와 약간의 토지가 있을 뿐이었다. 그는 일반 백성과 같이 봉분을 하고 비석도 세우지 말라고 유언을 하였다. 1756년 10월 13일, 향년 63세에 평온한 모습으로 영면에 들어갔다.

삼산은 이승을 떠나갔으나 이곡·이색의 도도한 학문의 세계와 청요(清要)한 사상은 오늘에 이르러 이태복(李泰馥 전 복지부 장관·전 청와대 복지 수석)에게 오롯이 전수되어 이 시대정신화된 청백리 사상이 오늘의 횃불이 되고 있다. 한편 삼산 이태중 청백비(清白碑) 제막식이 홍성읍 복암리 117에서 거행(2021년 6월 29일)되었다. 삼산이 영면한 지 270여 년만에 부활, 청사에 빛낸 청백리 사상을 다시 일깨워 주었다. 이날 한산 이씨 이충집 대종회 회장님을 비롯, 김석환 홍성군수, 이의석 홍주향토문화연구회 회장 등이 참석하여 제막식을 빛내주었다. (본 주제의 이색 영정은 한산이씨 대종회 제공)

제1장

가업家業이 된
부전자전 청백리

이제신李濟臣 1536~1583 이명준李命俊 1572~1630

최유경崔有慶 1343~1413 최사의崔士儀 1376~1452

윤지인尹趾仁 1652~1718 윤용尹容 1684~1764

"생활을 안정시킬 재물은 없으나 확고한 의지를 가진 이가 선비이며

도가 실행되지 않는 것은 감화가 철저히 행해지지 않을뿐더러

그 책임 또한 선비에게 있다."

—왕안석(1021~1086 북송 정치가·시인)

이제신李濟臣 1536~1583
이명준李命俊 1572~1630

대학자 남명(南冥) 조식(曺植 151~1572)이 빙그레 웃으며 좌우에 차고 있던 '패'를 끌러 주었다. 패를 받은 주인공은 청강(清江) 이제신(李濟臣 1536~1583)이다. 청강의 나이 불과 일곱 살 때이다.

청강은 영재(英才)다.

"새가 날아 저 푸른 하늘을 떠오르니, 푸른 하늘의 높이를 알겠구나."

당대의 학식과 문장에 유명했던 성세창(成世昌 1481~1548) 앞에서 읊은 시(詩)다. 청강은 17세 때 조욱(趙昱 1498~1557) 문화에서 사사했는데, 그는 개혁의 횃불 조광조(趙光祖 1482~1519)의 문인이다. 조광조가 기묘사화에 연좌됐으나 그는 화를 면하고 양근(현 양평)에 은거, 학문에 전념하였다.

청강은 조욱의 제자다. 청강은 일생의 병부(兵符)와 두 번의 악연이 있었다. 당시 조정은 진주에 토호세력에 골머리를 썩였다. 선조(宣祖 재위 1567~1608)는 불의와 타협을 모르는 청강을 토호세력 척결에 적임자로 꼽았다.

부임 첫날부터 청강은 토호세력을 몰아쳤다. 궁지에 몰린 토호세력은 병부를 훔쳐 궁지로 몰았다. 이들의 모함에도 결국 토호세력들은 뿌리 뽑혔고 청강은 자리에서 물러났다.

불의를 보고 참지 못하는 그에게 선조는 아낌없는 신뢰를 보냈다. 그는 1582년 함경북도 병마절도사로 재임 중 여진족이 침입해 경원부가 함락되었다. 청강의 눈부신 활약으로 경원부를 되찾았다.

그러나 그를 시기하고 있던 소인배들의 모함으로 사지로 가게 되었다. 병부를 3일 동안 묵혀두고 즉시 구원군을 보내지 않은 죄목을 씌워 의주 남쪽 인산으로 귀양을 보냈다. 결국, 청강은 48세를 일기로 세상을 떠났다. 1584년 병조판서에 추종, 청백리에 녹산되었다.

한편 이명준(李命俊 1572~1630 자 잠와潛窩)은 그 아버지에 그 아들이었다. 청강에겐 다섯 아들이 있었다. 그중 넷째 잠와가 아버지와 닮았다. 잠와는 1653년(선조 36) 문과에 급제, 예조와 병조좌랑을 지냈으며 서장관으로 명나라를 다녀오기도 했다.

서원 현감 때 일이다. 물새들이 성안으로 날아들자 허술한 제방을 수리해 장마 피해를 없앴고, 평양 서윤(庶尹)으로 있을 땐 기와를 싸게 공급해 초가를 없애 화재 예방에 힘썼다.

그는 가는 곳마다 선정을 베풀어 이름을 날렸다. 영남지방의 암행어사로도 활동했으며, 충청도 관찰사와 호조 참판 등을 역임하였다. 1627년(인조 5) 정묘호란 때는 세자를 모시고 전주로 피난길에 오른 적도 있었다.

잠와의 일화는 정약용의 저서 『목민심서(牧民心書)』에 두 번이나 소개되어 수령들의 귀감이 되게 하였다. '귀우당'은 청강이 살았던 남산 아래 허름한 집의 이름이며 '해갑와'는 잠와가 유배 시절 살던 단칸 오두막의 이름이다. 귀우(歸愚)는 어리석음으로 돌아간다는 뜻이며 해갑와(蟹甲窩)는 게딱지만 한 집을 의미한다.

귀우당은 청강이 진주목사에서 물러난 뒤 두 칸 남짓한 방에 1000여 권의 서책이 있었다. 서당이라 해도 충분한 서책이 있었다.

잠와의 절친 임숙영(任叔英)은 '해갑와'에서 "온 세상 사물이 큰 것도 없고 작은 것도 없으니 사는 사람이 만족하면 작아도 큰 것이고 커도 사는 사람이 부족하면 작은 것이다."로 위로했다.

최유경崔有慶 1343~1413
최사의崔士儀 1376~1452

조선에서 나라를 대표하여 명나라에 간다는 것은 중책인 동시에 영광된 자리다. 최유경(崔有慶 1343~1413 자 敬之)이 1401년(태종 1) 참찬의정부사로서 정조사(正朝使)가 되어 명나라에 간다.

정조사는 신년을 맞아 축하하기 위해 보내는 사절로 새해 인사를 하러 가는 연례행사다. 이 사절을 대표하는 정조사를 최유경이 맡았다. 정조사 외에 동지사와 성절사를 통칭 삼절사라 한다.

경지가 북경에 감은 학식과 덕망이 성리학의 종주국인 중국에 절대 뒤지지 않는 인물이라는 자긍심이 있어 정조사 수석 사신으로 보냈을 것이다. 사신의 규모는 250~400여 명의 언저리다. 경지가 북경을 다녀온(1404) 이듬해 판한성부사로 관직을 떠났다.

최유경의 집안은 고려조에서도 명문가로 아버지 최재(崔宰)가 첫째다. 최재는 감찰대부로 당당한 가문을 이루었다. 경지는 19살에 판도좌랑이 되며 사헌장령이 되어 환관 윤충좌의 교만함을 탄핵, 그의 충직함을 보였다.

또한, 그는 1375년 전법총랑이 되었으며, 1388년엔 양광도안렴사가 되어 요동 정벌 때 서북면전운사 겸 찰방이 되었다. 최영(崔瑩)이 이성계에게 실각하자 밀직부사로 오른다. 이후 경지는 승승장구한다.

조선 개국 원종공신이 되어 1397년 지중추원사로 경기·충청도 제1찰사를 지내다 이듬해 개성유후사유후(開城留後司留後)로서 경기 우도 도관찰출척사가 되었다. 그리고 그는 개인의 영광은 물론 가문과 나라의 품격을 높이는 경조사에 임무를 맡는다. 그는 건축에도 조예가 깊어 국보 1호인 남대문(南大門) 건축 책임자로 활약했음이 2008년 2월 10일 방화 되어 중축 때 그의 직함이 밝혀졌다.

부전자전(父傳子傳)이라 하지만 아들 최사의(崔士儀 1376~1452 자 범숙範叔)는 닮았다기보다 아버지 모습 그대로다. 과거를 통해 벼슬에 오르지는 않았으나 나라와 가문에 아버지를 앞서가는 길을 걸었다.

학자 군왕 세종(世宗 재위 1418~1450) 시대에 범숙은 중국을 1430년 경조사와 사은사(謝恩使)와 진하사(進賀使)를 세 차례나 다녀왔다. 그 후 상호군을 거쳐 이조참의군동화총재·호조 참판을 역임하였다. 또한, 경기도 관찰사 종군 총재와 동화동녕부사 그리고 판돈녕부사 등을 거친다.

이같이 어렵고 화려한 관직을 겸임했으나 강직 청렴을 잃지 않으며 가문의 문화인 청백리 정신과 선비 사상을 더욱 빛내 음서(蔭敍)직으로 벼슬길에 나갔으나 과거로 출사한 사대부들을 비웃듯 청사에 길이 남을 관료가 되었다.

한 가문이 융성하려면 3대(90년)는 걸려야 한다 했는데 최재→최유경→최사의에 이르러 가문의 꽃이 활짝 피었다.

더욱이 학자 군왕인 세종조에서 범숙이 중국을 세 번이나 다녀오며 학식과 덕망을 인정받은 청백리가 되었다는 것은 참으로 영광된 가문이었다.

고려조에서 시작된 가문의 영광이 부자 청백리(최유경·최사의)로 이어지는 빛나는 문화의 꽃을 조선뿐만 아니라 성리학의 본고장인 중국에까지 문명(文名)을 떨쳤다. 조선 성리학의 유쾌한 쾌거다.

윤지인 尹趾仁 1652~1718
윤용 尹容 1684~1764

청천벽력(靑天霹靂)이 윤지인(尹趾仁 1656~1718 字 幼麟)에게 떨어졌다. 사대문 밖으로 나가라는 문외출송(門外黜送)이었다. 사대문이란 숭례문(崇禮門 현 남대문) 숙청문(肅淸門) 흥인문(興仁門 현 동대문) 돈의문(敦義門)을 일컫는다.

이같이 엄청난 사건을 결정한 주인공은 임금밖에 없다. 유린은 곰곰이 며칠 동안의 일들을 떠올렸다. 지난 9월 유린은 희빈 장씨(禧嬪張氏)가 사약을 받을 때 숙종(肅宗 재위 1674~1720)에게 명을 거둘 것을 간쟁(諫諍)하고 세자의 보호와 장씨 오빠 장희재(張希載)의 목숨을 살려 줄 것을 주장하였다. 그는 그때 일을 까맣게 잊고 있다가 갑자기 떠올렸다.

아무튼 그는 문외출송 된 지 2년 후인 1703년 서용(敍用)되어 1706년 이후 부제학·승지·대사간·대사성·이조참의를 거쳐 1708년에 평안감사로 나갔다가 2년 후에는 부제학·예조 참의·평안도 순무사·대사헌·이조참의 등 숨 가쁘게 승진하며 1712년엔 동지사 겸 사은사 부사로 북경을 다녀온다.

사은사의 임무를 마치자 그는 판윤에 지명된다. 1715년에는 병조판서에 임명되는데 이때 윤지인과 최석항(崔錫恒) 등 9인이 모반(謀反)했다는 괴문서가 궐문에 붙었으나 왕이 불문에 부쳤다.

다행히 무고(無辜)로 결백이 증명됐지만, 절체절명의 위기였다. 문외출송까지 당해 파평 윤씨 가문의 명예에 자칫 흠결이 날뻔한 사건이기도 하다.

아마도 숙종은 유린의 청백함을 믿었던 것 같다. 그는 소론(小論) 명문 출신의 노론(老論) 측과 자주 갈등을 빚기도 하였다. 역시 명문 가문이다. 아버지 윤강(尹絳), 조부 윤민헌(尹民獻), 증조부 윤엄(尹儼) 등 선조들이 이미 명문가를 이루었다.

숙종 조의 부제학 윤지미(尹趾美)와 좌의정 윤지선(尹趾善)은 형제 정승으로 유명하다. 윤지인의 아들 윤용(尹容 1684~1764)도 아버지와 선조들의 명예에 뒤질세라 벼슬길이 호화롭다.

1722년 경종(景宗 2) 정시 문과에 병과로 급제 한림과 홍문록에 선발되었다가 사헌부 지평이 되어 성리학자이며 사마양시에 합격하고 1702년과 1707년 식년 문과와 문과 중시에 장원한 김일경(金一鏡) 일파를 탄핵 하였다.

아버지 윤지인이 불의를 보면 참지 못하고 숙종에게 간쟁하여 문외출송 당하였는데 아들 또한 누가 그 아들 아니랄까 봐 같은 계열의 대학자 김일경을 탄핵, 소신을 굽히지 않았다.

그는 이광좌(李光佐 1674~1740)의 추천으로 황해도 관찰사에 임명되었으나 사퇴, 부임하지 않았다. 경종이 붕어한 후 행장찬집청낭정이 되고 사헌부 지평·홍문관 교리·부수찬·사간원 헌납을 지낸 뒤 1728년 형조참의로 승진한다.

그는 또한 1731년 성천부사로 갔다가 곧바로 황해도 관찰사가 된다. 1733년 당상관에 올라 승지가 되고, 대사간·경연참찬관 등을 거쳐 1737년 강화유수로 나간다.

1739년 평안도 관찰사가 되고 다음 해에 도승지·예조참판을 거쳐 1741년 경기 관찰사로 임명되었으나 함경도 관찰로 전보된다.

숨 가쁜 승진 행렬이다. 1745년엔 특명으로 공조판서에 승진, 아버지 못지않은 명예와 덕행을 베풀고 청백리에 녹선되어 가문의 영광과 명예를 드높였다. 파평윤씨 가문의 문향(文香)은 뿌리가 깊고 장구하다. 시조는 고려개국공신 윤신달(尹莘達)이며 문무를 겸한 명장 윤관(尹瓘 1040~1111)이 중시조다. 윤관을 무장으로 알고 있으나 그는 문종(文宗)때 과거에 급제한 문신이다.

윤지인의 먼 선조다. 파평윤씨의 뿌리는 이때부터 굵고 강력하게 뻗어나가기 시작했다. 고려가 이성계의 위화도회군으로 역성혁명되어 조선이 개국, 새로운 나라가 되었으나 파평윤씨는 변함없는 문향을 화려하게 피웠다.

유린의 부친 윤강(尹絳)은 인조(仁祖 2년)시대에 증광문과에 병과로 급제해 승문원에 들어가 검열, 봉교, 정언, 교리를 지냈으며 그의 선친 윤민헌(尹民獻)은 이이와 성혼의 문인으로 사마양시에 합격, 역시 승문원에서 벼슬을 하였는데, 그는 문인이자 서예가이기도 하다.

윤민헌은 유린의 조부다. 윤민헌의 조부인 윤엄(尹儼)은 유린에겐 증조부가 된다. 윤엄 역시 1564년 사마시에 합격, 6년 후엔 별시문과에 등과하였다.

유린은 형제정승인 윤지선과 윤지완의 아우이기도 하다. 증조인 윤엄은 서화에 능하고 필법에도 조예가 깊었다. 고금서화의 판단에 뛰어났으며 그림은 영모(翎毛)를 잘 그렸다.

이같이 파평윤씨의 문향은 고려시대 윤관으로부터일 게다. 윤관 하면 유명한 장수로 알고 있는 이가 많을 것이다. 해동장군으로까지 불리며 장수로서 이미지가 강렬했기 때문일 테다.

아무튼 윤관은 파평윤씨의 중시로 본인이 우뚝한 역사적 인물이 되었으며, 그의 후세들도 부자청백리를 비롯하여 형제정승 등으로 가문의 영예와 품격을 높이는 데 열정을 아끼지 않은 듯하였다.

제2장

청사靑史의 파수꾼
청백리들

"우리는 다만 개화의 길을 터주는 것뿐이다.
그런 자리는 정말 일할 사람들에게 주자."
갑신정변 후 조각때 호조판서자리를 거절하며
참판을 고집한 후 한 말이다.

-김옥균(1851~1894 한말 정치인)

허종許琮 1434~1494
허침許琛 1444~1505

사람은 부모를 닮는다. 모습과 성격 그리고 인생관·사회관·국가관까지도 닮아 가는 경우가 다반사다. 고려 말 대대로 시중(侍中)과 판서(判書)를 역임했던 허손(許蓀)의 두 아들 허종(許琮 1434~1494 字 宗之)과 허침(許琛 1444~1505 字 獻之)이 그들이다.

허손은 조선조에 들어서도 재령군수를 지내 여말선초에 걸쳐 명문대가(名門大家) 집안으로 아들 허종이 성종(成宗 재위 1469~1494) 대에 우의정에 올랐고 동생 허침은 연산군(燕山君 재위 1494~1506) 시대에 우의정·좌의정까지 오른 정승 형제다.

이같은 면을 보면 아버지와 두 아들은 참으로 많은 것을 닮았다. 부전자전(父傳子傳)의 대표적 사례라 하겠다. 그들 삼부자는 고관대작의 벼슬을 하면서도 청렴하게 살았다. 심지어 끼니를 잇지 못하는 때도 있었다니 가히 청백리 반열의 으뜸 가문이라 하겠다.

허종의 자(字)는 종경(宗卿)이고 호(號)는 상우당(尙友堂)으로 당시 대유(大儒)였던 서거정(徐居正)·노사신(盧思愼) 등과 『향약집성방(鄕藥集成方)』을 번역할 정도로 학문이 뛰어났다.

그는 학문이 뛰어났을 뿐 아니라 기골이 장대하고 무예와 병법에도 식견이 높아 변경에 침입해 오는 압록강·두만강 이북에 사는 여진족들을 토벌하는데 앞장서는 명장이기도 하다.

1467년 함길도 절도사로 있을 때 이시애(李施愛)의 난이 일어나자 재빨리 평정했으며 2년 후인 1469년 전라도에서 장영기(張永奇)가 반란을 일으키자 절도사가 되어 역시 난을 속전속결 진압하였다.

문무(文武) 모두 탁월한 명장의 모습이다. 그는 우참찬·좌참찬을 거쳐 우의정(右議政)에 올랐으나 생활은 곤궁하기 이를 데 없었다.

약관 24살에 벼슬에 올랐으며 10년 후인 34살엔 함경도 절도사가 되었다. 그러나 그의 생활은 청빈하기가 초야의 서생과 다른 바가 없었다.

녹봉(綠俸)은 가난한 친지나 어려운 이웃에 아낌없이 나누어주어 젊은 나이에 소위 출세했으나 외화 외빈의 전형적인 집안 모습이다.

집은 심히 옹색했으며 비바람이 세차게 불어오면 견디기 어려운 처지였다. 그러나 그는 조금도 불편한 기색을 보이지 않았다. 무관의 기질에 학자의 품위를 공유한 진정한 문무를 겸비한 사대부의 풍모(風貌)를 보였다.

이시애의 난을 평정한 후 적개공신(敵愾功臣) 일등으로 양천군(陽川君)에 봉해졌을 때 공의 나이 불과 30대 중반이었다. 당시 세조(世祖 재위 1455~1468)는 문신들을 선발하여 천문(天文)과 지리(地理) 등 두 반으로 나누어 그 방면의 학문을 연구토록 하였다.

종경은 그때 천문반에 속하여 일월성신(日月星辰)의 운행과 도수(度數)를 측정하는 연구에 몰두하였다. 그때 마침 일식(日蝕)이 일어

났다. 그는 일식을 보고 하는 장계(狀啓)를 올리면서 뒷장에 임금의
잘못을 과감히 열거였다.

"전하께옵서는 불법(佛法)을 숭상하옵고 사냥을 즐기시면서 학문
을 강론하는 경연(經筵)에는 출석하시지 않으시니 이는 주상께서 취
하실 도리가 아니 오며 더욱이 신하들의 간언(諫言)을 듣지 않으려
고 하시니 나라의 앞날이 걱정됩니다." 등 6가지 항목을 들어 간언
하였다. 실로 뜨거운 충언이다.

사실 모두 백번 옳은 충언으로 임금이 고쳐야 할 행동거지다. 하
지만 생사여탈권을 가진 임금에게 목숨을 내어놓지 않고서는 그 같
은 직간을 할 수 없는 것이 당시의 정세다.

이 장계를 본 중신들은 오히려 자신들이 진땀을 흘리면서 주상의
호통이 어떻게 떨어질지 몰라 안절부절못하고 있었다. 그런데 의외
의 상황이 벌어졌다.

허종의 재능과 충성심을 평소에 익히 알고 있었던 세조는 호통
대신 칭찬을 아끼지 않고 승진까지 시켰다. 허종 당사자는 물론이
고 여러 대신도 싸늘해진 분위기를 예상하고 몸과 마음을 움츠리고
있었는데 세조의 능수능란에 혀를 내둘렀다.

그 후 종경이 예문관 강서(講書)를 겸하고 있을 때다. 세조는 문득
지난날 자신을 꾸짖던 종경이 떠올라 그가 얼마나 강한 지조를 가
졌는지 시험해 보고 싶어졌다.

세조는 허종을 즉각 불러 강한 어조로 하문하였다.

"그대가 지난날 과인에게 과인의 과실을 직소(直訴)한 일을 기억
하고 있는가?"

"예 전하, 황공무지로소이다."

"황공무지로 끝낼 일이 아니야! 젊은 나이에 혈기를 부려도 유분수지, 감히 짐(朕)을 꾸짖었겠다. 여봐라! 이자를 끌어내어 곤장 스무 대를 힘껏 쳐라."

세조는 짐짓 노기가 충천한 표정으로 엄명을 내렸다.

어명이 떨어지니 속리(屬吏)들은 명대로 집행하는 도리밖에 없다. 종경은 마른하늘에 날벼락같이 속수무책으로 곤장 20대를 맞았다. 그리고 다시 세조 앞에 끌려와 무릎을 꿇고 앉았다.

세조는 역시 노기가 충전한 음성으로 "역사 최적(崔適)을 부르라." 하고 호통을 쳤다. 최적이 나타나자 친히 어도(御刀)를 무릎 위에 놓은 다음 역사에게 명하였다.

"최적은 들어라. 과인이 이 무릎 위에 있는 칼을 칼집에서 뽑는 순간 저 허종의 목을 치거라! 알아들었냐?" 살얼음판의 긴장된 분위기다.

세조는 힐끗 옆눈으로 허종을 살폈다. 그러나 허종은 안색 하나 변하지 않은 채 태연자약한 자세로 무릎을 꿇고 있었다.

"내 죄를 알고 있으렸다! 어찌 언감생심 과인에게 훈계하다니…, 고약하고 발칙한 것 같으니라고!"

과격하고 성질 급한 세조의 벼락같은 호통이다. 세조는 얼굴까지 벌겋게 달아올랐다. 하지만 허종은 조금도 흔들림이 없는 목소리로 "전하 예로부터 우국충정에서 우러나오는 신하들의 간언에 귀 기울이지 않던 군왕(君王)은 모두 처참한 최후를 맞았음을 상기하옵소서! 신은 어디까지나 전하를 위한 충성심에서…."

"이놈 주둥이를 닥치지 못할까! 주둥이를 함부로 나불거리면 목숨을 부지하지 못하느니라."

벼락같은 고함을 지른 세조는 칼을 뽑기 시작하였다.

한 치, 두 치, 세 치. 칼집에서 나오며 시퍼런 칼날이 햇빛에 반짝인다. 그러나 허종의 표정은 티끌만치도 흔들림이 없다. 세조가 당당한 허종의 모습을 보고 오히려 놀라워한다.

"저렇게도 태연할 수 있을까? 과연 배포가 큰 자로구나. 죽음조차 두려워하지 않다니…."

세조는 속으로 감탄을 씹으며 탁! 손으로 무릎을 힘차게 내리치고 칼을 칼집에 다시 넣었다.

"공(公)은 과연 대장부로다. 과인이 잠시 공의 마음을 떠보려고 내 그렇게 한 것이니 너무 섭섭하게 생각 마오…."

말을 마친 세조는 미리 준비시킨 주안상을 내 오라 하여 친히 어주(御酒)를 내리며 입에 침이 마르도록 허종을 칭찬해주었다.

그 후 허종의 벼슬길은 탄탄대로였다. 얼마 후 명나라에서 동월(董越)과 왕창(王敞)이 사신으로 왔다. 그때 명나라 사신을 접대한 이는 원접사(遠接使) 허종이었다.

명나라 사신은 허종의 준수한 풍채에 기가 죽었으며 높은 학식과 깍듯한 예의에 감탄을 금치 못하였다. 허종은 압록강까지 깍듯한 예의로 동방예의지국의 진면목을 유감없이 보여주었다.

왕창과 동월은 허종과 이별을 아쉬워하며 눈물까지 보였다. 그들은 떨어지지 않는 발길을 재촉하며 "명나라에 사신은 공이 오셔서 재회의 기쁨과 명나라에 이토록 훌륭한 학자가 조선에 있음도 동시에 알렸으면 좋겠다."라고 입에서 단내가 나도록 칭찬을 아끼지 않았다.

그날 그 사건 이후 허종과 세조는 임금과 신하 관계를 뛰어넘은 신의가 쌓였다. 사실 왕조시대에 임금과 신하는 하늘과 땅만큼이나 간극이 있는 관계다. 그러나 허종과 세조는 그런 분위기를 뛰어넘었다. 진정한 충신임을 알아보았고 허종도 자신을 의심 없이 믿어줌을 안 후 학자로서 모든 것을 걸었다.

허종은 학문만 깊고 높은 것이 아니다. 무예도 학문 못지않게 높았다. 변방의 오랑캐들은 그의 이름만 들어도 오금이 저리는 관우(關羽)와 장비(張飛)를 합쳐놓은 장수로 느꼈던 인물이었다. 1491년 영안도(옛 함경도) 관찰사로 있을 때 여진족들이 시도 때도 없이 괴롭히자 그는 북정도원수(北征都元帥)가 되어 2만4천의 군사로 적의 본거지를 소탕, 이듬해 돌아와 우의정에 오른다.

세조가 거짓 분노의 어주 사건 이후 허종은 문무 양 분야에서 마음껏 능력을 발휘하도록 사실상 임금의 믿음이 적용되었다.

허종은 철저한 배불론자(拜佛論者)다. 세조는 겉으론 불교를 배척하는 듯해 보일 뿐 내심 옹호하고 있었다. 허종은 그런 세조가 마뜩 찮았다. 하지만 속에선 펄펄 끓는 불평이 입 밖으로 튀어나오는 것을 입술을 깨물며 참고 있다.

지난 어주 사건이 생생하게 떠올라서다. 임금이란 지위도 지위지만 나이 차이도 상당했다. 무려 17년이나 위다. 하늘같은 주상에 나이까지 높으니 존경심이 절로 솟았다. 그러나 녹봉(祿俸)을 받는 신하로서 직분을 충실히 하려는 것이다. 그런데 직분을 철저히 하려면 할수록 세조와 사사건건 정면으로 부딪쳐야 가능하다. 허종은 그것이 싫다. 그는 되도록 벼슬길을 떠나려 한다. 하고 싶은 말을 다 하지 못하는 사대부가 되고 싶지 않은 터다. 초야로 돌아가 청풍 명월(淸風明月)과 대화하며 학문의 길을 걸으려는 것이다.

허종에게 10살 터울의 동생이 있다. 그 형에 그 아우다. 허침은 고려문신 허금(許錦)의 4대손 재령 군수 허손의 둘째다. 그는 형 못지않게 학문이 깊다. 1462년 세조(世祖 8)에 진사가 되고 1475년 성종(成宗 8)엔 알성시 문과에 급제하여 감찰·전적을 거쳐 사가독서를 한 후 예문관 부수찬·부교리·지평 등을 역임하였다.

1482년엔 진현시(進賢試) 병과로 급제, 세자시강원필선을 거쳐 이듬해 보덕(輔德)으로 승진한다. 당대의 석학 조위(曺偉)·유호인(俞好仁) 등과 덕행과 높은 학문으로 세자의 총애를 받았다. 그 후 1489년『삼강행실(三綱行實)』을 산정(刪定)했으며 직제학·좌승지를 거쳐 1492년엔 전라도와 경상도 관찰사를 지낸 후 대사헌·예조·호조 참판을 역임한다.

2년 후인 1494년에는 이조참판으로 천추사(千秋使)가 되어 명나라에 다녀와 형조 참판이 되고, 연산군 8년에 이조판서에 오른다. 그의 벼슬은 거칠 것이 없다. 1504년 우참판을 거쳐 우의정에 올랐다.

형만한 아우 없다 했으나, 허침은 형 허종을 앞지르는 벼슬길을 빛냈다. 명나라에 다녀오면서는 형 대신 갔다는 생각을 했을지도 모른다.

형이 명나라 사신을 압록강까지 깍듯한 예우로 전송했을 때 명나라 사신들이 그를 꼭 명나라에 오길 기대했었으나 그들은 형 대신

동생을 조우했었는지는 역사의 수수께끼가 되었다.

　좌의정, 참으로 높은 벼슬이다. 성종이 윤비(尹妃)를 폐위하려 할 때 극구 반대하여 갑자사화(甲子士禍) 때 화를 면했으나 연산군의 폭정을 바로잡으려 직분을 걸고 목숨까지 내어놓고 직언을 서슴지 않았다.

　형에 이어 동생도 청백리에 녹선되었다. 참으로 아름답고 빛나는 가문이다. 대대로 내려오는 가풍(家風)이 대명천지에 한 점 부끄럼이 없는 집안에 형제는 더욱 빛나는 가문을 만들었다. 형제가 모두 학문이 깊고 문장에도 뛰어났다.

정갑손鄭甲孫 1395~1451
정창손鄭昌孫 1402~1487

　대사헌(大司憲) 삼부자. 아버지 정흠지(鄭欽之 1378~1439)와 두 아들 정갑손(鄭甲孫 1395~1457)·정창손(鄭昌孫 1402~1487)을 이름이다. 정흠지에겐 여섯 아들이 있었는데, 장남 갑손을 비롯하여 인손(麟孫), 흥손(興孫), 창손, 희손(喜孫), 육손(六孫) 등의 아들 부자다.

　아들 중에서도 장남 갑손과 넷째 창손이 아버지의 대를 이어 가문을 더욱 빛냈다. 정흠지도 고려조에서 정승·판서를 지낸 명문가의 후손으로 청렴이 아름답고 자연스러운 가문의 분위기다.

　정흠지가 대사헌으로 있을 때다. 세종이 중신들을 모아놓고 "강원도 철원 땅에서 무예(武藝)를 훈련해 조류(鳥類)를 많이 잡는 자에게 벼슬을 주는 것이 어떠하느냐?" 물었다. 중신들은 기다렸다는 듯

"성은이 망극하나이다."라고 답했지만, 정흠지만이 "만약 새를 잘 잡는 이에게 벼슬을 내리면, 실전(實戰)에서 전공을 세운 이에게는 어떤 벼슬을 내리시겠습니까? 그점 통촉하여 주시옵소서"라고 정 반대의 의견을 제시했다.

세종은 잠시 생각에 잠긴 뒤 정흠지의 충언을 받아들였다. 정흠 지가 대사헌으로 있을 때 장남 갑손도 이미 출사하여 승지(承旨) 벼슬에 있을 때다.

부자가 이처럼 고관에 올라 조례에 참석하는 예는 드문 일로 장안의 화젯거리였다. 어느 날 초헌(軺軒)을 타고 가는 아버지 대사헌을 본 아들 승지는 얼른 달려가서 초헌을 부축하여 갔다. 세월이 흘러 아버지는 세상을 떠났고 아들 갑손이 대사헌이 되었다. 아들은 아버지를 빼닮았다. 부정과 비리를 보면 지위의 높고 낮음에 관계없이 주상께 직간(直諫)함이 서슴없었다.

세월은 또 흘러 넷째 창손이 대사헌에 올랐다. 아버지와 형이 청렴의 본보기였으니 창손 역시 대를 잇는 청백리였다. 그는 늘 수수한 차림에 음식도 가림이 없었다.

세조(世祖) 때 우의정·영의정까지 올랐던 그는 성종(成宗 재위 1469~1494) 때에도 영의정으로 10여 년간이나 영상(領相) 자리에 있었다. 아버지와 형의 학문과 덕행이 뛰어났으나 그 역시 가문의 역사에 한층 더 품격을 높였다.

가화만사성(家和萬事成)이라 했다. 7부자가 사는 집은 화려한 고대광실이 아닌 아늑하고 검소하며 소박한 집안 풍경이다. 그들에게 분에 넘치는 생활이나 언행은 찾아볼 수 없었다.

7부자가 모이면 정다운 친구들같이 지나간 일과를 얘기하고 앞으로 자신들의 포부를 토론하며 서로 끌어주고 밀어주었다. 아름답고 품격 있는 전형적인 사대부 집 분위기였다.

유구(流球)의 사신이 왔을 때 일이다. 경복궁 경회루에서 환영연을 열었는데, 주위환경에 사신은 놀라는 표정으로 공의 풍채에 감탄을 연발하였다. 또한, 경회루 돌기둥의 비룡(飛龍)이 파란 물과 빨간 연꽃 사이로 그림자를 드리우고 있는 모습 등에 사신은 입에 침이 마르도록 경탄을 이어갔다.

그렇다. 정흠지·정갑손·창손 3부자의 벼슬은 그렇게 성리학의 나라 조선조정에서 화제를 뿌리며 선망의 청백리가 되었다.

김전金詮 1458~1523
김흔金訢 1448~1492

뛰어난 사람들에겐 아름다움만 있는 것은 아니다. 보고·듣고·생각이 많아 평범한 사람들보다 오히려 가시밭길이 여기저기에 널려 있다. 경쟁자가 많기 때문이다.

김흔(金訢 1448~1492 字 君節)과 김전(金詮 1445~1523 字 仲倫) 형제들도 예외가 아니었다. 형제는 시험만 치면 장원급제였다. 김흔은 진사시와 별시 문과에 각각 장원급제했으며 동생 김전은 식년 문과에 역시 장원급제로 형제가 가문의 영광을 빛냈다.

문과와 무과의 최종시험인 전시(殿試)의 최종 합격자인 장원급제는 벼슬도 빠르다. 그리고 고향에 가서 어사화(御賜花)를 머리에 꽂고 위세를 뽐낼 수도 있으나 형제는 그런 행동도 자제했다.

겸손과 내유내강이 가문의 문화다. 군절은 김종직(金宗直)의 문인(門人)으로 1478년(成宗 9)에 부교리로 이듬해 통신사서장관으로 쓰시마(對馬島)에 갔으나 병으로 돌아왔다. 그때 대마도를 샅샅이 기록하여 그들의 문물에 대한 정보를 접촉할 기회를 안타깝게 놓쳤다.

또한 1481년에 질정관(質正官) 자격으로 명나라에 다녀와서 직제학에 승진, 1486년 시강관(侍講官)·공조참의 등을 역임했으며 행호군(行護軍)과 행부사과(行副司果)까지 지냈다. 시호는 문광(文匡)을 받았다. 참으로 44년간의 담백하지만 아름답고 위대한 삶이라 하겠다.

동생 김전은 어떤 인물일까? 그는 살아서 생사당(生祠堂)을 세워 기린 주인공이다. 사당은 어떤 인물이 이승을 떠난 이후 그를 기리기 위해 세우는 것이 상식인데 김전은 저승으로 가기도 전에 이미 사당이 지어졌다.

그가 장원급제 후 예안 현감으로 부임해 백성들을 등따습고 배부르게 하여 가을이면 격양가를 부르게 선정을 베풀어 세워준 일종에 송덕비(頌德碑)와 비슷한 성격이었으리라.

그러나 왕조시대에 벼슬길이 평탄하지만은 않았다. 김전은 김일손(金馹孫) 등과 사가독서했으며 1498년 전한(典翰)이 되었다. 하지만 무오사화(戊午士禍)로 파직되었다. 1501년 부호군에 등용되고 1504년 대사성(大司成)에 오른다.

그러나 다시 갑자사화(甲子士禍)로 좌천당했다. 1514년(中宗 9)에 대사헌에 이어 좌찬성을 거쳐 1518년엔 찬집청당상(纂輯廳堂上)으로 신용개(申用漑)·남곤(南袞) 등과 『속 동문선(續 東文選)』을 왕에게 찬진(撰進)하였다.

이듬해 기묘사화(己卯士禍)를 일으켰으며 이어 우의정이 되어 1520년 재상의 으뜸인 영의정 겸 세자사(世子師)에까지 오른다. 시호는 충정(忠貞)이다.

사대부 가문으로 한 점 부끄럼 없는 벼슬을 역임했었다. 무오·갑자·기묘사화 등 비록 세 번의 사화를 거치는 격정의 세월을 보냈으나 그는 사대부로서 한 치도 어긋남이 없는 벼슬길을 걸었으리라.

지중추부사(知中樞府事)를 역임했던 김우신(金友臣)이 그의 부친이다. 두 아들이 김흔과 김전은 아버지보다 가문의 영광을 더욱 빛내는 청백리에 녹선되었으니 고단한 벼슬살이를 정신적으론 보상받았다는 위로로 기억할 것이다.

구사안 具思顔 1523~1562
구사맹 具思孟 1531~1604

왕씨의 나라, 이씨의 나라, 두 나라의 신임과 아낌을 받은 성씨가 있다. 능성(綾城) 구씨(具氏)다. 대표주자는 청백리 구사안(具思顔 1523~1662 字 仲愚)과 구사맹(具思孟 1532~1604 字 景時) 형제다.

사실 고려에서 조선으로 국명만 바뀌었을 뿐 나라와 백성은 그대로다. 권력자들만 슬쩍 바뀐 상태다. 왕씨에서 이씨로 문패만 바꿔단 것에 불과한 역사의 소용돌이다.

그런 와중에서도 나라를 지키려는 청백리는 형에서 동생으로까지 이어졌다. 두 나라에서 탐내는 인재를 육성한 가문은 역사에 뚜렷한 획을 남겼다.

구씨 가문도 그중 한 가문이 될 터이다. 구사안과 구사맹 형제는 청안 현감으로 임진왜란 때 왜군과 끝까지 싸우다 전사한 구사민(具思閔) 형제로 조선의 명문가로 자리 잡았다.

구사안은 중종(中宗 재위 1506~1544)의 셋째딸 효순공주(孝順公主)와 결혼했으며 구사맹은 인조(仁祖 재위 1623~1649)의 어머니인 인헌왕후(仁獻王后)의 아버지다.

왕의 사위는 부마다. 임금의 사위이니 마음이 청결하지 못하면 권세로 고대광실에 민초들을 꽤 괴롭혔겠으나 중우는 아내를 잃은 설움에 식음을 전폐하다시피 하였다.

더욱이 나이 어린 효순공주는 아이를 낳다 난산으로 사망, 중우는 더욱 가슴 아파했다. 마음이 아픈 속에서도 가문의 문화를 추호만치라도 누가 될까 조심 또 조심으로 청백리의 길을 걸었다.

동생 구사맹은 왕실의 외척이자 공신이었다. 그러나 심부름할 노복도 두지 않았으며 집도 변변치 않았다. 부인 신씨는 신립(申砬 1546~1592) 장군의 누나로 의복부터 집안 대소사를 길쌈을 해 처리하였다. 또한, 경시의 인헌왕후 역시 평생 비단옷을 걸치지 않아 집안의 내력을 그대로 보였다. 팔곡(八谷) 선생으로 불린 구사맹은 간결, 조용한 성품의 소유자였다.

경시는 1558년(明宗 13) 28세에 과거에 급제, 승문원정자로 관직을 시작, 황해도 관찰사 등을 역임했으며 임진왜란 땐 이조정랑·공조판서 등을 지냈다. 1563년과 1576년엔 명나라 사신으로 다녀오며 국위를 높였다.

구사맹은 바쁜 일과에도 저술을 게을리 하지 않았다. 전란 속에서 장수와 의인 등 수많은 죽음을 보고 듣고 기록한 『난후조망록』은 임진왜란 당시 국가와 지방에 공이 있거나 모범인들의 면모를 담았다.

사절(死節)·역전(力戰)·창의(倡義) 등 17개 분야로 나눠 상술 인물 등을 기록하였다. 조헌(趙憲)·고경명(高敬命)·김천일(金千鎰) 등 남자 78명, 부녀자 8명 등이 기록되어 있다.

그의 저서는 병자호란 때 강화도에서 처참하게 희생된 백성들을 애도하는 『강도조망록(江都弔亡錄)』에도 영향을 주었다. 경시가 세상을 뜨자 유몽인(柳夢寅)은 "나이를 따지지 않는 세상의 지기를 잃어 내가 돌아갈 곳이 없어졌다."라고 안타까워하였다.

경시는 정부 요직에 있었으나 세상 물정에 어둡고 영화와 재물엔 뜻이 없었다. 문의공(文懿公)이란 시호가 말하듯 그는 부귀보다 문한(文翰)을 즐긴 빛나는 청백리였다.

홍섬洪暹 1504~1585
홍담洪曇 1509~1579

견물생심이다. 멋지고 아름다운 물건들을 보면 갖고 싶은 욕망이 생긴다. 가장 원초적인 인간의 욕망의 발동인 동시에 발전의 동기다.

그런데 그런 욕망을 극복하고 자신이 이상으로 생각하는 것을 실현하기 위해 욕망을 절제하는 이들이 있다. 여기서는 청백리(淸白吏)를 지칭함이다.

홍섬(洪暹 1504~1585 字 退之)은 영의정을 세 번 역임하면서도 1558년(명종 7) 청백리에 녹선되었다. 한 번 하기도 어려운 영의정을 세 번이나 역임하면서 청백리에 녹선되었음은 그의 생활이 어떠했었는지 짐작할 수 있으리라 보인다.

학(鶴) 같은 삶이었으리라. 더욱이 퇴지는 왕도 정치를 실현하려다 38년이라는 짧은 삶을 살고 이승을 떠난 정암(靜庵) 조광조(趙光祖 1482~1519)의 문인으로 한 점 부끄럼도 없으려 했을 것이다.

퇴지는 1535년 이조 좌랑으로 김안로(金安老)의 전횡을 탄핵하다 그의 일당인 허항(許沆)의 무고로 흥양에 유배되었으며 2년 후 김안로가 사사(賜死) 된 후 석방되었다.

이때 자신의 심정을 그린 『원분가(寃憤歌)』를 지었으나 안타깝게도 오늘날 그 내용을 볼 수 없다.

퇴지의 벼슬살이에선 재물이 널려있었다. 견물생심이 발동하여 재화를 모았다면 고대광실을 짓고도 남았을 것이다. 그러나 그는 명예와 재물에서 정암의 문인으로 서슴없이 명예를 택했다.

그는 경기 관찰사와 대사헌을 거쳐 1558년에 좌찬성(左贊成)으로 이조판서를 겸하고 이듬해 대제학이 되자 삼대임(三大任)은 겸할 수 없다 하여 좌찬성 자리를 내주었다.

명예를 택한 그에겐 벼슬 또한 큰 의미가 없었다. 벼슬에 욕심이 없으니 그에게 불의는 참을 수 없는 대상이었다.

1560년 이량(李樑)을 탄핵하다 사직, 3년 후 탄의금부사로 복직해 대사헌을, 1567년 예조판서, 명종이 붕어(崩御)하자 원상(院相)으로 서정(庶政)을 처결하고 우의정에 이어 좌의정, 영의정을 세 번 하는 영광을 누렸다. 문장에 능한 동시에 경서에도 밝았다.

홍담(洪曇 1509~1576 字 太虛)은 홍섬의 사촌 동생이다. 형만 한 동생 없다 했으나 홍섬과 홍담은 다르다. 할아버지가 같고 아버지가 달라서 그런지 홍담은 훈구파(勳舊派)의 거두로 사림파(士林派)와 대립, 격정의 정치 생활을 한다.

1539년(중종 34)에 별시 문과에 병과로 급제, 정자·교리·응교·이조정랑·도승지 등을 거쳐 1555년 한성부 좌윤으로 사은사로 명나라를 다녀온다.

그 후 대사헌·병조참판·한성부판윤·함경도 관찰사를 역임, 선조(宣祖 재위 1567~1608) 때엔 예조와 호조판서를 지내고 이조판서까지 오른다.

그는 효심이 깊어 사후 고향에 정문(旌門)이 세워졌다. 대단한 가문이다. 훈구파의 거두(巨頭)면 그도 형 못지않게 재물이 발길에 차였을 터인데, 청백리가 되어 대대로 내려오는 빛나는 문벌의 영광에 더욱 빛을 밝혔다.

임호신任虎臣 1506~1556
임보신任輔臣 ?~1558

콩 심은 곳에 콩 난다 했다. 장남 임호신(任虎臣 1506~1556 字 武

伯), 아우 임보신(任輔臣 ?~1558 字 弼仲) 형제는 각각 관찰사와 암행어
사로 아버지 임추(任樞 1482~1534)의 명예를 더욱 높였다.

1533년 명나라에 아버지가 동지사로 갈 때 아들 무백은 서장관
(書狀官)으로 동행하였다. 아들은 아버지와 24살밖에 차이가 나지
않았다. 무백은 27살에 서장관으로 아버지를 보좌하여 명나라의
수도인 베이징(北京)을 갔었다. 길지 않은 체류 기간이었으나 견문
을 넓혔을 터다. 예리한 판단력을 인정받아 서장관이 되어 선진국
이었던 명나라 문물을 체험했을 것이다.

무백은 동지사의 서장관으로 명나라에 다녀와 봉교(奉敎)가 됐으
나 권신 김안로(金安老 1481~1537)의 횡포에 밀려 황간 현감이 됐다
직제학·도승지·한성부 좌윤·경상도 관찰사를 역임한다.

김안로의 횡포 정치에도 무백의 학문은 높이 평가되어 1550년엔
동지중추부사로 동지춘추관을 겸하여 『중종실록(中宗實錄)』 편찬에
참여한다.

당시 선진국이던 명나라에 동지사로 갈 정도의 학문과 품격을 조
선의 정계와 임금도 인정했다. 더욱이 실록편찬에 참여한다는 것은
정계와 왕실이 동시에 신임한다는 의미다.

그는 1533년 명나라 동지사 서장관으로 다녀왔는데 18년 후인
1551년(明宗 6)엔 본인이 성절사로 다시 중국에 다녀온다. 그는 명나
라를 다녀온 후 형조판서가 됐으나 이듬해 병으로 사직, 지동녕부
사로 이승을 떠난다. 김안로의 횡포 속에서도 화려한 벼슬을 거쳤
으나 재물은 한낱 개천의 돌로 보고 청백리의 길을 택하였다.

한편 무백의 동생 임보신도 형 못지않은 학자다. 누가 임추의 아

들이 아니랄까봐 별시 문과 병과로 급제, 저작(著作)·박사(博士)를 거쳐 부수찬·이조정랑·부교리를 역임한다. 놀라운 이력이다. 불과 6년 사이에 다섯 벼슬을 역임하게 된다.

학문도 높겠으나 임금의 신임이 두터워 암행어사로 출두한다. 필중은 학문만 높은 것이 아닌 듯하다. 암행어사를 성공리에 마치고는 장악원정(掌樂院正)에 취임한다. 장악원은 궁중의 각종 행사에서 음악과 무용에 관한 일을 맡아보는 관청으로 왕실과도 깊숙한 관계가 이루어진다.

왕실의 각종 행사에 동원되는 음악·무용의례를 관장함으로써 조정의 품격이 고스란히 드러나게 된다. 암행어사를 거친 필중이 장악원장이 된다는 것은 그의 학문의 깊이가 어느 정도였는지 짐작할 수 있으리라 보이는 인사다.

부전자전의 학문과 덕망이 빛내는 가문의 영광이다. 그는 장악원장을 성공리에 마치고 1554년 다시 암행어사의 길을 걷다 3년 후인 1557년 형조참의로 벼슬길에서 벗어나 형과 같이 청백리가 된다.

삼부자의 화려한 벼슬 행렬이지만, 대명천지의 푸른 하늘 아래 한 점의 부끄럼도 없는 벼슬길을 걸었다. 참으로 아름다운 청백리의 길이다.

제3장

왕도王道 정치를
꿈꾸었던 선각자들

"1906년 나는 금욕을 맹세했다.

그것이 내 조국에 보다 더 봉사할 수 있을 것으로 확신했기 때문이다.

이날 이후 내 인생은 전보다 훨씬 해방적이며 자유로워졌다."

−간디(1806~1948 인도독립지도자)

불꽃같은 삶, 38년에 꺼지다
—조광조趙光祖 1482~1519

짧지만 장엄하게 살았다. 정암(靜庵) 조광조(趙光祖 1482~1519)를 지칭함이다. 불꽃같이 살아 그를 광자(狂者), 화태(禍胎)로도 불렀다. '화를 낳는 사람'이라는 의미다.

정암이 개혁의 이상을 펼쳤던 중종(中宗 재위 1506~1544) 전반(16세기 초반)은 한국사에서 조선전기와 중기의 전환점이 되는 시기로 이해된다. 역사적으로 시대구분의 기준이 될 정도로 중요했으며, 그만큼 변화가 많았다는 뜻이다.

조선 중기에 새로이 등장하는 정치 세력인 사림은 집권세력인 훈구의 비리와 부도덕성을 비판하며 송곳 하나 꽂을 땅도 없어 추위와 굶주림에 허덕이고 있는 백성의 당시 상황을 성리학적 이념과 제도로 극복하고자 하였다.

이때 대표주자가 조광조다. 정암은 이상주의자인 동시에 원칙주의자였다. 열일곱 살 때 평안북도로 귀양 간 김굉필(金宏弼 1454~1504)을 찾아가 성리학을 배운 그는 이 사상이 당시 사회모순을 해결하고 새 시대를 열 이념이라고 확신하게 되었다.

그는 옳다고 생각하면 물불 가리지 않고 당장 옮기는 실천 주의자이기도 하다. 정암은 성리학을 이상으로 여기는 중국의 요순(堯

舜) 시대 정치만이 사회문제를 해결할 이상적인 정책이라고 판단, 관직에 등용되자 서슴없이 실천의 횃불을 들었다.

특히 혈기왕성한 30대에 사정(司正)의 최고책임자인 사헌부대사헌에 오르자 개혁의 강도는 더욱 탄력을 받았다. 그는 사회모순의 심화는 근본 원인이 사장(詞章 시가와 문장)을 중시하고 도학(道學)을 경시하는 학문풍토와 예의염치를 잃어버리고 이욕에 빠져드는 사회 분위기에 있다고 보았다.

그런 그릇된 사회풍토를 혁신하기 위해선 도학을 높이고 인심(人心)을 바르게 하며 성현을 본받는 왕도(王道) 정치를 펼쳐야 한다고 주장하였다.

정암은 이상 국가의 실현을 위해 국왕 스스로가 현인의 경지에 이르러야 가능하다고 역설, 그에 못지않게 국왕을 보좌하는 신하의 역할도 강조했다.

그리하여 경연(經筵 군주와 관료가 함께 공부)과 언론활동의 강화, 추천으로 인재를 등용하는 현량과(賢良科) 실시를 주장하며 중종을 몰아붙였다.

이외에도 소격서(昭格署 일월성신에 대한 도교의 제사를 주관하는 관청) 혁파, 소학(小學) 실천 운동과 향약 보급 운동 등 사회 구석구석에 걸친 개혁작업을 동료들과 함께 밀고 나갔다.

이렇듯 개혁이 어느 정도 뿌리를 내리자 이들은 위훈삭제(僞勳削除)를 강력하게 주장하였다. 위훈삭제는 중종반정(中宗反正 1506) 때 책봉된 117명 중 하자가 있는 76명의 공신명단의 삭제를 주장하였다. 이는 훈척의 집권기반을 무너뜨릴 수 있는 혁명적 개혁이었다.

이는 훈척의 강력한 반발을 불러일으켰으며 중종의 사림에 대한 견제심리까지 더해져 결국 이 조치가 단행된 지 4일 만에 기묘사화(己卯士禍)가 일어났다.

정암은 능주(綾州)로 귀양 가서 한 달 만에 사사되고, 김정·기준·한충·김식 등도 귀양 가서 모두 사형되었다. 김구 등 수십 명도 역시 유배되고 이들을 두둔했던 김안국·김정국 등은 파직되었다.

이처럼 사림파의 몰락으로 현량과는 폐지되고 공신에서 삭탈 당했던 훈구파들은 복훈되어 빼앗겼던 재산도 모두 되찾았다.

후대의 대학자 퇴계 이황(李滉 1501~1570)과 율곡 이이(李珥 1536~1584)는 조광조에 대해 "자질과 재주가 뛰어났으나 학문이 깊지 않은 상태에서 정치 일선에 나아가 개혁을 너무 성급하게 추진하다 결국 실패했다."라고 평가했다.

그의 사상이 이론적 깊이가 있었던 것은 아니지만 도덕성과 수신(修身)의 강조, 성리학 이념의 사회적 실천 등은 새 시대에 대한 방향을 체계적으로 명확히 제시한 것이었다.

서른여덟 살의 짧은 삶을 마감한 지 50여 년의 1568년 그는 그가 제시한 정책을 충실히 따른 후배 사림에 의해 영의정에 추증(追增 나라에 공이 있는 관료에게 사후에 높여주는 벼슬)되고 이듬해엔 문정(文正)이란 시호를 받으면서 역사의 무대에 다시 등장하였다.

비록 간신들의 모함으로 개혁이 실패했으나 그로 인해 선비들의 학문이 지향할 바를 알게 되고 나라의 다스림에 더욱 빛나게 되었다는 공로를 인정받았다.

광해군(光海君 재위 1608~1623) 2년인 1610년엔 학자로서 최고영

예인 문묘(文廟 성균관 내)에 배향되었다. 문묘에 배향뿐만이 아니라 그 후 개혁의 이상도 후배 사림에 의해 상당 부분 실현되었으며 조선 후기에 그가 가장 이상적인 선비 사상으로 추앙받았다.

긴 역사의 흐름으로 봐서 그의 개혁 의지와 원칙준수, 그리고 자기희생 등은 청백리 사상과 선비정신의 실현이라 하겠다. 사실 개혁이 혁명보다 어렵다고 한다. 개혁은 기존 세력의 저항과 맞서게 된다. 그러나 혁명은 삽시간에 사회 전반을 뒤집어엎고 새로운 제도를 만듦으로써 저항세력의 반발을 일찍이 차단, 집행이 오히려 쉽다는 의미다.

중종반정으로 조광조가 혜성같이 나타났으나 찬란한 이상만 있지 현실에 대한 인식은 부족한 상태다. 이상과 현실의 거리가 너무 멀다.

우선 조광조는 현실을 적시하지 않은 지나친 이상주의에 빠졌다. 소격서 혁파는 그가 당시 정세를 읽는 데 실패하였음을 의미한다. 게다가 엄청난 개혁 폭주는 사태를 더욱 악화시켰으며 독주는 교만으로 보였을 것이다.

또한, 그는 공맹(孔孟)의 군자소인(君子小人)의 단순 논리로 세상을 보려 하였다. 현량과를 설치하여 인재를 특채하고 중종반정을 주도한 공신들의 훈적을 삭탈하려는 것은 지혜롭지 못해 사화를 불렀다.

정암은 또한 혁명보다 개혁이 더 어렵다 함은 소위 기득권의 저항이 필연적으로 살아남아 계속 개혁정책을 수행할 방법이 있어야 했는데 이상만을 생각한 외통수에 빠졌었다.

사실 개혁이 추진되는 동안 누군가가 손해를 보게 되는데 객관적으로 박수를 받을 수 있어야 추진되는 정책이 환영받을 수 있다. 그런데 정암의 지나친 독주의 개혁은 그런 것에 소홀했음을 퇴계와 율곡이 휴일에 지적했음이다.

개혁가의 정의와 죽음만이 최고의 가치와 미덕은 아니다. 역사에 수없이 등장하여 혜성같이 잠시 세상을 뒤흔들며 박수를 받았던 혁명가들이 역사엔 수두룩했었다.

그러나 그들이 모두 박수를 받은 것은 아니다. 또한, 그가 이승을 떠났을 때도 그를 추종했었던 이들이 대신하여 고통과 역사의 죄인이 되는 경우도 허다하다.

우리 역사에도 그런 역사가 많다. 특히 1592년 임진왜란 이후와 일제 강점기를 거쳐 한국전쟁 와중에 역사의 굴곡은 보수와 진보의 갈등, 그리고 친일과 친북 등으로 소위 프레임을 씌워 권력다툼의 소용돌이는 현재도 치유되지 않아 통곡하는 이들이 많다.

그렇게 역사는 그 민족의 아픔을 고스란히 담아 세월을 보내면서 민족사(民族史)가 된다. 아무튼 조광조는 불꽃같이 38년이란 짧은 삶을 살았으나 청사에 길이 남는 선비상의 롤모델로 개혁의 영원한 횃불을 든 깃발이 될 것이다. 그는 죽었어도 죽지 않고 위대한 선비상으로 사대부들의 큰 스승이 되어 역사를 쓰고 있다.

그는 사후 문정이란 시호를 받아 선비들의 학문의 지향할 바를 예시해 주기도 했었다. 1610년엔 도학을 중흥시켰다는 공로로 스승인 김굉필과 함께 학자로선 최고의 명예인 문묘(文廟)에 배향되었다.

문묘는 성균관대학교 내에 소재하고 있는데, 1398년 창건 이후 소실과 재건을 거듭하며 오늘에 이르고 있다. 대성전(大成殿)과 동서의 양무(兩廡)로 구성되었는데, 대성전엔 공자 등 4성(聖) 10철(哲) 및 송대 6현(賢의) 위패를 모셨고, 양무(東廡·西廡) 공자의 70제자를 비롯한 한중 양국의 대유학자 111위(位)패가 모셔졌다.

이런 문묘에 짧지만 장엄하게 살다간 조광조는 배향되어 사후에 그의 행적이 더 빛나고 있다. 삼촌인 수양대군에게 보위를 빼앗긴 단종(端宗 1441~1457)의 복위운동을 하다 처참하게 삶을 마감한 사육신(死六臣)들은 사후에 더욱 아름다운 역사의 주인공이 되었다.

조광조도 그가 꿈꾸었던 왕도(王道) 국가를 구현시키지는 못했어도 아름답고 위대한 선비상으로 역사에 영원히 숨 쉬고 있어 죽어서도 죽지 않을 그의 이상이라 하겠다.

황금을 돌같이 보았다
—최영崔瑩 1316~1388

어릴 때부터 눈에 광채가 돌고 기골이 장대하여 위장부(偉丈夫) 재목으로 선망의 대상이었다. 잘 될 나무는 떡잎부터 알아본다고 했듯이 민속신앙으로까지 진화된 인물이다. 명장(名將) 최영(崔瑩 1316~1388)을 지칭함이다.

최영은 아버지 최원직(崔元直)이 먼저 알아봤다. 최원직은 고려조에서 사헌규정(司憲糾正 현 검찰청 검사)의 벼슬까지 한 고관으로 아들에게 입버릇처럼 "황금 보기를 돌같이 해야 한다"고 가르쳤다.

그의 조상들은 대대로 시중(侍中 국무총리)과 평장사(平章事 장관) 등을 역임했던 명문가였다. 그렇게 명문가를 이룬 가문에 어릴 적부터 범상치 않은 인물이 태어나니 주위의 시선이 아버지로서 무척이나 걱정스러웠던 것이었으리라.

그런데 그를 그토록 아껴주었던 아버지가 그의 나이 16세에 세상을 등진다. 최영은 지극정성으로 삼년상을 치른 후 아버지의 유언이 된 견금여석(見金如石 황금 보기를 돌같이 하라)으로 평생을 살아간다.

최영이 39세 때 중국의 원(元)나라는 사양길에 접어들고 있었다. 그러나 석양이 지기 전에 더 뜨겁다는 말처럼 중국 전역을 정벌하고 유럽까지 세력을 넓히는 칭기즈칸의 후예들이었다. 그리고 그들의 세력을 고려조에도 뻗어왔다.

이때 원의 내부는 홍건적(紅巾賊) 토벌에 고려에 지원병을 요청, 최영이 나가 큰 공을 세운다. 그러나 홍건적은 원나라군에 밀려 고려로 방향을 돌려 개경(開京 현 개성)을 함락시키고 방화와 약탈을 자행하고 있었다.

1362년의 일이다. 최영은 이성계(李成桂 재위 1392~1398)와 함께 출정하여 개경을 탈환하고 공민왕(恭愍王 재위 1351~1374)을 환궁케 하였다. 이 환궁 때 재상 김용(金鏞)이 행궁을 습격함에 최영이 재빨리 진압, 판밀직사사(判密直司事)에 오른다. 이 벼슬은 오늘날 국방부 장관과 같은 직위다.

이때 고려는 위에선 원나라가 밑에선 왜구들이 괴롭히고 있었다. 그러나 최영은 위축됨 없이 원과 왜구를 퇴치하여 명장으로서 입지를 굳힌다.

왕실은 공민왕에서 우왕(禑王 재위 1374~1388)으로 바뀌고 최영은 문하시중에 모른다. 최영의 나이 73세 때였다. 중국에선 원나라가 무너지고 명왕조가 세워진 지 20년이 흘렀다. 이때 명나라는 이른 바 철령위(鐵嶺衛) 설치를 통고해 왔다.

즉 고려의 철령 이북과 이동(以東)·이서(以西)는 본래 원나라 개원 (開原)에 속했던 땅이므로 그 관하의 고려인·한인(漢人)·여진인 등을 모두 요동에 속하도록 한다는 통고였다. 여기서 철령은 오늘날 강원도와 함경도의 경계를 잇는 안변의 철관을 의미한다.

문화시중 최영은 명나라의 억지에 분통을 터뜨렸다. 중신 회의는 주전론(主戰論)과 화의론(和議論)으로 나뉘었다. 주전론의 친원파가 화의론은 친명파가 각각 주장했다.

사신을 보내자는 절충론도 나왔다. 최영은 요동 정벌과 국토회복을 주장하였다. 고려 말의 정세다.

이때 등장한 것이 역성혁명(易姓革命)이다. 이성계의 하수인에게 최영은 참형을 당하고 고려는 역사의 뒤안길로 사라졌다. 조선의 역사가 펼쳐진 것이다.

소를 타고 다니는 고불정승
—맹사성 孟思誠 1360~1438

초라한 행색으로 늙은 소를 타고 가는 노인이 있다. 종자(從者)는 있으나 청빈한 향반(鄉班)같이 보인다. 때는 1432년(세종 14) 여름으로 옛 그림에서나 볼 수 있는 도가(道家)의 시조인 노자(老子)를 떠올리게 한다.

늙은 소를 타고 가는 초라한 행색의 노인은 당시 좌의정 맹사성(孟思誠 1360~1438 字 古佛)이다. 그는 정승 벼슬에 있으면서도 나들이할 때는 예외 없이 소를 타고 다녔다. 정승이면 초헌(軺軒)을 타고 요란하게 벽제(辟除)를 잡으며 행차하는 것이 상례였으나 고불은 먼 거리에도 예외 없이 소를 고집하였다.

맹사성의 처조부는 여말의 명장인 최영(崔瑩)이며 아버지는 역시 여말의 전교부령(典校副令)으로 효성이 지극해 효자정문(孝子旌門)을 나라에서 세워준 맹희도(孟希道)다. 맹희도는 정계가 어지러워지자 치사(致仕 나이가 많아 벼슬에서 물러남)하고 고향 온양에 낙향하여 오봉산(五峯山) 밑에 은거하였다.

고불은 이같은 아버지의 성향과 대학자 권근(權近) 문하에서 수학, 근검절약 정신까지 두드러졌다. 그날도 고불은 고향 온양에 가는 길이었다.

그런데 한양에서 온양 가는 도중의 현(顯)인 양성과 진위현의 두 현감이 어떻게 고불의 행차를 알았는지 백성들을 동원해 지나가는 길을 깨끗이 쓸고 단장하였다. 그리고 두 현감은 비장·아전 등을 거느리고 고불 정승이 지나가는 길목 정자에서 조촐한 주안상까지 준비해 기다렸다.

그러나 이제나저제나 고불 정승을 기다렸으나 나타나지 않았다. 조촐한 주안상은 한잔 두잔 두 현감이 다 마셨으나 고불 정승은 끝내 보이지 않았다.

그런데 그때, 하얀 수염의 촌노가 소등에 베등거리를 입은 종자가 끌고 지나갔다.

"길 닦아 놓으니 미친놈이 먼저 지나간다더니! 저 샛길로 돌아가라!"라며 아전이 말하자 "현감에게 일러라. 온양에 사는 맹고불이 지나간다고."

두 현감은 기겁하며 도망치기 시작했다. 두 현감은 하도 급히 서둘러 관인(官印)을 연못에 빠뜨리는 바람에 훗날 이 연못을 인침연(印沈淵)이라 부르게 된다.

고불은 열 살 때 어머니를 잃었다. 7일장을 치르는 동안 곡기를 끊고 통곡을 하여 보는 이마다 애간장을 녹였다. 또한, 어머니 묘 앞에서 2년을 죽으로 연명하며 시묘(侍墓)살이 3년을 했다.

효성은 부전자전으로 그의 고향인 온양에 역시 효자문이 세워졌다. 고불이 나들잇길을 소를 타고 다니는 것은 사대부들의 지나친 사치에 경고하는 의미도 있었다는 당시의 세론(世論)도 있다. 고불의 근검절약은 몸에 뱄다.

어느 날 병조판서가 공무로 맹정승집을 찾았다. 늦가을 날씨가 그날따라 음산하고 비까지 쏟아졌다. 사랑방 이곳저곳이 비가 새 맹정승과 병조판서의 의복이 흠뻑 젖었다. 그러나 고불은 태연하였다.

그즈음 병조판서는 행랑채를 짓고 있을 때다. 고불의 사랑채를 고쳐주도록 했으나 출타 중 돌아오다 공사를 본 그는 사랑채를 통째로 헐어버렸다는 얘기다.

고불, 그는 583년이 지난 오늘에도 이 나라 청사의 주인공(淸白吏)
으로 살아 있다.

세종이 알아본 송곳 충언
—최만리崔萬理 1398~1445

성군(聖君)은 충신이 있어야 가능하다. 한나라에 임금이 되어 통
치할 때, 폭군이 되어 역사의 죄인이 되려는 주인은 없을 것이다.
그런데 그런 폭군이 없지는 않다.

한글을 창제하여 대한민국이 세계에서 가장 과학적인 문자(文
字)로 평가받는 것은 성군
세종(世宗 재위 1418~1450)
의 덕택이다. 세종이 한글
을 창제할 때 최만리(崔萬理
1398~1445 字 子明)의 극렬한
반대에 부딪혔다. 한자(진서,
진문)가 있는데 언문(諺文 한
글)은 필요 없다는 논리다.

집현전에서 리더 격으로
그의 반대는 논리적이어서
세종한테도 상당한 스트레
스를 받는 상대다. 당시 세

대석학 자명(子明) 최만리 신도비

종은 집현전 학자 못지않은 학문의 소유자였다.

자명은 1419년(세종 1) 생원으로 증광문과에 급제, 홍문관에 기용되어 집현전 박사를 겸임하였다. 1427년 교리로서 문과 중시에 급제, 1437년엔 집현전 직제학을 거쳐 이듬해엔 부제학에 승진됐다.

1439년 강원도 관찰사로 나갔다가 일 년 만에 부제학으로 복귀, 세종의 총애를 받는다. 학문이 뛰어났다. 자신의 학문을 알아주는 세종에게 그는 서슴없이 소신을 말한다.

세종 또한 자명의 학문을 익히 아는 터로 그의 직언을 너그럽게 받아 주었다. 그러나 소위 금도(襟度)란 것이 있다. 여인은 사랑하는 임에게 정조(貞操)를 바치고 사내는 자신을 알아주는 상대에게 양심을 맡긴다. 아마 자명의 직간(直諫)이 자신은 세종에 양심을 바쳤는지도 모른다.

아무튼 자명의 한글 창제 반대는 예사로운 일이 아니다. 자명은 고려조 대학자 최충(崔沖 984~1068)의 후예다. 최충은 문하시랑·평장사·문하시중·도병마사 등을 역임한 문신으로 70세까지 관료 생활을 했다.

그는 1005년에 장원급제하여 1013년 거란의 침입 때 소실된 역대문적을 재편수하는 국사수찬관(國史修撰官)을 겸해 『칠대실록(七代實錄)』편찬에 참여하였다.

최충은 해주 최씨 시조(始祖)다. 그는 개경에 문헌공도(文憲公徒)를 설치, 우리나라 사학(史學)의 비조(鼻祖)이기도 하다. 최만리는 고려조의 최고의 학자 후예다.

조선 최고 성군이자 한글 학자 세종과 자명은 한 치의 물러섬이 없는 충돌이 벌어졌다. 한글 창제 문제다. 최만리는 당시 집현전 학자 중 수장 자격이다. 언문은 절대로 창제해서는 안 된다는 것이 자명의 논리다.

하지만 세종은 자명이 설득되지 않자 윽박지르기도 하고 달래기도 하면서 결국 한글을 반포(1446년)하였다. 자명이 성군인 세종에게 끝까지 반대할 때 정찬손·하위지도 동조 힘을 보탰다.

자명이 비록 신하의 신분이었지만 최충의 후예이기도 하고 천재들의 집합인 집현전의 수장으로 탄탄한 학문의 뒷받침이 없었다면 그렇게 당당하게 신권(臣權)이 왕권(王權)에 저항할 수 있었을까?

그런데 만약 자명의 반대로 세종이 한글 창제를 포기했다면 오늘날 세계의 석학들이 아낌없이 칭찬하는 한글은 있지 않을 터다. 하늘이 온통 까매진다. 두 분은 서로 믿는 성군과 충신 관계였으리라.

(본 난의 사진은 해주최씨 안성불지 문중 제공)

우린 당신의 신하가 아니다
—사육신死六臣: 성삼문, 박팽년, 하위지, 이개, 유성원, 유응부

단종(端宗 1441~1457)의 복위(1456)에 목숨을 바친 인물들 가운데 남효온(南孝溫 1454~1492)의 『육신전(六臣傳)』에 소개된 성삼문(成三問 1418~1456), 박팽년(朴彭年 1417~1456), 하위지(河緯地 1412~1456), 이개(李塏 1417~1456), 유성원(柳誠源 ?~1456), 유응부(兪應孚 ?~1456) 등 6명을 지칭한다.

조선 중기 이후 충절과 의리의 상징이 되는 인물로 추앙받으며 현재 서울 노량진 사육신묘역이 조성되었다.

이 몸이 죽어가서 무엇이 될꼬 하니
봉래산 제일 봉에 낙랑 장송 되었다가
백설이 만건곤할 제 독야청정하리라

성삼문의 《무제(無題)》다.

사육신이 단종복위운동은 단종에 대한 충심과 함께 왕권 강화를 위한 세조(世祖 재위 1455~1468)에 대한 저항에서 비롯되었다. 이들은 대체로 세종(世宗 재위 1418~1450) 때 설치된 집현전 출신의 유학자들로 문종(文宗 재위 1450~1452) 즉위 이후 대간(臺諫)으로 조정에 진출, 신권을 주장하는 유교적 여론정치를 지향하였다.

까마귀 눈비 맞아 희는 듯 검노매라
야광 명월이 밤인들 어두우랴?
임 향한 일편단심이 변할 줄이 있으랴

박팽년의 《무제(無題)》다.

세조가 1455년 단종에게 양위를 받는 형식으로 왕위에 오른 뒤 의정부서사제(議政府署事制)를 폐지하고 육조직계제(六曹職階制)를 시

사육신묘 死六臣墓

성삼문(成三問)
1418년(태종 18)~1456년(세조 2). 본관은 창녕, 자는 근보(謹甫)·눌옹(訥翁)이고 호는 매죽헌(梅竹軒)이며, 시호는 충문(忠文)이다. 문집에 성근보집(成謹甫集)이 있다.

박팽년(朴彭年)
1417년(태종 17)~1456년(세조 2). 본관은 순천, 자는 인수(仁叟)이며, 호는 취금헌(醉琴軒), 시호는 충정(忠正)이다. 그는 경술(經術)과 문장·필법이 뛰어나 집대성(集大成)이라는 칭호를 받았다.

하위지(河緯地)
1412년(태종 12)~1456년(세조 2). 본관은 진주, 자는 천장(天章)·중장(仲章)이며, 호는 단계(丹溪)·연풍(延風)이고 시호는 충렬(忠烈)이다. 집현전 직전(直殿)에 등용되어 수양대군을 보좌하여 《진설(陣說)》의 교정과 《역대병요(歷代兵要)》의 편찬에 참여하였다.

이개(李塏)
1417년(태종 17)~1456년(세조 2). 본관은 한산, 자는 청보(淸甫)·백고(伯高)이고, 호는 백옥헌(白玉軒), 시호는 충간(忠簡)이다. 1758년(영조 24) 이조판서에 추증되고 노량진의 민절서원(愍節書院), 홍주의 노운서원(魯雲書院) 등에 제향되었다.

유성원(柳誠源)
미상~1456년(세조 2). 본관은 문화, 자는 태초(太初)이고, 호는 낭간(琅玕)이며 시호는 충경(忠景)이고, 1691년(숙종 17)에 와서 사육신의 관작을 추복시켰고, 뒤에 이조판서에 추증되었다.

유응부(兪應孚)
미상~1456년(세조 2). 본관은 기계, 자는 신지(信之)·선장(善長)이며, 호는 벽량(碧梁), 시호는 충목(忠穆)이다. 무과에 급제하여 무신으로 관직에 나아갔고, 첨지중추사, 평안도절제사를 지냈다.

김문기(金文起)
미상~1456년(세조 2). 본관은 김녕(金寧), 자는 여공(汝恭), 호는 백촌(白村), 시호는 충의(忠毅)이다. 문무겸전하여 함길도 병마절제사와 공조판서 겸 삼군도진무를 지냈다.

이승을 떠나 저승에 간 후 더 유명해진 사육신(死六臣)들

행하는 등 왕권 전제화를 하려 하자 단종을 복위시키고 관료지배체제를 실현하려 했었다는 역사의 해석이다. 성삼문과 박팽년이 중심인물이었다. 이를 병자사화(丙子士禍)라 부른다.

살았어도 죽은 목숨
—생육신生六臣: 김시습, 원호, 이맹전, 조려, 성담수, 남효온

단종의 복위를 꾀하려다 죽은 사육신에 대비하여 목숨을 잃지 않고 살았으나 평생 벼슬길에 나아가지 않고 초야에 묻혀 살았던 사대부 생육신(生六臣)을 지칭한다.

김시습(金時習 1435~1493), 원호(元昊 1396~1463), 이맹전(李孟專 1392~1481), 조려(趙旅 1420~1489), 성담수(成聃壽 1437~1488), 남효온(南孝溫 1454~1492) 등이다.

사육신이 충성과 절개로 목숨까지 바친 것과 달리 생육신은 생명을 바치지 않았으나 귀머거리·소경 또는 방성통곡(放聲痛哭 목 놓아 슬피 욺)하거나 두문불출하여 폐위된 단종을 추모하였다.

불사이군(不事二君)이다. 죽어서 충신의 말을 듣는 것보다 더 어려운 선택이었을지도 모른다. 눈으로 보고 귀로 들으면서 못 본 척 듣지 않은 척하기란 죽는 것보다 더 어려운 일일 게다.

성리학의 나라 조선에서나 있었던 역사다. 오늘날엔 상상조차 어려운 위대하고 성스러운, 슬프도록 아름다운 역사라 하겠다.

"바다는 진주를,

그리고 하늘은 별을 가졌다.

그러나 나의 마음은,

나의 마음은 사랑을 가졌다.

바다는 크다.

하늘도 크다.

그보다 내 마음은 더 크다."

-하이네(1797~1856 독일 시인)

미美 의원단에 국권 회복 포효
─양기탁梁起鐸 1871~1938

폭우가 새벽부터 쏟아진다. 밤새 먹구름이 하늘을 점령하더니 결국 폭우를 퍼붓기 시작한다. 먼동이 트자 폭우는 더욱 거세게 퍼붓는다.

1920년 8월 24일 미국의원단 47명이 서울에 오는 날씨다. 조선이 일본에 국권을 강탈(1910년 경술국치)당한 지 꼭 10년의 세월이 흐른 후다.

공교롭게도 미국의원단이 대한제국을 찾아온 날도 8월, 국권을 강탈당한 달도 날짜만 5일의 차이가 있을 뿐 같은 달 무더위가 기승을 부리던 여름이었다.

양기탁(梁起鐸 1871~1938)은 미국의원단이 서울에 온다는 첩보를 입수, '독립청원서'를 준비하였다. 양기탁은 독학으로 영어가 자유롭다.

참으로 아이러니하다. 54년 전엔 교역(1866년 제너럴셔먼호 사건)을 강요하며 배를 타고 나타났는데, 이번에 국권을 잃은 서울에 의회 의원들이 나타났다. 무려 47명이나 와서 처참한 대한제국의 중심지를 보았다.

현 광화문광장은 왕조시대엔 육조(六曹)의 거리다. 대한제국의 심장이다. 그들은 사실상 일본과 한통속이었다. 양기탁이 그런 두 얼굴의 미국의회 의원들의 속내를 모를 리 없으나 그들에게게만이 우리의 어려운 사정을 알릴 대상이라는 현실에 자존심을 팽개치고 독립을 호소했을 것이다.

그에게 억수같이 쏟아지는 비는 오히려 끓어오르는 울분을 삭힐 시원한 냉수 같은 존재다. 그는 한 자를 배우면 열 자를 터득하는 신동으로 불렸다. 영어도 특출나게 잘했으며 시문(詩文)에도 남달랐다.

신동은 평양에서 출생, 서양문물을 일찍 접한 행운을 누렸다. 양기탁은 1886년 주한미국공사관 소속 의사이자 장로교선교사 알렌을 만난다. 그는 알렌이 설립한 외국어학교에서 신식교육을 받다가 6개월 만에 접고 영어사전을 찾아가며 독학으로 익혔다.

1895년 봄 양기탁은 일본으로 건너가 나가사키상업학교에서 일

한국 최초 대기자·독립운동가 양기탁(梁起鐸). 서울신문 1층에 흉상이 세워졌다.

본 학생을 상대로 2년 동안 한국어를 가르쳤다. 그는 1898년 귀국, 서재필 등과 독립협회조직에 참여했으며 만민공동회에도 간여하여 간부로 한동안 활동하였다.

양기탁은 독립협회가 해산되자 한영자전편찬 때 공동작업을 했던 캐나다 출신 선교사 제임스 J.S 게일의 주선으로 일본과 미국을 3년간 여행, 발전하는 미·일의 생생한 모습을 직접 보고 온다.

또한, 그는 1903년 한성전기주식회사 사무원 겸 검찰관으로 취직, 덴마크 기술자 H.J 뮐렌스테트와 친하게 된다. 이듬해 러·일전쟁을 취재하러 온 어니스트 베델(1872~1909)을 알게 된다.

베델이 신문발행에 뜻이 있음을 알고 양기탁은 공동으로 1904년 7월 18일 대한매일신보를 창간하게 된다. 사장 베델에 양기탁은 총무를 맡는다. 그는 신문사 일 외에도 궁내부 예식원의 번역관보로 근무해 이듬해 3월 25일 주사로 승진하였다.

그러나 1905년 11월 을사늑약(乙巳勒約)이 체결되자 12월 예식원을 나와 대한매일신보에 열정을 쏟는다. 신문을 통해 일제가 대한제국 침략을 폭로하고 국내 의병항쟁을 부추겼다.

또한, 양기탁은 러·일 전쟁 기간 일제가 대한제국에 삼림·황무지개척권을 요구, 이에 반대하는 보안회(保安會)에 참여했으나 일제 압력으로 해산되어 후속 단체인 대한협동회를 조직해 지방부장이 되었다.

1909년 5월 1일 대한매일신문의 사주 베델이 사망한다. 그의 사망으로 양기탁은 입지가 더욱 어려워진다. 그러나 그는 이에 굴하지 않고 항일논설을 지속해서 집필한다. 고독한 분투였다.

이즈음 또 한 사람의 저명한 저항언론인이 혜성같이 등장한다. 황성신문에 '시일야방성대곡(是日也放聲大哭: 이날 목 놓아 통곡하노라)'이라는 사설을 게재(1905년 11월 20일), 큰 반향을 일으킨 장지연(張志淵 1864~1921)이다.

통감부는 1910년 베델의 뒤를 이어 사주가 된 알프레드 위클리만 함에게 7천 파운드 상당의 금액으로 신문사를 인수한 뒤 양기탁한 테 운영을 맡기려 했지만, 그는 6월 14일 정든 신문사를 떠난다. 신문사에서 나온 그는 자유로운 몸으로 비밀결사 신민회를 결성한다.

그는 만주로 1910년 8월 직접 가 독립군 기지 후보지를 물색, 11월 이회영·이시영·이동녕·이상용·주진수 등 60여 명을 서간도 삼원보로 보내 정착하게 만든다. 이후 김구·안명근 등과 함께 2진을 인솔, 만주로 가려 했으나 안명근이 황해도 안악군에서 군자금을 모집하려는 것이 발각되어 무산되었다.

일제는 안명근이 데라우치 마사타케를 모살하려 했다고 날조, 양기탁을 비롯하여 신민 회원 600여 명을 총독 모살 음모혐의로 구속하였다. 이 중 105인이 최종공판에 넘겨지는데 이것이 소위 105인 사건이다.

이때 양기탁은 주모자로 구속, 징역 10년의 중형을 선고받고 대구 복심원에서 6년형으로 감형되어 복역하였다. 그는 1915년 2월 가출옥으로 석방되어 주거 제한을 받았으나 삼엄한 감시를 피해 신의주를 거쳐 길림을 향해 길을 재촉하였다.

그는 그곳에서 동지들을 규합, 정안립·맹동전 등 수십 명을 모아 고려국이란 독립국을 수립해 선포계획을 세웠다. 여기에 중국인 주사형(朱土衡)과 일본인 후쿠오카 현 출신 마쏘나가까지 포섭해 동참시켰다. 이는 중일간의 외교적인 효과를 노린 듯하다.

그 후 그는 일 년간 정부수립준비를 해 1917년 9월 고려 임시정부를 비밀리에 수립, 주사형을 상하이로 파견하여 군자금을 모집하게 하였다. 그러나 이런 움직임을 톈진(天津) 소재 일본총영사관에 발각, 양기탁은 1918년 12월 11일 체포되어 재류금지처분을 받고 거문도로 유배되었다. 그가 이곳에 있을 때 동아일보 기자 장덕준이 김성수(金性洙 1891~1955)의 권유로 방문하였다.

일 년 후인 1919년 12월 1일 유배에서 풀려난 그는 종로 계동 이교담 자택에 머문다. 이교담은 과거 대한매일신보에서 일해 인연이 있는 관계다. 양기탁은 1920년 4월 1일 돈의문의 중화요리점 장춘관에서 화합을 갖는다.

그는 역시 삼엄한 일제 감시를 피하려고 조선 고사(古史)연구회 창립이라고 위장하여 50여 명이 극비리에 모여 독립운동에 대하여 협의를 했다. 그는 서울에서 대동민국(大東民國)을 수립, 지지자들을 물색하여 군자금을 모아 만주에 기반을 만들려 하였다.

양기탁 등은 의도를 숨긴 채 길림에 단군연구소를 설치하려 했으나 일제의 철저한 방해로 좌절, 대동민국은 활동 3개월 만에 해체되는 운명이 되었다.

그러나 양기탁은 포기하지 않고 열정은 더욱 뜨거워졌다. 1920년 동아일보 고문을 맡은 그는 5월 22일 동학 계열의 통천교(統天敎)를 설립하고 종교를 통해 민족운동을 일으키려 했으나 뜻대로 되지 않아 무위에 그쳤다.

한편 1920년 8월 24일 미국의원단에 독립청원서 낭독으로 투옥되었으나 모친 인동장 씨가 별세, 투옥 5일만인 8월 29일 동지 한남수 등 5명과 함께 가석방되었다. 그는 이 사건으로 동아일보를 퇴직, 1922년 다시 만주로 망명길에 오른다.

양기탁은 그곳에서 대한통의부고문이 되어 독립운동을 편다. 얼마 후 1922년 10월 14일 전덕원이 이끄는 복벽파 인사들이 관전현에 소재한 이종성의 집을 습격, 대한통의부 선전국장 김창의를 격살하고 양기탁, 법무부장 현정경, 검무감 김관성, 교통국장 황동호, 비서 과장 고윤신 등에 폭행을 가해 중상을 입혔다. 그러나 전덕원의 목표인 비서 과장 고활산을 잡지 못한다.

그 후 전덕원은 대한통의부를 탈퇴, 의군부를 설립했으며 양기탁은 남아서 1923년 2월 의성단에 가담해 군무참모총장직을 맡는다. 또한, 1924년 11월 2일 오동진·김동상 등과 함께 의성단·길림주민회·광정단·대한군정서를 통합, 정의부(正義府)를 조직하고 고문직에 오른다.

또한, 그는 1925년 7월엔 정의부 재무위원에 오르고 26년에 대동민보를 창간, 언론활동에 열정을 쏟아 대동단결만이 난국을 극복할 수 있다며 독립운동단체들의 통합에 앞장선다.

1926년 4월엔 지린성에서 주진수와 고려혁명위원회의 김봉국, 형평사의 이동구 등과 고려혁명당을 조직, 위원이 된다. 양기탁은 정의부 기관지 대동민보 외에 동우도 발간한다. 동우는 이창범·박기백 등 5명이 길림에서 발간한 잡지로 만주농촌개발과 문화 운동을 폈다.

그는 대동민보와 동우를 통해 악질부호·경찰관·유력한 밀정배 등을 사살하려는 운동에 힘을 쏟아야 함을 역설했으며 결사모험대를 조직해 훈련, 일본 대도시에 파견하여 방화와 파괴에 최선을 다해야 함을 항일투쟁의 최우선으로 삼자고 목소리를 높였다.

대한민국 임시정부는 그를 유력한 국무령 후보로 선정했으나 거부했다. 또한, 1934년 1월 2일 제26회 대한민국 임시정부 정원회의에서 송병조·윤기섭·조소앙·김규식·김철·최동오·조성환·성준용 등 9명과 함께 국무위원에 선출되었으며 4월엔 동료 국무위원들과 재무부 행정규칙과 외무부 행서규칙을 공포하였다.

양기탁은 1934년 11월 2일 군무장에 부적합하다며 사임하고 후임으로 유동열이 선출됐으며 이듬해 10월 19일에 국무위원 사임서를 제출, 10월 22일 수리되었다.

1935년 7월 의열단, 신한독립단, 조선혁명당, 대한독립당, 미주 대한인독립당 등 5당통일회의를 개최, 이를 통합한 조선민족혁명당이 조직되자 그는 김규식, 조소앙, 최동오, 유동렬 등과 함께 대일전선통일운동에 열정을 쏟는다. 그러나 조선민족혁명당 내부에서 의혈단계 독주에 불만을 품은 인사들이 탈당, 통합운동이 무산되자 배신과 허무함을 느끼고 모든 직위에서 떠났다.

그 후 그는 선도(仙道)에 뜻을 둔 중국 도사로부터 선도를 배워 장차 신선이 되려 했다는데 1838년 4월 19일 장수성 당양현 길당암에서 향년 68세로 영면하였다.

대한민국 정부는 1962년 그에게 건국훈장 대통령장을 추서했다. 그의 유해는 그가 사망한 지 60년이 지난 1998년 자유대한민국으로 송환, 국립서울현충원 임정 묘역에 안장되었다. 또한, 2004년부터 서울신문사 사옥 1층 로비에 어니스트 베델과 함께 흉상으로 세워졌다.

아마도 그는 지금도 한일관계가 매끄럽지 못한 현실을 대기자로서 안타까운 마음으로 상황을 지켜보고 있을 것이다.

양기탁은 조국광복을 7년 앞두고 중국에서 절명, 세계 경제 10위의 대한민국을 보지 못하고 있다. 그러나 남원 양씨 가문의 인물 양승조(梁承晁 국회의원 4선) 현 충남도지사가 그의 사상을 당당하게 이어받아 큰 꿈을 펼쳐 나아간다.

그는 남원 양씨 가문의 영광을 뉴밀레니엄 시대에도 세세손손(世世孫孫) 중단 없이 중흥을 펼칠 빛나는 횃불의 역사적인 주자다. 또한 대붕(大鵬)의 꿈을 위해 고단한 주자(走者)의 길을 마다하지 않고 있다. 사실 충남의 천안 등 지역엔 삼한의 마한(馬韓) 시대엔 목지국(目支國) 진왕(辰王)이 있었다. 백제가 융성하기 전에 목지국이 맹주(盟主)였었다. 또다시 목지국 전성시대가 오길 학수고대하는 분위기다.

삼천리三千里를 울린 님의 침묵
—한용운韓龍雲 1879~1944

님은 갔습니다. 아아 사랑하는 님은 갔습니다./푸른 산빛을 깨치고 단풍나무 숲을 향하여 난 작은 길을 걸어서, 차마 떨치고 갔습니

다./(중략)/나는 향기로운 님의 말소리에 귀먹고, 꽃다운 님의 얼굴
에 눈멀었습니다./(중략)/아아 님은 갔지만, 나는 님을 보내지 아니하
였습니다./제곡조를 못 이기는 사랑의 노래는 님의 침묵을 휩싸고
돕니다.

만해의《님의 침묵》이다.

만해(韓龍雲)는 독립운동가
겸 승려 시인이기도 하다. 일
제 강점기 때『님의 침묵』을 출
판(1926)하면서 저항문학에 앞
장섰으며 불교를 통한 청년운
동을 강화하였다. 종래의 무기
력한 불교를 개혁하고 현실참
여도 적극적이어야 한다는 논
리다.

여기서 님은 조국일 게다. 님
은 이 시(詩)에서 조국 외에도
불교에서 부처를 뜻하기도 하

승려시인·독립운동가
만해 한용운(萬海 韓龍雲)

고 순수하게 사랑하는 애인을 지칭하는 의미일지도 모른다.

아무튼 여기서는 조국(대한민국)을 의미함으로 본다. 그는 조선총
독부가 있는 현 경복궁을 보기 싫다고 성북동 집(심우장)을 북향으로
앉혔다.

철저한 극일(克日) 저항 시인이다. 만해는 1879년 충남 홍성(박철마을)에서 태어났다. 한학을 배우며 자랐으며 청년 시절엔 동학농민운동에 참여하였다. 종교인들의 친일행위에 비판, 1908년 방일, 새 문물을 견문했으며 1910년 강제병합되자 독립운동에 뛰어들었다.

1919년 3·1운동 때 독립선언서 행동강령인 '공약 3장'을 썼고 민족대표 33인에 참여하였다. 그는 자진 체포되어 3년 복역 후 민족의식 계몽에 앞장, 불교계 항일단체 '만당'에 당수가 되었다.

그는 일제 감시를 늘 받았으며 이광수, 최린 등이 친일 쪽으로 기울자 관계를 끊었다. 그가 출가하게 된 동기는 정확히 알 수 없으나 동학농민운동과 의병 운동이 전개되는 와중에 하급관리였던 부친 한응준(韓應俊)이 의병에 살해되고 이를 본 그가 역사의 격변기 상황에 영향을 받은 깃으로 추정하고 있다.

또한, 그는 이해하기 어려운 불교를 대중에게 알리기 위해 팔만대장경의 핵심 부분만 선별, 『불교 대전』을 간행했으며, 『유심』이라는 잡지를 발간하여 민족의식 고취에 열정을 아끼지 않았다.

서산대사(西山大師 1520~1604)와 사명대사(四溟大師 1544~1610)가 임진왜란(평양 탈환) 때 조국을 위해 앞장섰듯 만해도 일제 강점기의 암울한 시대에 한줄기 햇빛이 되었다.

자신들의 입신양명을 위해 조국과 민족을 배반한 이들이 창씨개명까지 한 상황에 최남선·이광수·최린 등과 관계를 끊기도 했다. 그에게 빼앗긴 님(조국)만이 안타깝고 가슴이 먹먹했을 터다.

그는 1944년 6월 29일 광복을 불과 1년 앞두고 향년 65세로 입적, 뇌졸중으로 숨진 뒤에도 체온이 내려가지 않고 혈색도 양호해 다시 소생하지 않을까 하고 3일 후에 화장했다고 한다.

그가 사망하자 『님의 침묵』은 삼천리 반도를 통곡의 바다로 만들었다. 그를 사랑하고 존경했던 지인들의 배웅을 받으며 망우리 공동묘지에 매장되었다. 그는 1962년 건국공로 훈장 중장(重章)이 수여되었다. (본 난의 사진은 인제 만해박물관 제공)

나라 잃은 설움, 천둥 같은 통곡
─유관순柳寬順 1902~1920

탑골공원과 남대문역 등에서 만세운동에 참여하다 이화학당이 임시휴교령이 내려지자 고향인 천안으로 내려와 아우내장터에서 대한독립 만세를 외쳤다.

1919년 3월 1일 유관순(柳寬順)의 행적이다. 그녀 나이 불과 17살 때다. 후세인들은 그녀를 한민족의 '잔 다르크'라 부른다.

"내 손톱이 빠져나가고 내 귀와 코가 잘리고 내 손과 다리가 부러져도 그 고통은 이길 수 있사오니 나라를 잃어버린 그 고통만은 견딜 수가 없습니다. 나라에 바칠 목숨이 하나밖에 없는 것이 이 소녀의 유일한 슬픔입니다."

유관순의 임종 직전의 기도문이다.

그녀는 기독교 집안에서 태어나 자연스럽게 모태신앙인이 되었다. 유관순은 1902년 11월 17일(음력) 충남 목천군 이동면 지평리(현 천안시 병천리 용두리)에서 아버지 유중권과 어머니 이소제 사이에서

5남매 중 둘째로 태어났다. 그녀는 숙부가 선교사로 있는 매봉교회에 다녔다. 매봉교회는 1901년 세워졌으나 1907년 8월 국채보상운동에 참여 등 애국 운동을 펼치자 일병들이 방화, 소실되었다.

소실된 매봉교회는 이듬해 그녀의 친척인 유빈기를 케이블(Elmer M. Cable 1874~1945) 선교사와 함께 귀향, 고병옥의 부친인 조인원과 숙부 유중무 등이 재건하였다.

당시 목천군 일대는 산세가 험해 일제에 의해 해산된 군인들의 활동이 활발했으며 국채보상운동 등 뜻있는 인사들의 독립운동들을 보고 그녀는 자랐다.

그즈음 선교사 부인 샤프(Alice Hammond Sharp 1871~1972)의 배려로 사촌 언니인 유예도와 함께 미션스쿨인 이화학당에 편입, 동료들과 모범적 학생이 되어 선생님들로부터 신뢰받는 학생이 되었다.

그녀는 적극적인 성격의 소유자다. 친구와 함께 태극기 70여 장을 그려 서양 선교사 방과 기숙사 방마다 붙여 다음날 소동을 일으키기도 했다. 이화학당엔 금요일마다 이문회(以文會)에서 저명인사를 초청, 강연을 들으며 세상 돌아가는 소식을 알게 되었다.

유관순은 이런 환경에서 5인의 결사대에 참여, 조국광복 운동에 적극적으로 참여하게 된다. 고종(高宗 재위 1863~1907)의 서거(1919년 1월 21일)로 전 국민의 울분을 불러일으킨다.

이때 이화학당 학생들은 자진, 상복을 입고 휴교에 들어가 삼일운동을 촉발하는 신호탄이 되었다. 수많은 학생이 연합, 3월 1일과 5일 일어난 서울역 만세 시위운동에 주도적으로 참여하였다.

이화학당의 이문회에서도 2월 28일 정기모임에서 3월 1일 전교 생이 소복으로 대한문 앞에 나아가 망곡(望哭)을 하고 만세대열에 참여를 결의, 그러나 학교에서 미리 알고 교문을 닫았으나 수위를 밀치고 나아가 군중에 합세하였다.

이때 비밀결사대를 조직, 유관순을 비롯 6인의 결사대는 기숙사 담을 넘어 탑골공원 등 만세에 참여 열정을 불태웠다. 일제는 깜짝 놀라 전국에 휴교령을 내려 유관순은 귀향하여 독립운동 등을 펼 쳤다.

그녀는 아쉽게도 1920년 9월 28일 오전 8시 20분 서대문형무 소에서 조국독립을 못 본채 꽃다운 나이 19세에 감방에서 순국하 였다.

암울한 시대에 빛의 노래 열창
―윤동주 尹東柱 1917~1945

시인은 시(詩)로 남았다. 윤동주(尹東柱 1917~1945)가 대표주자다. 김소월(金素月 1902~1934)은 몰라도 《진달래꽃》은 알 듯, 윤동주는 《하늘과 별과 바람과 시》는 알 정도의 시인이다.

윤동주는 이승을 떠나 저승으로 간 후 더 유명해졌다. 동주는 《빼앗긴 들에도 봄은 오는가》의 이상화(李相和 1901~1943) 시인과 《광야(曠野)》의 시인 이육사(李陸史 1904~1944) 등 삼인방을 이루는 저항시인이다.

동주의 시 《하늘과 바람과 별과 시》는 엄혹한 일제하의 사회상의 조국을 지칭했음일 터다. 시에서 하늘은 국토를, 바람은 하늘을, 그리고 별은 백성을, 각각 의미했었을 것으로 보인다.

동주는 일본을 일본이라 부르지 않고 왈본(曰本)으로 지칭하였다. 동주는 한반도가 아닌 만주 북간도 명동촌에서 부유한 집안에서 태어났다. 그는 기독교 집안의 소학교 교사 윤영석과 어머니 김용의 7남매 중 장남이었다.

명동촌은 항일의 주요 거점이기도 하다. 문익환 목사와 하얼빈에서 이토 히로부미를 저격한 안중근 의사도 이곳에서 사격연습을 했다는 얘기도 있다.

동주는 1935년 18살 때 평양 숭실학교로 온다. 이때 신사참배를 강요받자 문익환과 동맹퇴학을 감행한다. 그로부터 2년 뒤인 1938년 3월 9일 정식 폐교된다.

동주는 만주에서 태어나고 자라 헤어져 있는 민족의 비애 소위 디아스포라(Diaspora)에 예민하다.

죽는 날까지 하늘을 우러러
한 점 부끄럼이 없기를
잎새에 이는 바람에도
나는 괴로워했다.
별을 노래하는 마음으로
모든 죽어 가는 것을 사랑해야지
그리고 나한테 주어진 길을

걸어가야겠다.

오늘 밤에도 별이 바람에 스치운다.

《서시》다.

여기서 별은 희망이며 조국의 독립을 뜻하는 것이 아닐까? 동주는 당시 대표적 저항 시인이며 문학계에 영원한 별이 된 독립투사다. '인생은 짧고 예술은 길다'라는 말이 동주에게 딱 맞는 말일 것이다.

28년이란 세월은 결코 긴 세월이 아닌데 그가 남긴 《서시》를 비롯한 주옥같은 시는 한민족사에 영원히 샛별 같은 등대가 될 터다.

동주는 숭실중을 거쳐 연희전문학교 문과에 진학한다. 사실 동주의 아버지는 의대나 법대를 희망했었다. 그의 진로로 부자간에 밥그릇과 물그릇이 날아다녔으며 이때 할아버지의 중재로 문과 진학이 가능해졌다.

그는 할아버지의 지원으로 1938년 연전 진학에 성공, 많은 시를 썼으며 1942년 일본 유학, 도쿄 릿쿄대 영문과에 다니다 교토 도시샤대 영문과에 편입, 이 대학은 교련을 하는데 거부하다 고초를 겪은 것으로 알려졌다. 그는 교토에서 조선인 유학생으로 고종사촌 송몽규와 재교토 조선인 학생 민족주의 그룹 사건에 관련 1943년 일경에 체포되어 후쿠오카 형무소에 2년형을 선고받고 수감된다.

그의 시에 있는 독립 의지로 체포됐다는 설도 있으며 여러 자료에 독립혐의로 송문규는 일제의 요시찰이었다.

수감 후 동주는 2년을 견디지 못하고 수감 뒤 1년 7개월 만에 1945년 2월 광복을 불과 6개월 앞두고 영면하였다.

에필로그

어느 시대에도 보노니아는 있었다

누구나 '유종의 미(有終美)'를 말한다. 떠나가는 뒷모습이 아름다워야 보내는 이들도 활짝 웃으며 박수를 보낸다. 그런데 그것이 참으로 어렵다. 누구나 원하지만, 누구나 되지 않는 것이 유종의 미다.

하지만 청백리들은 그걸 해냈다. 세상이 아무리 어렵고 정치판이 죽 끓듯 해 권력의 행배가 하루아침에 변해 양지가 음지 되고 음지가 다시 양지가 되는 상황에서도 청백리는 자기 길을 갔다.

사실 청백리 길은 고행의 길이다. 살아서 세상살이하려며 삼고(三苦)를 겪어야 한다. 필연적이다. 피할 수 있는 길이 아니다.

삼고란 고고(苦苦)·괴고(壞苦)·행고(行苦)를 지칭함이다. 고고는 추위와 더위, 기갈 질병 등에서 생기는 육체적 괴로움, 행고는 현상계(有爲法)가 모두 무상하기에 윤회를 면할 수 없음에서 오는 괴로움, 그리고 괴고는 집착을 하는 사물이 파괴, 변해갈 때 느끼는 정신적 괴로움을 말했다.

이 세 가지 고통은 청백리들은 피하지 않고 온몸으로 고스란히 부딪치며 자신의 길을 갔다. 그들이 만든 청백리문화는 한국의 역사가 존재하는 한 영원히 청사로 기록될 것이다.

역사는 그 민족이 살아남아 있는 한 존재 이유의 에너지인 동시에 이뤄야 할 새로운 지평이기도 하다. 세상이 어시럽고 미래가 보이지 않을 때 누군가가 기다려진다. 왕조시대엔 청백리이며 오늘날 자유민주의 국가엔 지식인들의 목소리가 목마르다.

권력은 잘 익은 사과와 같다. 먹을수록 맛있고 따서 바구니에 넣으면 더 넣고 싶은 것이 잘 익은 사과일 게다. 권력이 딱 잘 익은 사과 같다는 얘기는 한번 잡으면 놓기 싫은 것이 권력의 속성이다. 잘 익은 사과는 어느 한 곳에 상처가 나면 금방 썩어 못 먹게 되고 권력도 한번 취하면 깨어나기 어렵다.

이때 보노니아(Bononia 청백리)가 아쉽다. 조선조에서 제도화된 청백리는 총 218명이었다. 그들은 모두 다루지 않고 특별한 사연을 가진 아버지와 아들, 형과 아우가 청백리가 되어 가문의 명예와 영광을 빛낸 주인공들만 소개함을 그들의 탄생배경과 가문의 내력을 보기 위함에서다.

사실 왕조시대에서 백성들은 등 따숩고 배부르면 청백리는 보이지 않는다. 조선조 500년에서 특정 왕의 통치 기간별 청백리 탄생도 유심히 살폈다.

청백리를 부르는 호칭도 다양하다. 생존 시에는 염근리(廉謹吏)라 불렀으며 포상을 했을 후엔 청요(淸要)라 지칭했다. 청요란 요직에 있으면서 부정과 비리와는 거리가 있는 관리를 말한다.

또한, 조선조 때 청백리 탄생을 왕별로 살펴보면 중종(中宗 재위 1506~1544) 때 34명, 선조(宣祖 재위 1569~1608) 때 25명, 숙종(肅宗

재위 1674~1720) 때 22명, 성종(成宗 재위 1469~1494) 때 20명, 세종 (世宗 재위 1418~1450) 때 15명, 인조(仁祖 재위 1623~1649) 때 13명으로 모두 두 자리 숫자다.

아예 없는 왕도 있다. 단종, 예종, 인종, 광해군, 효종, 현종, 헌종, 철종, 고종, 순종 등은 청백리를 배출하지 못하였다.

중종 때 청백리가 가장 많은 34명이나 탄생했음은 왕의 각별한 배려가 있지 않았나 고려된다. 청백리는 선발에서부터 심사 그리고 최종 결정 과정이 복잡, 엄격하다.

예조에서 후보자를 초계(抄啓)한 다음 의정부(議政府)·육조(六曹)·경조(京兆)의 당상관 이상과 사간원·사헌부의 수장들이 결정하지만, 임금이 최종 재가한다.

이같은 과정에서 임금의 마음을 흔드는 신하가 있으면 심사하는 위원들에게 의중을 나타낼 수도 있지 않을까? 중종 시대에 청백리가 유독 많이 탄생했음은 훈구파와 신진 사림의 대립이 격동 정치에서 엘리트들의 희생(기묘사화)도 많았겠으나 인재발굴 또한 무시 못 한 사실이었을 것이다.

아마도 선조 땐 임진왜란이 있었으며 숙종 시대엔 여자 문제가 역시 초미의 관심사가 되었을 터다. 성종과 인조 그리고 세종 시절에도 정치 속을 들여다보면 나름대로 사정이 있어 보이는 정세(政勢)다.

청백리는 고려에도 있었다. 사실 삼국(三國 고구려·백제·신라) 시대까지 거슬러 올라간다. 하지만 정황을 분명하나 기록이 없어 아쉽다.

고려조에선 인종 14년(1136) 청백수절자(淸白守節者)를 등용했다는 기록이 있다. 또 선종(宣宗 재위 1083~1094) 때 문하시중평장사(門下侍中平章事)를 지낸 최석(崔奭) 그리고 '황금 보기를 돌같이 하라(見金如石)'의 장본인 최영(崔瑩)은 각별한 인물이다.

그리고 이보다 앞선 인물이 함문(咸門)의 양경공(良敬公) 함유일(咸有一 1106~1185)이다. 양경공은 인종(仁宗 재위 1122~1146) 때 내시(內侍 환관이 아닌 고급 보좌관)로 시작, 명종(明宗 재위 1170~1197)까지 염리로 소문났던 인물로 유명하다. 고려 때 염리여서 조선조에서 탄생된 청백리엔 들어가지 않았다. 최영 등은 고려조의 신하인 동시에 조선조에서도 벼슬을 해 선국후사(先國後私)의 공신으로 청백리가 되었다.

양경공 함유일은 『청백리 나라』 2부에서 상술하려 한다. 사실 청백리 218명 모두 상술하면 직성이 풀리겠으나 이 난에선 지면 관계로 부자 청백리, 형제 청백리에 포커스를 맞추었다. 청백리의 일상들을 들여다보니 고개가 저절로 숙여져 숙연한 마음으로 펜을 놓았다. 그들이 있어 오늘의 역사가 존재해 있으며 앞으로 그들의 바통을 이어받을 순교자(殉教者)적인 지식인들의 목소리가 목마르게 기다려지는 절체절명의 순간이라 하겠다.

2021년 6월 노원구 상계동 불암산 우거(寓居)에서

함경옥·함기철

함문咸門의
청백리 문화,
양평에 만발

용문산(경기 양평)엔 함문의 청백리 문화꽃이 만발했다.

함왕골 · 함왕혈 · 함왕봉 · 함왕성 · 함씨각 등 다섯 송이가

아름다운 품위를 지키고 있다.

그런데 근년에 함왕폭포가 생겨 여섯 송이가 되었다.

삼한시대에 피기 시작, 교려시대에 만개하였다.

그러나 조선 개국 후 함문의 청백리 문화 꽃은

더 이상 아름다움의 절정을 유지하지 못했다.

이제 4차산업혁명시대에 더 아름답고 더 찬란하게

르네상스 꽃이 피도록 열과 성을 아끼지 않을 때라 하겠다.

Contents

위대한 성조姓祖님께 송구스러울 뿐

용문산(龍門山)은 용이 날개를 달고 드나든다는 설화가 있다. 용문산의 옛 이름은 미지산(彌智山)이다. 미지는 우리말 어원으론 '미르' 즉, 용을 의미한다. 용은 실제적 동물이 아니다. 상상의 동물인 동시에 신령스러운 존재다.

용이 날개를 달고 날아든다는 용문산에서 함문(咸門)이 탄생했다. 용의 후예일까? 함문이 탄생했다는 함왕혈(咸王穴)은 함문의 메카(mecca)다. 용문산은 신성하기도 하지만 《대동여지도》,《동국여지도》,《산경표》 등에 미지산으로 등재될 정도로 역사가 깊은 산이다.

이처럼 유구한 역사를 간직한 성스러운 양평(楊平 옛 지명 楊根)에서 함문의 역사는 시작되었다. 그 역사의 정리가 차일피일 미루다 이번에 천신만고 끝에 『청백리 나라』를 출간하게 되어 우리의 작은 숙원을 풀게 되었다.

함문의 역사를 총정리하려면 족보와 유사 그리고 『열전(列傳)』까지 출간하면 어렴풋이 정리됨이나 이번 『청백리 나라』 출간으론 아쉬움이 많다.

족보는 일종의 인명사전 같은 역할을 한다. 항렬별 세거지(世居地)

로 정리되어 일목요연한 가문의 지도 같은 역할을 하게 된다.

그러나 주요인물의 활동상황이 사적으로 정리가 되지 않아 역사 탄생의 흐름을 정확히 아는 데는 미흡하다. 다행히 『청백리 나라』가 그 나침반 구실을 할 수 있게 되었다. 전기와 열전을 아울러 기전체로 쓰였기 때문이다.

함문의 역사를 손금보듯 후세들에게 알려주려면 열전이 필요하다. 열전은 계파(系派)별로 정리되어 각파의 흥망성쇠(興亡盛衰)가 평면도처럼 쓰여서다.

함문의 문화 이야기가 『청백리 나라』로 출간됨으로써 갈증의 보릿고개는 넘었다. 희망하건대 열전까지 편찬되기를 바라는 마음 간절하다. 더욱이 21세기는 양성평등이 대세다. 남존여비가 아닌 여존남비의 시대다.

1700여 년 도도하게 이어져 온 함문의 역사를 더욱 빛내고 진화시켜야겠다. 천신만고 끝에 출간되는 『청백리 나라』가 전국에 계신 종친님들의 온라인이 되어 소원했던 혈연(血緣)들이 원활히 이어졌으면 하는 기대다.

몇 백 년 아니 몇 천 년에 있었던 역사도 현재와의 연결됨은 시대에 따라 역사도 진화하기 때문이다.

함문의 역사는 신화→민담→전설로 진화되어 오늘에 이르렀다. 등산객들이 용문산을 오르내리며 회자하는 설화의 내용은 이렇다.

"조상이 태어난 함왕혈을 이렇게 방치했으니 왕국이 망했지."

농담 반 비웃음 반 같은 말들을 하고 다녔다. 부끄럽고 얼굴이 화끈거려 맑은 하늘을 쳐다볼 염치가 없다. 성(城)에는 내성(內城)과 외성(外城)이 있다. 함왕국의 내성은 함왕성(咸王城 경기도 기념물 제123호)이고 외성은 사나사(舍那寺) 옆 함왕혈이 있는 곳이라는 것이 정설이다.

아무튼 후손들이 알뜰하지 못해 함왕성은 고사하고 함규(咸規) 장군의 전승비(戰勝碑 향토 문화재 제35호)조차 도난당하는 수모를 겪었으니 구차한 변명의 여지가 없을 것이다.

함문의 1700여 년의 역사 이야기를 올올히 복원하려면 만시지탄(晩時之歎)의 감이 없지 않으나 이제부터 하나하나 기록해 자손만대에 의미 있는 역사 이야기를 되도록 해야겠다.

문벌(文閥)은 뿌리 의식이 있어야 한다. 그래야 언제 어디서 살아도 성조와 항렬을 대면 형제의식이 발동하여 혈연(血緣)을 느낄 수 있다.

김씨 문중과 박씨 문중은 신화를 역사로 만들고 있다. 그런데 함문은 역사를 신화로 보는 일부 종친이 있는 듯하다. 신이설(神異說)이다. 신이 조상이면 더욱 위대한 듯 느껴지는 분위기일 터이다.

단군(檀君)을 시조(始祖)로 하는 한민족의 뿌리 의식과 그리스 시대엔 신과 동거하는 그리스인들의 정서와 맞닿았다. 단군은 천제(天帝)인 환인(桓因)의 아들인 환웅(桓雄)의 아들이다. 천제의 손자이니 단군도 신일 것이다. 신을 조상으로 모셨으니 한민족도 신이라 하겠다. 소위 선민(選民)의식이다.

뿌리 공원이 활발하게 진행되고 있다. 함문의 조형물도 완성되었다. 청주 한씨 등 대문벌은 이미 조형물이 완성되어 가문의 위세를 보여주고 있다.

우리도 당당히 전국의 종친님들의 뜨거운 성원이 담긴 조형물이 위용을 드러냈다. 부모 없는 자식이 없듯이 성조 없는 문벌은 있을 수 없다. 뿌리 공원과 『청백리 나라』를 모멘텀(Momentum)으로 용문산의 기상을 재점화시켜 1700여 년의 역사를 오롯이 르네상스 시켰으면 하는 간절한 희망이다.

함문은 문무(文武)의 기상이 쌍두마차가 되어 도도하게 이어져 오는 가문이다. 대몽골항전과 6·25 한국전쟁에서 용문산 전투는 승리의 모멘텀이 되었다. 성조(姓祖)이신 함혁왕의 가호가 있었으리라 믿어진다. 절대적인 믿음이 있으면 그 믿음은 기적같이 현실화되는 상황도 있어서다.

용문산은 넓고 크기도 하지만 영험한 산이다. 큼은 아버지와 같은 위엄(威嚴)일 터이고 넓음은 어머니의 따뜻한 품을 상징함일 게다. 함문의 성지인 용문산은 우리 가문만이 성스럽게 받드는 곳이 아니다.

태조(太祖) 이성계(李成桂 재위 1392~1398)도 여러 차례 찾았다. 성조가 아무리 훌륭해도 후손들이 잘 받들지 않으면 빛을 발휘하지 못한다. 다행히 함문의 후예들은 역사의 여울목마다 당당하게 제 역할을 해냈다. 이제 그 역사를 올올이 엮어 끊일 듯 끊일 듯했던 1700여 년의 역사를 재조명하고 기록해 놓아야겠다.

뿌리 공원과 『청백리 나라』가 각각 쉽지 않게 완성되어 미흡하나마 위대하신 성조님께 사죄드릴 기회가 되어 남몰래 속앓이했었던 가슴 아픔을 다소나마 해소될 듯하다.

그러나 이제부터 1700여 년 동안 흩어져 있던 역사 이야기를 하

나하나 연결해 장엄한 대서사시를 써야겠다. 한국판 『일리아드와
오디세이』가 되도록 열정을 결코 아끼지 않을 것이다.

양근·강릉함씨대종회 교육고문
함기철

찬란했었던 문화를 찾아 나선다

역사복원은 후대들의 몫이다. 함문의 역사는 BC 1세기경 용문산에서 시작해 경기도 양평, 홍천, 이천, 광주, 한강 이북 옥토(玉土)에까지 미쳤었다. 그러나 역사의 소용돌이 속에서 씨족국가에서 부족국가로 부족연맹 국가에까지 발전했었으나 삼한(三韓 마한·진한·변한)시대 말 마한(馬韓)의 일국에서 백제에 흡수되었다.

1700여 년 전이다. 그 역사의 유산들은 경기도 양평 용문산 일대에 밤하늘의 별처럼 많다. 함왕혈, 함왕성, 함왕봉, 함왕골, 함왕폭포 등이 그것들이다. 1700여 년 전의 역사가 지금도 생생하게 숨쉬며 복원을 기다리고 있다. 지혜로운 선조의 발자취를 우민한 후대들이 미적미적하며 역사복원에 미온적인 탓이다.

만시지탄(晚時之歎)의 감이 없지 않으나 지금부터라도 지나간 세월을 만회하기 위해 뜨거운 열정과 충성을 다해 화려했던 선조들의 역사를 올올이 복원해야겠다.

함문은 김(金), 이(李), 박(朴) 씨와 비교하면 희귀 성씨인 것만은 사실이다.

그러나 인구비례를 따져보면 함문에서 배출한 걸출한 인물은 결코 김, 이, 박 씨에 뒤지지 않는다. 성조(姓祖) 문간공(文簡公) 함혁왕(咸赫王)을 비롯한 양후공(襄厚公) 함규(咸規 879~945) 장군, 양경공(良敬公) 청백리 함유일(咸有一 1106~1185), 강좌칠현의 한 분인 함순(咸淳 1155~1211), 팔도 관찰사를 역임한 정평공(定平公) 함부림(咸傅霖 1360~1410), 두문동 인사인 동시에 불사이군인 죽계공(竹溪公) 함부열(咸傅說 1363~1442) 등은 한국 역사 청사에 길이 남을 인물이다.

임진왜란(1592) 때 선조(宣祖 재위 1567~1608)를 끝까지 호위했던 함응수(咸應秀 1561~1627) 장군, 한국국악계의 대부 함화진(咸和鎭 1884~1948)과 한국 화단의 꽃 함재운(咸在韻 1854~1916) 4부자 그리고 민선 부통령 함태영(咸台永 1873~1964)과 세계적인 사상가 함석헌(咸錫憲 1901~1989) 옹 등은 함문이 아니면 배출을 하지 못했을 걸출한 인물들이다.

등화불명(燈火不明)이었다. 이번 『청백리 나라』 출간을 추진함은 이같은 역사를 복원하기 위함이다. 용문산 주위엔 신화, 민담, 전설이 풍부하다. 함문에 관한 이야기들이다. 그러나 그동안은 그냥 흘려보냈으나 이젠 정리하지 않으면 안 되는 절체절명의 시점이 되었다.

1700여 년의 장구한 세월이 흘렀는데도 어제의 사건처럼 만인들에게 회자하여 더는 버려둬서는 안 된다는 경고가 그것이다. 또한, 양성평등 사회가 되어 남존여비 등 부권사회의 역사를 제대로 복원해야 한다는 당위성도 발동되었다.

성조 탄생의 경기도 양평엔 농경사회와 산업사회, 정보화 사회가 혼거한 사회로 발전했고 강원도 고성군엔 한옥마을에 두문동과 불사이군의 충성이 오롯이 보존되어 있어 함문의 얼과 혼이 생생하게 보존되어 있어 타 문중에서조차 존경의 눈길을 감추지 못하는 문화재다.

『청백리 나라』는 '개국시대'로 시작해 '저무는 달'을 거쳐 '문화시대'와 '충효시대' 그리고 '교육시대' 등으로 이야기를 전개하련다. 함문은 한국사 곳곳에서 소금과 같은 역할을 해 왔다. 엄혹한 시대엔 햇빛의 역할을 자임했으며 영광의 시대에는 자제와 절제로 넘치지 않게 분위기를 추슬렀다.

청백리 함유일이 그러했으며 세계적인 사상가 함석헌 옹이 본보기다. 이같은 영광의 역사가 후대의 무관심과 우둔함으로 인해 지하에 그냥 잠재워서는 안 되겠다.

모든 것은 때와 시기가 있다. 함문의 역사복원은 지금이 적기다. 비록 충분조건은 갖추어지지 못했다 해도 해내야겠다는 열정만이라도 필요조건은 갖춰졌다고 할 수 있겠다.

온고지신이다. 옛것이 무조건 좋다고 하는 것도 문제겠으나 무조건 배타적인 태도 또한 문제다. 역사가 바로 그런 뜨거운 감자다. 함문의 역사에서도 그런 문제가 상존하고 있다. 그러나 역사는 역사다.

거울에 자기 얼굴을 비춰볼 때 그냥 볼 때와 화장을 하고 본다고 그 얼굴이 바뀌는 것은 아니다. 잠시 변해있을 뿐이다. 민얼굴을 봐야 어디가 어떻게 변해야 하나를 볼 수 있어서다.

그것이 역사의 진실이다. 객관적으로 드러난 사실에 아무리 우렁찬 박수가 터져 나와도 그것이 진실인 경우도 있으나 사실일 뿐 진실이 아닌 예도 있다. 『청백리 나라』는 전기의 장점과 열전의 장점을 취사선택하여 기전체(紀傳體)의 틀로 1700여 년 동안의 사실과 진실을 모두 이야기하련다. 그래야 당시의 상황과 진실을 어렴풋이나마 되살릴 수 있기 때문이다.

현재 함문의 역사 수레바퀴는 제대로 돌지 않고 있다. 이제 힘차게 돌려야 한다. 아무리 힘차게 돌려도 1700여 년의 역사를 복원하려면 많은 시간과 뜨거운 열정이 필요하다. 더는 머뭇거리며 역사의 수레바퀴를 내버려 둘 수 없다. 자칫 이즈음의 시기를 놓치면 아름답고 위대한 함문의 역사를 영원히 한국사의 한 축으로 복원할 기회를 잃을지도 모른다.

역사복원의 시도는 십 수 년 전부터 시도됐으나 이해의 상충과 불신의 벽을 끝내 넘지 못했으나 이제 다시 어렵사리 재출발하여 역사의 수레바퀴를 돌리게 되었다.

삼한 시대의 정치, 경제, 사회, 문화, 예술이 성글지만, 오늘의 세대들이 이해할 수 있도록 구슬을 꿰어 이야기를 만들 것이다. 꿈이 있어야 꿈을 꾸고 꿈을 꿔야 이상이 있듯이 함문의 역사가 한국사의 한 축으로 영원히 기록되도록 역량을 총동원해 출간에 임할터다. 그렇게 함으로써 성조 함혁왕(咸赫王)께서 용문산에 함왕 산성을 축조한 뜻도 살리는 길이 될 것이다.

서사시 『일리아드와 오디세이』를 호머가 저술했으므로 그리스신화가 오롯이 살아 서구문화예술의 창조적 에너지가 되었고, 『사기(史記)』를 저술한 사마천(司馬遷 기원전 145~86)이 있었으므로 중국의 역사가 살아 숨 쉬고 있다.

또한, 『삼국사기』와 『삼국유사』의 저자 김부식(金富軾 1075~1151)과 일연(一然 1206~1289) 스님의 노고가 있었기 때문에 고구려 백제 신라의 역사를 볼 수 있듯이 우리 함문도 찬란한 1700여 년의 역사인 『청백리 나라』를 차질 없이 출간해 자자손손 이 역사의 숨결을 느끼도록 해야겠다.

그렇게 되면 먼 훗날 함문의 역사가 살아 숨 쉬게 될 때 오늘의 『청백리 나라』 출간이 얼마나 소중한 것이며 조상들의 이야기가 충분조건을 갖추지는 못했어도 관심의 대상이 됐으면 하는 기대가 크다.

마한(馬韓 BC 1세기~AD 3세기)은 제정(祭政) 시대다. 함왕국(咸王國)은 성조(姓祖) 함혁왕(咸赫王)의 선정으로 백성들의 격양가 노랫소리가 끊이지 않았으리라.

제1장

〈개국시대〉
용문산 골짜기마다
성군의 발자국

천제^{天祭}, 함문의 문화 극적 재현

함왕혈제^{咸王穴祭}로 진화된 천제^{天祭}

용문산은 함문의 위대한 성지

함왕성의 정체성^{正体性}과 성^城 문화

함왕성의 역할과 거란, 몽골의 침략

"제아무리 약삭빠르고 실속만 찾는 인간이라도

자기의 참된 이익이 무엇인가는 정확히 안다는 것은 쉬운 일이 아니다.

그러나 무엇이 자기의무인가는 평범한 인간이라도 알고 있다."

—처칠(1874~1965 영국 정치가)

천제天祭, 함문의 문화 극적 재현

　역사적 천제(天祭 제주 대종회장 함정대, 제사장 대종회 교육 고문 함기철)다. 1700여 년 만에 올리는 성스러운 함문(咸門)의 축제다. 새벽부터 삼삼오오 모여든 종친들은 10시 즈음에 함왕성(咸王城 양평군 기념물 제123호)에서 벌초(2018년 8월 13일 10시)로 시작되었다.

　성조(姓祖) 함혁왕(咸赫王)의 천제다. 날씨도 도와주었다. 금방이라도 비가 쏟아질 듯했던 날씨가 청명하게 전형적 쪽빛 가을 하늘로 천제를 맞았다. 제주인 대종회 함정대 회장은 첫마디부터 양근·강릉 함씨가 대동단결, 새시대에 더욱 빛나는 함문이 되도록 비조(鼻祖) 함혁왕의 보살핌을 간곡히 호소하였다.

함왕국(咸王國)의 천제(天祭)가 실로 1700여 년 만에 재현되었다. 역사적 쾌거다. 함정대(咸正大) 대종회 회장이 제주(祭主)로 제례를 올리려는 순간 함경옥 대종회 이사가 천제역사에 대해 설명하고 있다.

천제 의미의 설명으로 이어진 33년 채식가 세계적인 명상가 함기철(咸基喆 신한서재능경력대학원 이사장, 총장)의 주문(呪文)으로 막을 내렸다. 함교육 고문은 국내외에서 알아주는 명상가로 생애 최초로 주문을 해 역사적이며 성스러운 제사장 역을 했다.

함문의 홍복(洪福)이다. 오늘의 천제는 그만큼 종사에선 역사적이며 길이 의미를 반추(反芻)해야 할 뜻 깊은 천제다.

사실 천제엔 주술사(呪術師)가 늘 참여하였다. 하늘과 교통하기 위해서다. 그런데 함문의 천제엔 국내외로 유명한 명상가 바보(함기철의 호)가 축복을 빌었다. 역시 함문의 보배인 마술사 함현진(咸炫振)의 '불쇼'를 공연하여 가문(家門)이 불꽃같이 활활 타오르듯 발전, 진화 분위기를 고조시켰다.

천제(天祭)가 올려진 후 송시(頌詩, 함경옥 시)를 제사장 함기철 대종회교육고문과 함정대 대종회 회장이 펼쳐 보이고 있다.

특이한 것은 송시(頌詩)의 낭송(咸基永 대종회 감사, 동원군 초대회장)이
있었다.

　　　신단수 아래 세운 나라

　　　함왕국도 있었나이다

　　　용문이 연 용문산

　　　그곳에 세웠나이다

　　　오함(五咸)의 찬란한 역사

　　　삼한 삼국 고려 조선 대한

　　　역사 여울목마다

　　　왕후장상 활약

　　　민족사 빛냈나이다

　　　국내외 함왕 후예들

　　　뜨겁게 품어주옵소서

　　　호연공(浩然公) 함왕

　　　천제(天祭) 오늘 올리나이다

일향(一晌 함경옥 호)의 '선왕 함혁 산성 천제(天祭)'다.

　함왕국이 개국 됐을 것으로 추정되는 함왕 고을은 역시 경치 좋
고 물 맑은 명지(名地)다. 천제를 올리고 내려오는데 비 온 뒤여서
그러한지는 알 수 없으나 물 내려오는 소리가 태평성대에 격양가(擊
壤歌)처럼 골짜기를 넘어 사나사(舍那寺)에까지 울려 퍼졌다.

용봉산(龍鳳山)·용문산(龍門山) 통기(通氣) 천제(天祭)를 선왕 함혁 산성 천제(天祭)에서
함정대 회장과 함기철 총장이 엄숙히 올렸다.

　함혁왕께선 역시 선견지명이 있는 성군이었다. 천제의 역사는 장
구(長久)하고 의미도 깊다. 한민족이 나라를 세웠을 시대로까지 거
슬러 올라갈 역사다.

　지금은 과학 문명의 이기(利器)로 달에까지 인간의 발자국을 남겼
으나 기원전 아니 미국이 아폴로호로 닐 암스트롱 등이 인류 최초
로 달을 정복(1969년 7월 20일)하기 전엔 달은 아름다운 신비의 세계
였었다. 그렇거늘 환웅(桓雄)께서 신단수 아래 나라를 세웠을 때는
꿈도 꾸지 못했을 성역적, 소위 유토피아에 불과하다.

　함왕께서 BC 1세기경 함왕국을 개국했을 때도 인간의 세계를 뛰
어넘는 절대자에게 기도(天祭)를 올렸을 것이 분명하다. 인간은 강
한 것 같으나 사실 나약한 존재다. 이때 떠오르는 어떤 절대자에게

함기철 제사장의 간곡한 주문(呪文). 세계적인 명상가 함교육고문이 함문(咸門)의 발전을 주문하는 사이 함정대 회장을 비롯, 대종회 임원들이 엄숙한 분위기를 보이고 있다.

의지하고 싶어지는 본성이다. 함혁왕께서도 그러했으리라…

천제의 역사는 인류사와 동시적이었을 거다. 종교(샤머니즘)의 탄생도 그러했을 터다. 사실 우리나라 천제는 부여, 고구려, 가락, 신라, 고조선 등 상고대(上古代) 왕국 창건주인 시조(始祖) 왕이 하늘에서 강림한 신격화된 존재로 관념화됨으로써 구체화되었다.

이들 시조 왕은 모두 천신(天神)이자 지상 왕국의 왕으로 섬겨진 주인공이다. 부여의 영고(迎鼓)와 고구려의 동맹(東盟)이 하늘에 제사(천제) 지내는 의례가 있으며 백제 고이왕(古爾王) 5년(238) 정월에 북과 피리를 사용하여 천지(天地)에 제사를 지냈다는 『삼국사기』의 기록도 있다.

부도지(符都志)에 따르면 천신 신앙의 유래는 부여, 고조선 및 삼한(三韓 마한·진한·변한)에까지 올라간다. 또한, 신라의 영성제(靈星祭), 일월제(日月祭) 및 고구려의 영성제 등을 고려하면 상고시대사회의 천신 신앙은 더욱 다양했을 가능성이 크다.

천제를 올리는 제단은 대개 산정(山頂)이나 산기슭에 위치하였다. 하늘에 제사를 올리기 때문에 지붕을 만들지 않는 것이 공통적이다. 천제는 매년 정월에 올리는 세시(歲時) 의례와 수년 또는 특정한 날짜를 정해 올리는 두 가지 유형이 있다.

함문의 8월 13일은 특정한 날짜에 올리는 후자의 의례다. 8월 13일은 참으로 좋은 절기의 날짜다. 제단 또한 삼천리 금수강산에서 제일의 명당(明堂)의 장소다. 명산(용문사)이어서인지 신기한 일이 생

선왕 함혁 산성 천제(天祭)를 올린 후 함왕성 유허비에서 기념사진을 찍은 일행

겼다. 우리가 미처 청소를 못 한 함왕혈(咸王穴)에 여자 종친이 말끔히 청소한 일이 일어났다.

신기하고 감격스러워 눈물이 비 오듯 쏟아졌다. 2018년 8월 13일 1700여 년 만에 올린 역사적인 천제에 참가한 종친은 다음과 같다. 함정대 제19대 대종회 회장, 함기영 동원군 초대회장, 함재석 대종회 상임이사, 함형원 대종회 사무총장, 함경옥 대종회 이사, 함기철 대종회 교육 고문, 함현진 대종회 홍보이사, 함형조 함정대 회장 수행 실장, 함병식·함금성 종친, 손영선 영화감독, 안나겸 함기철 대종회 교육 고문 수행 실장, 함창국(가명) 명예 함씨 등이 참여하여 역사적인 함문의 천제를 더욱 빛냈다.

함왕혈제咸王穴祭로 진화된 천제天祭

우리 인간에게도 귀소본능(歸巢本能)이 있다. 나이가 들면 고향에 돌아가 옛날 동무와 정담을 나누며 신나게 살려 하는 소위 귀향이 그것이라 하겠다.

함문이 실로 1700여 년 만에 함왕혈제를 재현(2019년 8월 13일)하였다. 작년엔 함왕성(咸王城 경기도기념물 제123호, 740m)에서 '선왕 함혁 산성 천제(天祭)'만을 올렸으며 올핸 함왕혈제도 올려 모름지기 함혁왕의 탄생에 대한 제의(祭儀)를 일 년 뒤늦게나마 갖추었다.

천만다행한 일이었다. 하지만 아쉬운 점은 있다. 처음부터 함왕혈제를 올리려 한 것이 아니어서다. 산성인 함왕성에 올라가 천제

함기철 대종회 교육고문이 함왕혈제(咸王穴祭)에서
문중발전을 기도 하고 있다.

를 올리려 했으나 때마침 장
마로 사나사(舍那寺) 앞으로 흐
르는 개천에 물이 범람하여
도저히 건널 수 없게 되었다.
천제(天祭)에 참가하는 종친들
은 대부분 60~70대로 80이
넘는 원로종친들도 있어 더욱
개천을 건너는 것은 자칫 위
험하기까지 하였다.

그래도 천제는 함왕성에서
올려야 한다는 집념으로 젊은
이를 앞세워 물에 대한 저항
을 시험해 본즉 개천을 건너

는 것을 위험한 모험이란 결론에 이르러 천제 대신 함왕혈제를 대
신 올리게 되었다.

사실 궁여지책이었다. 그렇게 종사(宗史)는 의외의 변수가 발생하
여 아름다운 정사(正史)가 되기도 한다. 역사는 늘 변수가 있어 애초
계획대로 되는 경우는 드물다.

지난 1700여 년 만에 재현된 함양혈제에는 더 깊은 속내가 있었
다. 함기철 교육 고문의 신탁(神託)이다. 몸이 도저히 함왕성에까지
올라갈 수 없는데 어떻게 하면 좋겠냐는 당일 긴급제의다. 궁여지
책으로 나온 것이 신탁이었다.

그런데 함기철 교육 고문과 함정대 회장과의 기가 막히게 절묘한

의기투합으로 함왕혈제는 더욱 의미가 있게 되었다. 앞으론 함왕천
제와 함왕혈제도 같은 날 올리게 된 새로운 종사가 탄생하였다.

역사는 그렇게 변수와 우연히 시작되어 아름다운 결실까지 맺
는 경우도 비일비재하다. 함문의 종사도 천제도 그렇게 탄생하였으
며 함왕혈제 역시 일란성 쌍둥이같이 그렇게 탄생하였다. 장마가
탄생시킨 천재일우의 기회가 새롭고 경이로운 종사를 창조시켰던
것이다.

아무튼 함왕혈제는 의미가 깊은 종사다. 그동안 방치되었다시피
했던 함왕혈이 2017년 4월 5일 함정대 회장이 제19대 회장에 취임
후 일신되었다. 함왕혈 표지판도 바뀌었으며 주위환경도 새로운 모
습으로 발전, 진화하였다.

함왕혈(咸王穴) 앞에 함왕성(咸王城)에서 천제(天祭)를 올린 후 하산길에 모인 종친들. 우
측 모자를 쓴 함정대 대종회 회장과 흰옷차림의 함기철 대종회 교육고문이 쉽게 눈에 들
어온다.

함정대 회장이 직접 진두지휘한 결과다. 그동안 함왕혈 표지판엔 '어머니 바위를 성 밖에 버려두었으니 후손들이 망하지'의 의미의 안내판을 '함왕이 태어난 함왕혈 이야기'로 교체되었다.

지난 함왕혈제 이후 함정대 회장은 직접 포크레인을 운전하여 주위를 정리, 제의를 올리기 편하게 정리하였다. 실로 상전 벽해된 종사다.

역사는 한 인물에 의해 새롭게 쓰이기도 함을 직접 묵도하는 순간이다. 사실 역사는 사회변화의 흐름에 편승한 인물이 역사적 인물로 등장하는 경우가 흔한 역사적 현장이다. 물론 지난 8월 13일 함왕혈제도 처음부터 그곳에서 제를 올리려 하지는 않았었다. 장마가 만든 종사다. 날씨는 동서고금(東西古今) 언제 어디에서나 역사의 변수로 떠오른다.

아무튼 이제는 2019년 8월 13일 함왕혈제는 매년 올려야 하는 연례행사가 되었다. 벌써 그렇게 해야 했던 것을 후손들이 먹고살기 고단하여 망각하고 있었던 것은 아닌지 아니면 등산객들로부터 질타를 받고도 무감각했었는지는 몰라도 만시지탄의 감이 없지 않으나 냉철한 가슴으로 자성을 해야 할 즈음이다.

함왕혈제 뿐만이 아니다. 함씨각(咸王閣 원명)에서 간단한 시향도 참으로 오랜 종사장면이다. 아마도 함왕각이 처음(1952년 즈음) 세워지고 이번이 첫 번째인지 궁금한 종사다.

함문은 고려의 대호족으로 살아오다 이성계(李成桂 1335~1408)의 위화도회군으로 시작, 조선을 개국(1392)한 이후 사양(斜陽)의 길로 접어들었다. 21대손 양후공(襄厚公) 함규(咸規 879~945)를 비롯한 소위 왕씨를 전멸시키려는 이성계 일당으로부터 핍박은 지옥 같은 아픔이었을 터다.

억불숭유(抑佛崇儒) 정책은 고려명문가들을 숨조차 제대로 쉴 수 없는 시대가 되었다. 함규는 사성(賜姓 임금이 성씨를 줌)으로 왕규(王規)가 되었다 함규로 돌아왔다. 다시 함문이 되었던 것이다.

그러나 성리학의 나라 조선은 함문을 철저히 억압하였다. 불교탄압과 연관됐던 연안 이씨 이숭원(李崇元 1428~1491)의 사패지를 용문산 앞가슴에 주어 불교 세력이었던 함문을 더욱 탄압했다.

아이러니하게도 연안 이씨는 정평공(定平公) 함부림(咸傅霖 1360~1410)의 처가이기도 하다. 함문과 연안 이씨 집안은 사돈 관계 사이다. 그러나 오늘날 현재도 함문과 연안 이씨의 관계는 응어리가 존재하는 감정이 조금도 진정되지 않은 상태다.

더욱이 현재(2019년 9월 현재) 사나사 인근 산을 일만 구천여 평을 매입, 대대적인 함문의 성지개발기획에 연안 이씨들은 벙어리 냉가슴 앓는 상태일 터다. 역사는 그렇게 역전되는 드라마도 있어야 발전, 진화하는 역사가 아닐까?

　　삼한의 한강변
　　후삼국 한강변
　　성조 문간공 함혁왕
　　양후공 함규 장군 있었네

고려 개국

조선 개국

양후공 함규 장군

정평공 함부림

죽계공 함부열

예판공 함부실

칠봉공 함헌 있었네

대한제국

대한민국

오당 함화진

송암 함태영

씨알 함석헌 있었네

문간공 함혁왕

양후공 함규 장군

정평공 함부림

죽계공 함부열

예판공 함부실

칠봉공 함헌

정체성 계승

종사(宗史) 되었네

역사의 여울목
고비고비마다
이십만 왕손 있었네

성조 함혁왕
산성 천제(天祭)
일천칠백여 년 만에 재현
대종회 혁명적 평정(平正)
호연공(浩然公) 있었네

일향(日晌)의 《평정(平正)》이다.

　역사는 되풀이되는 것이라 하지만 돌고 도는 순간에 어떤 결정적
순간에 천지개벽하는 진화도 있어야 역사가 발전하는 것이라 말할
수 있지 않을까?
　함문의 종사도 예외가 아니다. 그동안 연안 이씨는 일취월장 상
전벽해의 발전을 해 왔으나 함문의 종사는 침묵하고 있었다. 오죽
하면 함문의 충성심이 강한 원로 한 분이 연안 이씨 이숭원의 신도
비를 드릴로 깎아버린 사건이 발생하였다. 소위 백비(白碑) 사건이
그것이다.
　통쾌한 사건인 동시에 가슴 아픈 종사다. 역지사지다. 내 조상이
귀하면 남의 조상도 중히 여길 줄 알아야 할 사안에 그분은 그만 격

정을 이기지 못하여 법정으로 비화하는 사건이 되었다.

그렇게 함문의 종사는 굴곡진 역사를 지닌 채 어언 1700여 년이 되었다. 역사가 길다고 꼭 좋은 것은 아니다. 역사가 깊고 아름다워지려면 후손들이 왕성하게 역사를 지켜야 한다. 그것도 아름답고 위대하게 발전, 진화시켜야 길고 아름다운 역사라고 할 수 있어서다. 함문은 과연 그렇게 했는지 자문과 성찰을 해야 할 즈음이 아닐까?

함문은 이제 르네상스 기회를 맞았다. 기회가 와도 잡지 못하면 역사는 발전할 수 없다. 절호의 기회가 와도 그 기회를 모르는 이가 있는가 하면 알고도 잡지 못하는 이도 있다. 하지만 기회를 만들어 역사의 주인공이 되는 이도 있다. 걸출한 인물이다. 그가 바로 역사의 주인공이 아닐까?

사실 종사의 물줄기를 함정대 양근 강릉 함씨 대종회 회장과 함기철 대종회 교육 고문이 바로 잡는 상황이다. 함정대 회장은 기업가답게 어떤 사안이 떠오르면 과감하게 추진, 일을 일사천리로 처리해 눈에 띄게 종사가 정리되어졌다.

또한, 함기철 교육 고문은 명상가답게 천제를 비롯하여 상상력을 동원, 종사에 길이 남을 사안에 주저 없이 제의하여 사비를 들여서까지 매듭 짓는 과단성을 보였다.

한서대학교의 설립창시자다운 기업가 정신과 교육자 사명감으로 다져진 행동이 여실히 드러나는 과단성이 돋보이는 인물이다. 두 기업가 정신이 가는 길은 같아도 목적은 달라 보였다.

함정대 양근·강릉 함씨 대종회장은 ㈜함창회장을 동시에 빛내야 하며 함기철 신한서재능경력대학원 이사장 및 총장도 대종회교육고문의 위상도 동시에 빛내려는 두 트랙 전략이 성공하길 위대한 조상님께 간절하게 기도드린다.

사실 천제와 전설은 상당한 역사적 의미가 있다. 용문산엔 함문의 전설들이 마치 어제의 일처럼 숨 쉬고 있으며 지금도 발전, 진화하고 있는 역사의 현장이다. 오함(五咸 함왕혈·함왕성·함왕봉·함왕각[함씨각]·함왕폭포)에서 함왕폭포는 근년에 생겨 고유명사로 오함이 되었다. 그리고 지난 8월 13일 함왕혈제가 전격적으로 치러져 함문의 종사가 새로운 모습을 하게 되었다.

김·이·박 씨들은 신화를 역사로 만들고 있는 즈음에 함문의 대종회(전 집행부)는 엄연히 역사로 생생하게 숨 쉬고 있는 종사를 신화로 취급하는 우(遇)를 범하기까지 하였다. 그러던 것을 이번 대종회(회장 함정대) 집행부에선 역사를 더 발전, 진화시키는데 주저 없이 과단성 있게 집행하고 있다.

이제 함문의 종사는 제 길을 가고 있다. 그것이 종사의 진화다. 함왕폭포는 함문이 아닌 여타 성씨들이 붙인 고유명사다.

사실 함왕성을 비롯 함왕혈과 함왕봉도 우리 스스로가 만든 고유명사가 아니며 자연스럽게 여러 사람의 입에서 입으로 불려 고유명사로 굳어진 것이 아닌가 생각한다.

함문의 종사는 마한에서 시작, 삼국을 관통하여 고려, 조선 그리고 대한제국을 거쳐 대한민국에서 르네상스를 맞아 제2의 융성기로 접어들고 있다고 해도 과언은 아닐 것이다. 양후공 함규 장군 고려 시대 이후 천재일우의 기회다. 길이길이 융성의 길을 후손들이 만들어야겠다.

용문산은 함문의 위대한 성지

용문산(龍門山 1,157m)은 함문의 발원지(發源地)인 동시에 성지다. 하나의 산에 특정 성(姓)씨가 들어간 고유명사가 5곳이나 있다는 데 부터 명확한 근거가 될 수 있다.

함왕봉(咸王峰 947m)·함왕성(740m 넓이 8,805m)·함왕골·함왕혈 그리고 최근에 회자(膾炙)하는 함왕폭포가 그것을 더욱 확실하게 입 증해 준다. 더욱 의미깊은 것은 사나사(舍那寺) 경내에 함씨각(咸氏閣 처음엔 함왕각)이 있으므로 용문산과 함문의 관계가 얼마나 밀착되었 나를 대변해 주는 역사적 사례들이다.

함혁왕(咸赫王)은 마한(馬韓) 시대(BC 1세기~AD 3세기)에 함왕골에 터를 잡아 씨족국가를 건립했다. 당시엔 백성들이 소수였으며 주위 환경도 아름답고 물까지 풍부한 천혜의 조건이었다. 그렇다. 돌이 켜보면 순수혈통이 모여 웅지(雄志)를 품고 위대한 출발이었다.

로마가 로물로 형제가 티베리나 섬에서 출발하여 세계를 제패했 듯이 함혁왕도 씨족국가로 개국(開國 日華國 또는 古離國)하여 양평·홍 천·여주·이천·광주 등을 통치한 부족 국가로 넓혀 나아갔을 터다.

용문산은 아름답기도 하지만 경기도에서 화악산(1,468m)·명지산 (1,267m)·국망봉(1,168m) 다음으로 높다. 산이 높기만 하다고 좋은 것은 아니다. 전술과 전략적으로 활용도가 높아야 한다. 그래서 함

멀리 마한(馬韓 BC 1세기~AD 3세기) 시대에 문간공(文簡公) 함혁왕(咸赫王)에 의해 함왕국(咸王國)이 세워졌던 함왕골.

혁왕은 전술과 전략적으로 가치가 높은 용문산을 선택했을 것이다.

지도자의 덕목은 미래를 내다볼 줄 아는 혜안이 있어야 하고 백성이 믿고 따를 수 있는 비전이 있어야 한다. 그런 사례는 동서(東西)고금의 역사가 말해주고 있다. 로마제국(BC 7세기~AD 1453)과 비잔틴 제국(AD 395~1453) 그리고 현재도 진행 중인 팍스아메리카나가 그러하다고 하겠다.

방어와 공격이 동시에 가능한 성은 산성과 읍성(邑城) 등이 있다. 함혁왕은 과감히 산성을 택했다. 방어하되 공격도 쉽게 할 수 있는 산성을 축조하였다. 소위 히트 앤드 런의 전법이랄까?

용문산

(김유섭 지음)

유서 깊은 함왕골

청랭수 흐르는 兩岸엔

연두색 도포의 백운

함왕봉 발 담구어

첫 더위 식히려 내려왔다

용문산 精氣의 함왕혈

천지조화를 이룬 甲族의 發祥地

영겁토록 少年像의 朝山들

구름 위에 솟아 仙鶴을 만난다

奇巖怪石의 翠屏두른

미궁의 요새 함왕성엔

虎將도 龍馬도 간데없고

靑이끼 성벽 돌만 蒙侵을 아는 듯

빛바랜 단청의 舍那寺와

석종, 함씨각, 삼층탑이

千年 太古風 誇示 중

문 닫힌 적광전엔 석양의 그림자가

오늘 일도

雪上의 鴻爪라 한다

새로 만든 함왕혈(咸王穴) 안내 표징(標徵), 함정대(咸正大, 중앙) 대종회 회장이 만족스런 표정이 역력한 분위기다.

그랬다. 당시 용문산엔 호랑이와 용을 말 삼아 신선같이 신출귀몰하게 함혁왕이 통치를 했을 것이다. 서기 2세기경엔 삼한(三韓 마한·진한·변한) 시대다. 고구려·백제·신라가 서로 한강을 차지하려고 으르렁거리고 있을 때다.

너 죽고 나 살자는 분위기다. 이같은 상황에서 함혁왕은 용문산 740m 고지에 성(城)의 터를 잡은 것이다. 산 좋고 물(다운 샘 두 곳) 좋은 곳이다. 함왕성 내 두 곳의 샘은 아무리 추운 혹한이나 어떠한 가뭄에도 마르지 않아 백성들은 언제나 물을 넉넉히 마실 수 있었다.

봄 여름 가을 겨울 사계절에 따라 넉넉한 먹거리가 있어 태평성대의 세월이다. 산 좋고 물 좋은 곳엔 문화재가 찾아든다. 당시엔 불교가 통치이념이므로 사찰의 건립이다. 용문사(龍門寺)와 사나사가 그것이다.

사찰 못지않게 유명한 것은 용문사 앞에 떡 버티고 있는 은행나무(당상관 정3품)다. 은행나무의 전설은 두 가지다. 의상대사(義湘大師 625~702)가 용문산의 아름다움에 매료되어 수차례 왔다가 어느 날 몹시 피곤해 길가에 잠시 앉았다 지팡이를 꽂은 것이 자라 오늘에 이르렀다는 이야기와 신라 마지막 왕 경순왕(敬順王 897~978)이 고려에 나라를 바치자 울분을 참지 못한 마의태자(麻衣太子)가 금강산으로 들어가다 나무를 꽂아놓은 것이라는 얘기가 그것이다.

은행나무는 높이가 62m, 둘레가 14m며 천연기념물 제30호로 나이가 1100~1500년으로 요즘도 가을이면 은행을 상당량 수확한다고 한다. 은행나무 외에 별칭으론 천왕목(天王木), 영목(靈木), 신목(神木) 등 다양하게 성스러운 대상으로 부르고 있다.

용문산의 최초 이름은 미지산(彌智山)이다. 미지는 경상도와 제주도의 용(龍)의 방언이며 미래의 옛 형태라는 것이다. 또한, 용문산은 한자 그대로 '용이 드나드는 산 또는 용이 머무는 산'의 뜻이기도 하다. 용은 상상의 동물로 상서로움을 뜻해 왕의 징표가 되어 곤룡포에도 용의 수를 놓았다.

함혁왕은 이같은 깊은 뜻에서 미래를 내다보고 740m 고지에 산성을 축조하고 나라(고리국 또는 일화국)를 개국하였다. 물론 함왕봉, 함왕성, 함왕혈, 함왕골, 함왕폭포, 함씨각이 그때부터 고유명사로 지칭되지는 않았을 것이다.

용문산(龍門山) 740m 고지의 함왕성(咸王城)에서 내려다 본 양평일대. 함왕성은 산성(山城)으로 전략적 요충지였었다.

역사는 당시 인들의 기록이 아니고 후대인들이 취사선택하여 기록함으로써 그 의미가 더욱 깊다고 하겠다.

혈(穴)

(이윤희 지음)

양평에 가보니
함왕성 이 바위인 채로 뒹굴어 있어서
성城 혈 개울 옆 벗은 바위 구멍에서
질펀한 양수를 흘리고 있어서

갓 태어난 버들치가 틈에서
선(禪)을 하고 있다가
함동진 시인 소리 듣고
반가워 나왔나 봐 비늘을
행갈이 하였어 빗살무늬
드러눕고 싶었어 토기 베고
자연의 순환을 노래하다 깨어
벌컥벌컥 한 바가지 마셨지
위(胃)에서 수백 년 묵은 기포(氣泡)가
터어지고 있었어 있었다니까

이렇게 시인들은 용문산에 있는 함문의 전설(역사)을 노래했다.

용문산의 고찰 사나사의 전신은 대월사(大月寺)로 현옥천리에 있었으나 조선조가 개국 되면서 억불숭유정책에 밀려 용천3리 산속으로 쫓겨가면서 사명(寺名)까지 바뀌었다고 한다.

함문은 대대로 불교 명문가였다. 고려가 역사의 뒤안길로 사라지고 조선조가 개국 되자 함문은 서서히 사양길로 접어들게 되었다. 사나사와 함문의 역사는 동전의 양면이었다. 불교의 성지인 사찰이 처음엔 국교로서 신도들의 왕래가 편한 곳에 있었을 것이다. 그러나 조선조 개국으로 유교가 국교가 되자 자연스럽게 산림 속으로 잦아들었을 터이다. 조선조 500여 년 동안 불교는 유교와 비교하면 상대적으로 냉대를 받았다.

불교는 고구려(소수림왕小獸林王 2년 AD 372년), 백제(침류왕枕流王 원년 AD 384년)에 중국을 통해 받아들였으며 신라는 그보다 150년 정도 늦게 이차돈(異次頓 501~527)의 순교를 통해 본격적으로 불교가 공인(528)되었다. 신라가 나당(羅唐) 연합으로 백제와 고구려를 정복하고 통일을 하고 찬란한 천년의 역사를 썼으나 마지막 경순왕이 고려에 나라를 바치자 그의 아들 마의태자가 용문산을 거쳐 금강산으로 입산했다. 이같이 불교와 용문산은 떼려야 뗄 수 없는 불가분의 관계이다.

함문은 마한(馬韓) 시대부터 용문산의 터줏대감이었다. 그러나 고려가 문을 닫고 조선조가 개국 되자 용문산에 있는 함문의 역사 또한 서서히 빛을 잃어갔다.

역사는 어제와 오늘의 대화이다. 또한, 미래는 오늘과의 대화로서 장밋빛 역사의 설계도를 창출해야 빛을 낸다. 역사를 창조함에

함왕성에서 실로 1700여 년 만에 재개한 천제(天祭)를 올린 후 함씨각에 내려와 기념사진 (중앙이 함기철 대종회 교육고문)을 찍었다.

국교와의 관계는 절대적이다. 불교 명문가로서 한 축을 담당했던 함문은 조선조에선 그 위세가 나날이 꺾여갔다.

그런 상황은 이숭원(李崇元 1428~1491)과 그의 부친 신도비(神道碑) 훼손 사건이 극명하게 드러냈다. 함문의 일원이 이숭원 부자 신도비를 그라인더로 비문을 삭제한 것이다. 용문산 일대가 사나사와 함문의 성지인데 그곳에 억불숭유의 공으로 연안 이씨 충간공(忠簡公) 이숭원 부자 신도비와 함께 사패지(賜牌地)가 하사된 것이다.

굴러온 돌이 박힌 돌을 뺀 격이 되었다. 고려 충신은 그렇게 조선조 충신에 밀렸다. 그러나 사려가 더 깊었으면 좋을 뻔했다. 현실 상황인식에 소홀했었던 것은 아니였는지 아무튼 법정으로까지 비화됐었으나 톨레랑스(tolerance 관용)가 다행히 발휘되어 원만히 해결되어 오늘에 이르고 있다. 그러나 깊은 상처는 용문산에 있으며 20여만 종친들에겐 해소되지 않은 갈등이 여전하다. 함문과 연안 이씨는 사돈관계다. 자식을 나눠가진 사이다. 이젠 세월이 흘러 갈등을 슬기롭게 승화시키는 대승적 지혜를 발휘, 정상적 사돈관계로 회복되길 기대해본다.

어쩌면 서로를 인정하지 않으려는 데서 발생한 불상사일 것이다. 그렇게 용문산엔 함문의 피와 땀이 얼룩져 역사를 창조해 낸 메카(mecca)이다. 함문의 신화·민담 그리고 전설의 땅이다.

돌 하나 나뭇잎 하나에도 함혁왕과 함규 장군의 혼과 얼이 숨 쉬고 있다. 이같이 훌륭한 다수의 문화유적과 역사적 발자취가 많음은 용문산의 아름다움과 빼어난 자연 지세와 무관하지 않다.

유벽(幽僻)을 찾아가니 구름 속에 집이로다

산채에 맛 들이니 세미(世味)를 잊을로다

이 몸이 강산 풍월과 함께 늙자 하노라

이 시조는 조선 명종(明宗 1534~1567) 때 대학자 조욱(趙昱 1498
~1557)의 작품이다. 조광조(趙光祖 1482~1519)의 문인이었던 조욱은
1519년(중종 14) 기묘사화(己卯士禍)에 연루됐으나 나이가 어려 화(禍)
를 면하였다.

그는 당쟁의 소용돌이 속에서 스승과 벗들이 억울하게 죽임을 당
하자 벼슬에 대한 꿈을 접고 용문산에 은거하여 학문연구에만 전념
했다. 그를 기리는 용문서원(龍門書院 선조 27)이 창건되었다. 꽃피고
새우는 어느 봄날 안개가 자욱하게 피어오르는 선계(仙界) 같은 장
면을 본 헌종(憲宗 재위 1827~1849)에 의해 운계서원(雲溪書院)으로 개
칭하여 오늘에 이르고 있다.

산 좋고 물 맑은 곳엔 예로부터 인걸(人傑)이 모였다. 작금에 귀농
이 늘어나는 추세는 이와 무관하지 않다.

"사람은 서울로 보내고 말은 제주도로 보내라" 했는데 사람들이
소위 성공하려면 자연스럽게 시대조류를 무시할 수 없다.

노후에 산 좋고 물 맑은 곳으로 귀향하는 것은 수구초심(首丘初心)
의 발로라 하겠으나 반드시 직장을 버리고 젊은이들이 귀농하는 것
은 시대조류인 과학이 주도한 서구문화인 서세동점(西勢東漸)에서 앞
으로는 친환경과 감성적 디지털 문화인 동세서점(東勢西漸)의 사상이
세상을 선도하는 조류가 될 것이다.

그런 생활은 풍류(風流)의 즐김이다. 등 따습고 배부르면 격양가(擊壤歌)가 흘러나오고 문화예술이 융성된다.

용문산엔 봉우리도 많고 깊은 골짜기도 많다. 용문산은 경기도의 금강산(金剛山)으로 불린다. 주봉인 가섭봉(迦葉峰 1,157m)·장군봉(將軍峰 1,065m)·함왕봉·백운봉(白雲峰 940m)이 그것이다. 빼어난 자태와 넉넉한 자연림을 품은 산세는 절경(絶景) 그 자체다.

용문산의 정기를 듬뿍 받은 함문은 걸출한 인물을 적절한 시기에 시대조류에 맞는 인사들을 배출해 나라에 보국(報國)하고 백성들에겐 은혜를 베풀었다. 성조인 함혁왕이 개국하여 함규 장군에 이르러 태평성대와 융성기(隆盛期)를 누려 그 기세는 34세인 함부림(咸傅霖 1360~1410)·함부열(咸傅說 1363~1442)까지 유지되었다.

함씨각(咸氏閣·원명 咸王閣)에서 함정대 대종회 회장이 함기철 대종회 교육고문과 함께 문중(門中)발전을 간곡히 기도하고 있다.

그러나 불교국가인 고려가 역사 속으로 사라지고 조선조가 개국
되면서 함문은 사양길로 접어들었다.

五百年 都邑地를 匹馬로 돌아드니
山川은 依舊하되 人傑은 간데없네
어즈버 太平烟月은 꿈이런가 하노라

길재(吉再 1353~1419)의 시조다. 고려 오백 년의 서울이었던 평양
을 한 필의 말에 몸을 싣고 와보니 수려한 산은 옛날 그대로였으나
동문수학했던 벗들이 없음을 한탄함이다. 벼슬하려고 아귀다툼을
했던 시절이 한바탕 남가일몽(南柯一夢) 같았음을 술회한 절창(絶唱)
이다.

그랬다. 자연은 유구(悠久)하고 인걸은 찰나다. 용문산 일대는 함
문의 성지이다. 함왕성이 740m 고지에 8.7㎞의 내성이 있음은 몽
골 등 침략에 수성으로 역할을 했음을 증명해주고 있으나 한때는
사나사 인근에 있는 함왕혈이 외성이었음을 말해주고 있다. 그곳까
지 함혁왕의 통치영역이었었다. 그러나 지금은 함혁왕이 탄생했다
는 아침 안개 같은 전설의 메카로만 존재하고 있다. 전설은 전설로
만 있으면 아쉬움이 존재한다. 문화예술로 승화, 꽃을 피워야 할 과
제다. 함왕혈도 예외가 아닐 것이다.

사나사는 함문과는 손등과 손바닥 관계다. 역사의 소용돌이 와중
에서 여러 차례 소실되었다가 1956년 주지 김두준(金斗俊)과 독지가
함문성(咸文成)의 적극적 협력으로 대웅전·산신각·큰방 등이 재건

되어 오늘에 이르고 있다.

함문의 역사는 용문산에서부터 시작되었다. 삼한(三韓 마한·진한·변한) 시대에 첫 삽을 뜬 함혁왕의 웅지가 1700여 년이 지난 오늘에 이르기까지 면면히 이어져 오고 있다. 역사가 장대해야만 빛나는 것은 아니다. 나라가 커야 좋은 나라와 선진국도 아니다. 함혁왕은 용문산에서 함문의 위대한 탄생(고리국 또는 일화국)으로 1700여 년의 긴 역사 속에서 뛰어난 영웅호걸을 배출하여 보국안민(輔國安民)의 길을 충실히 걸었다.

그런 실상은 용문산에서 조용히 역사적 사실을 웅변해주고 있는 함왕봉, 함왕성, 함왕혈, 함왕골, 함씨각 그리고 함왕폭포가 명징(明澄)하게 증명해주고 있다. 함왕혈에서 태어난 영웅은 함왕성에 터를 잡고 나라(당시는 씨족국가)를 개국했을 것이며 외침이 있을 때마다 함왕봉에서 봉화를 올려 위급함을 알렸을 것이다.

용문산은 그렇게 함문 역사의 숨결이 오늘도 어제와 대화를 통해 위대하고 아름다운 미래창조에 인색하지 않도록 정진하게 정기를 불어 넣어주고 있다. 개국에서 융성기를 거쳐 이제 침체했던 역사를 벗어나 르네상스의 나팔을 힘차게 불어 4차산업혁명시대의 황금기를 맞아야겠다.

그렇게 하여 기호(畿湖 경기도·함경남도·충청남북도) 지방의 정신적 지주의 자리를 하루 속히 되찾아야 할 의무와 책임이 있지 않을까? 그같은 배경은 경기도의 금강산인 용문산에 함(咸) 자가 들어간 고유명사가 5곳이 있음을 그와 같은 역사적 사실이 입증해 1700여 년이나 오롯이 빛내주는 억조창생(億兆蒼生)이 있었기에 가능했으리라.

함문의 역사는 그렇게 무심한 세월 속에서도 중단 없이 아름답고 성스럽게 발전, 진화하고 있다.

함왕성의 정체성正體性과 성城 문화

함왕성엔 양후공의 대전(大殿)이 있었을 것이다. 성(城)이 있는 곳엔 그 성을 축조하고 그 성을 중심으로 등 따숩고 배부르게 할 백성이 있어야 한다. 그리고 그 백성을 통치할 군주(君主)가 필요하다.

씨족국가였던 당시(마한 시대)엔 제사장(祭司長)적 통치였을 터다. 소위 제정(祭政)일치다. 성조(聖祖) 문간공(文簡公)께서 통치했을 때는 순수함으로만 구성된 씨족국가였을 터이나 21세손 양후공 시대엔 부족연맹(部族聯盟)을 이룬 형태였을 것이다.

이때는 이미 고유문화가 형성되었다. 문화는 선택과 여과의 긴 과정을 통해서만 형성되어서다.

삼한 시대의 마한(馬韓)의 한 부족연맹 국가인 고리국(또는 일화국)엔 엄연히 삼한과 가야가 존재해 그들 독특한 정치체제와 생활문화를 가지고 있었다. 그러나 이 난에서는 함왕성의 정체성(正體性, identity)을 찾음과 동시에 동서(東西) 성(城)의 문화와 차이점 등을 간추려본다.

경기도엔 함왕성을 비롯해 총 40개의 성(기념물 24)을 가지고 있다. 지역에 따라 용도가 각기 다르겠으나 외적으로부터 나라를 보호하고 적을 퇴치하는 것이 목적이다. 순수하게 백성을 보호하려는 목적도 있겠으나 필요시엔 과감하게 공격이 성의 최종 목적일 터다.

함왕성(양근성楊根城·함씨대왕성咸氏大王城·함공성咸公城) 등 다양한 호칭으로 불리며 위의 범주 중 주민 보호 중 때에 따라 과감히 공격으로 전환한 최적의 성이었다. 그것은 1951년 5월 중공군 춘계 2차 공격에서 그 위용을 적나라하게 입증시켰다.

성(城)의 역사는 길다. 우리나라엔 기원전 194년 위만(衛滿)이 왕검성(王儉城)에 도읍을 정하고 위만조선을 건국했다는 기록이 있다. 또한, 기원전 18년에 백제의 온조왕(溫祚王 ?~28)이 위례성(慰禮城)에서 즉위했다는 기록이 있어 오랜 역사가 있다.

성은 그 위치에 따라 독자적으로 역사를 지녔다. 특히 수도를 품고 있는 성들은 더욱 그러하다. 남한산성(南漢山城 둘레 11.76km)은 인조(仁祖 재위 1623~1649)의 뼈아픈 국치의 역사가 숨겨져 있다. 병자호란(丙子胡亂 1636. 12.~1637. 1.)의 삼전도의 굴욕(1637. 1. 30.)이 그것이다. 인조가 청태종(淸太宗 1592~1643)에게 세 번 절하고 아홉 번 고개를 조아리는 영화의 한 장면이었으면 좋았을 역사다.

행주산성(幸州山城)은 임진왜란(壬辰倭亂 1592~1598) 때 권율(權慄 1537~1599) 장군의 행주대첩으로 유명하다. 행주대첩은 부녀자들까지 동원되어 치마로 돌을 날라 석전(石戰)으로 승리를 끌어낸 데에 연유하여 '행주치마'란 명칭이 생겼다는 설이 있기도 하다. 행주대첩은 진주대첩(晉州大捷)과 한산도대첩(閑山島大捷)과 함께 임진왜란 3대첩으로 꼽힌다.

함문의 성지 용문산에도 전운이 끊이지 않았다. 고려 때 거란의 1차 침입(993), 2차 침입(1010), 3차 침입(1018)에 이어 재차 1차 침입(1231), 2차 침입(1232) 등 그 후 4번이나 더 침입해 대제국의 행패를 부렸다.

함왕성은 이때 백성들의 안식처로 큰 역할을 했으며 한국전쟁 때도 공격의 메카로 뿐만 아니라 주민 보호에도 당당한 역할을 해냈다. 성은 그렇게 태평성대 시절에는 위로는 제정(祭政)을 통치하는 성군으로부터 아래로는 백성들이 등 따숩고 배부르게 하는 터전이다. 용문산을 메카로 한 함문은 그렇게 삼한(三韓 마한·진한·변한) 시대부터 근현대에까지 국태민안(國泰民安)의 전초기지가 되었다.

세계의 성들이 모두 그렇게 탄생했다. 중국엔 BC 2000년경 황하(黃河)강 유역에 이미 성곽도시가 존재했었다. 중국은 대체로 평야가 많은 나라로 도둑이나 외적의 침입이 잦아 방어가 용이한 성곽도시인 도성(都城)이 발달했다.

중국의 성은 두 가지 유형으로 분류되는데 하나는 성곽도시이며 또 하나는 국방용의 선식축성(線式築城)인데 그 대표적인 것이 만리장성(萬里長城)이다. 만리장성은 북방민족의 침입에 대비해 BC 700년 무렵 진시황(秦始皇 BC 259~210) 때 완성됐으나 역대 왕조 때마다 개축, 수리되어 현재는 총 길이가 2,500km로 지구상에서 토목공사론 제일 큰 것으로 기록되었다.

이처럼 거대한 대륙에서의 성도 있으나 우리나라처럼 작은 나라에선 산성(山城)이 주류를 이루어 왔다.

함왕성이 대표적이다. 함왕성은 학자들이 조사한 바와는 달리 성

(城 8.9㎞) 내에서 내, 외성의 구분보다 성을 중심으로 한 울타리 개념의 내, 외성이 더 중요한 것이다. 성 자체를 내성으로 보고 사나사 근처에 있는 함왕혈까지 외성으로 봄이 타당할 터이다. 성조 문간공이 태어난 곳이 성과는 상관이 없을 수도 있으며 설사 그렇다해도 당시 함씨 씨족국가의 통치력이 함왕혈까지 미쳤을 것이다. 따라서 함왕혈까지를 외성으로 봄이 옳을 듯하다.

서양의 성의 역사는 더 오래다. 이스라엘의 성곽도시 예리코(Jericho)는 BC 8000년 이전에 이미 형성되었다. 중국보다 6000년이나 앞선 것이다. 또한, 3대 문명의 발생지의 하나인 메소포타미아의 티그리스와 유프라테스강엔 BC 4000년경에 성곽도시가 출현하였다. 성은 이같이 문명이 발달한 지역에서부터 방어와 공격의 목적으로 인류 역사와 같이 등장했다.

가깝고도 먼 일본에서도 성이 발달되었다. 일본도 근세에 이르러 지방의 영주인 다이묘(大名)들의 무장이 자신의 거성(居城)으로 구축한 성곽이 각처에 잘 보존된 나라다. 시대에 따라 성은 단순히 적을 막기 위한 기능만이 아닌 지방의 정치, 경제, 사회, 문화 등 생활 제반에 걸쳐 종합적으로 발달을 주도하는 메카가 되었다.

이같은 거성은 성곽의 지형에 따라 산성(山城), 평산성(平山城), 평성(平城) 등으로 구분했다. 산성으로는 다카하시성(高梁:城岡山縣)이 있으며 평산성은 아즈치성(安土城:滋賀) 등이 있다. 또한, 평성엔 나고야성(名古屋城) 등이 대표적이다. 유명한 오사카성(大坂城)과 천황의 거성인 황궁(皇居 江戶城)은 평산성과 평성의 중간 형태다. 일본성의 특징은 외적이나 정적의 침입을 막기 위해 성 주위를 깊이 파 해

자(垓子)를 만들었으며 중심부엔 덴슈가쿠(天守閣)라 불리는 높은 누각이 3층 또는 5층으로 마련되었다. 당시엔 이곳이 성주(城主)의 집무실이었다. 역사와 문명은 성과의 관계를 그렇게 유지하며 발전해왔다.

함왕성이 지금은 80~90이 된 노인같이 쓸모없이 방치되었으나 고려초에 양후공이 부족 국가를 호령했을 때와 왕건(王建 879~943)이 고려 개국을 서둘렀을 때는 수많은 백성이 등따습고 배부르게 먹으며 격양가(擊壤歌)를 불렀을 것이다. 그때 이미 양후공은 성군으로 평판이 널리 퍼져있어 왕건의 간절한 구원요청을 받아들여 개국공신에 합류했을 터다. 후삼국이 엄연히 존재하여 무력을 행사하며 패권을 잡으려는 상황에 문무(文武)를 겸했던 양후공이 개국공신 반열에 오름은 그만한 이유가 있음이다.

전쟁 때에는 무장(武將)이 필요하다. 그러나 적을 제압하고 나면 통치(統治)가 필요한데 통치의 핵심은 문신이다. 문무뿐만이 아니라 덕(德)까지 겸비한 함왕성의 성주인 양후공은 왕건에겐 꼭 필요한 인물이었을 터다.

한(韓)나라 유비(劉備 161~223)가 삼고초려(三顧草廬)한 제갈량(諸葛亮 181~234)과 같은 인물이었을 게다. 전쟁이 끝나면 칼과 창, 화살보다 붓이 더 필요해서다.

사실 인재도 필요했을 것이며 더불어 용문산의 천혜 요새인 함왕성 또한 군침이 도는 전략거점이다. 북쪽으로부터 호시탐탐 노리는 북방민족(거란, 몽골)의 위협이 상존해 있으며 남으로부터는 왜구(倭寇)가 시도 때도 없이 출몰해 양민을 괴롭혔던 시기가 아니었던가?

함왕성은 천혜의 철옹성이다. 성조 문간공이 터를 잡고 양후공 대에 와서 증, 개축하여 화려하고 견고하게 된 성은 왕건으로선 군 침이 도는 전략적 지점일 테다. 게다가 성주까지 호의적인 인물이 니 금상첨화(錦上添花)가 아니던가?

산성이라 외적의 침입이 용이하지 않고 성 주위엔 풍부한 먹거 리로 활용이 가능한 자연 식재료가 있어 더욱 욕심이 발동했을 것 이다.

사욕(私慾)이 없는 양후공은 고심 끝에 개국공신의 대열에 발을 들여놨을 터다. 당시 개국 일등공신은 홍유(洪儒 ?~936), 배현경(裵玄 慶 ?~936), 신숭겸(申崇謙 ?~927), 복지겸(卜智謙 초명사귀, 사괴 ?~?), 이 등공신엔 견권(堅權 ?~?), 권능식(權能寔 ?~?)·권신(權愼 ?~?)·염상(廉湘 ?~?)·김낙(金樂 ?~929)·연주(連珠 ?~?), 마난(麻煖 ?~?) 등 7인이 책록 되었다.

그리고 그들에겐 금과 은, 그릇, 비단, 능라, 포백 등 당시로는 보기 드문 귀중품이 하사되고 신분까지 수직으로 상승하여 단번에 귀족대열에 올랐다. 일등공신 홍유(본명 홍술), 배현경(본명 백옥삼), 신숭겸(본명 능산)이 되었다. 궁예(弓裔, 867~918)가 기장으로 있을 땐 중국식의 제대로 된 이름도 갖지 못했던 한미한 집안 출신이었다. 기장은 기병을 지휘하는 장군으로 궁예정권의 정치적, 군사적 핵심 적 세력이다. 핵심적인 궁예의 친위대들이 말고삐를 돌렸으니 왕건 으로선 천군만마를 얻었던 것이다.

그러나 나라를 운영하는 데는 무(武)만으론 불가능하다. 군은 전 쟁이 발발했을 때 필요하고 평화 시엔 안정을 위한 버팀목으로 중요한 것이다. 하지만 문(文)은 전쟁 때나 평화 시에도 절대적으로 필요한 전략의 중추다.

특히 송악(松嶽 개성의 옛 이름) 출신의 왕건에겐 개성이 지척인 경기도 중에서도 양평(楊平 옛 지명 楊根)은 통치 행위 중 없어서는 안될 지역이어서 유비가 제갈량에게 했듯이 삼고초려해 문무에 덕망까지 겸비한 양후공을 자기 사람으로 만들었을 터다.

사실 결혼정책 등으로 후삼국을 통일했을 때 전황이 불확실할 때에는 홍유, 신숭겸, 배현경, 복지겸 등 무인이 절대로 필요했지만, 평정을 찾으면 문인이 더 필요한 시기다.

더욱이 가장 전략지인 양평의 맹주인 양후공은 깍듯한 예우와 부원군으로서도 보이지 않는 세도(勢道)를 부릴 수 있는 위치나 그는 고고한 인품과 성군으로서 품위를 잃지 않았다.

이같은 정황으로 봐 함왕성은 전쟁 시엔 전략적인 요충지인 동시에 태평성대엔 문화발전의 메카 역할을 톡톡히 해왔었다.

그러나 지금은 세월의 풍상과 무관심 속에 쇠락하여 양후공의 치세가 도도할 때 아름답고 견고한 모습은 갈데없고 시집가려는 새색시가 칠보단장의 화려한 화장을 기다리듯이 복원되기를 학수고대하고 있는 실정이다.

함왕성에 대한 자료는 『삼국사기(三國史記)』, 『고려사(高麗史)』, 『고려사절요(高麗史節要)』, 『조선왕조실록(朝鮮王朝實錄)』, 『신증동국여지승람(新增東國輿地勝覽)』, 『동국여지지(東國輿地志)』, 『대동지지(大東地志)』 등이 있으나 대체로 단편적 내용으로 비교적 『신증동국여지승람』의 기록이 자세하다.

이처럼 함왕성이 『신증동국여지승람』 등에서 중요하게 다뤄졌음은 중부내륙지방의 육상교통의 요충지에 위치해 남북과 동서를 연결하는 사통팔달의 중요지점이어서다. 또한, 수로에서는 남한강을 이용할 수 있는 천혜의 전략적 요충지로 통치자들에게 항상 관심의 대상이었다.

함왕성의 역할과 거란, 몽골의 침략

인류 역사는 전쟁사(戰爭史)다. 고려와 거란, 몽골(옛 국명 몽고)과의 관계도 예외가 아니다. 고려는 고구려의 적통(嫡統) 임의 기치를 내걸고 개국함으로써 실지(失地) 회복 운동으로 거란과 몽골의 관계가 자유스럽지 않은 외교 분위기였다.

전쟁엔 공격과 방어가 필수다. 방어와 공격엔 성이 필수인데 성 중엔 산성(山城)과 읍성(邑城)이 대표적이다. 산성은 대부분 방어용이며 읍성은 방어와 공격을 동시에 수용할 수 있다. 함왕성(咸王城 경기도기념물 제123호)은 방어용인 동시에 기습작전을 염두에 둔 공격용이었을 것이다.

그것은 거란과 몽골이 서울(당시 한양)을 공격하려면 양평(당시 양근)을 거쳐 가야 하는 전략적 길목이어서다.

"나아가서 나라를 위해 순국(殉國)하라."

사단장 장도영(張都暎 1923~2012)의 서릿발 같은 명령이다. 1952년 5월 17일 중공군 제2차 춘계 대공세 때다. 당시 제6사단은 용문산을 주 저항선으로 중부 전선을 책임지고 있는 부대다.

서기 993년 거란이 고려를 침공해 왔을 때도 비슷한 상황이었다. 959년이 지난 1952년에도 지형은 그대로여서 전쟁이 나면 같은 상황이 전개되었다.

성군은 역시 달랐다. 성조 문간공께서는 출생지가 함왕혈이어서 자연스럽게 터를 잡아 웅지(雄志)를 펴셨겠으나 후예인 양후공은 메카를 더욱 공고히 하기 위해 성을 확대, 축조하여 외국이 침공했을 때 백성을 보호함과 동시에 필요에 따라 공격할 수 있도록 지혜를 발휘했으니 오늘날 생각을 해도 탁월한 선견지명이었다.

거란은 1차 침공(993)에 이어 2차 침공(1010)을 해와 막대한 피해를 주었으며 3차 침공(1018) 땐 강감찬(姜邯贊 948~1031)의 활약이 돋보였다.

북으로부터 도전은 쉼이 없었다. 영토 확장과 패권(霸權)의 과시다. 거란의 침공이 강감찬의 용맹함에 놀라 숨을 죽이자 몽골이 쇄도해왔다. 1231년 몽골은 1차 침공을 시작으로 1258년까지 6차례 (1232, 1235, 1247, 1251, 1254)에 걸쳐 난입해와 30여 년 동안 고려를 쑥대밭으로 만들었다. 고려 강산은 그들의 놀이터가 되었으며 견디다 못한 고종(高宗 1192~1259)은 1232년 대몽(代蒙) 장기전을 위한다는 명목으로 도읍을 강화도(江華島)로 천도(遷都 1232)했다.

몽골은 40여 년 가까이 고려를 제집인 양 노략질하면서 일본원정을 독려하였다. 몽골은 고려군과 합동으로 삼별초(三別抄) 군을 진도에서 큰 타격을 주었으나 제주도로 옮겨가 다시 둥지를 틀고 몽골의 일본원정을 방해, 큰 타격을 안겼다.

이로 인해 몽골의 일본원정은 지연된 동시에 규모 자체가 축소되는 등 정벌에 심대한 타격을 주었다. 그런 방해 전술로 1차 원정이 어렵사리 1274년 10월에 2만 8,000여 명이 900여 척의 배에 나눠 타고 함포(含浦 현 마산)를 출발해 20일 쓰시마 와이키를 습격하고 하카타에 상륙했다. 그러나 그들은 일본의 심한 태풍과 싸워야 하는 이중의 고충에 시달리다 결국 태풍에 1만 3,500여 명의 군사를 잃고 퇴각하고 말았다.

몽골 병사들이 낮에 육지에 있다가 밤에는 배로 돌아와 있는데 태풍이 배를 쓸어갔기 때문이다. 몽골 병사들은 고려 병사들이 그들 몰래 배를 철수시킬까 두려워 밤이면 배로 돌아왔다.

중국은 예나 지금이나 대국(大國)이라는 입장에서 한반도와 여타 지역에 있는 나라들을 업신여겼다.

2차 원정은 1281년 강남군 10만 명과 동로군 4만 명 등 총 14만 명이 출정했으나 태풍으로 대부분 잃고 7월 30일 3만여 명만 목숨을 건져 돌아왔다.

이때 본토도 말로는 표현이 어려운 고난의 계속이었다. 그러나 용문산에 둥지를 튼 양후공의 함왕성은 그래도 형편이 나은 편이었다.

용문산에 풍부한 자연자원 때문이다. 고려 개국(918)이 되었을 때는 함왕성은 이미 터를 잡아 삽을 든 지 630년 전이었다. 용문산은 그렇게 함문의 메카였으므로 나라가 외침을 당했을 때마다 결정적 역할을 했다. 거란이 침공했을 때도 그러했을 것이고 몽골이 쳐들어왔을 때도 그런 역할을 톡톡히 해냈을 터다.

함왕성(740m 고지)은 전형적인 산성이다. 한반도가 산악국가이므로 특별한 상황 외엔 대부분이 산성이었다. 성조(聖祖) 함혁왕(咸赫王)께선 그런 지리적 상황을 고려, 미래지향적 정황까지 고려해 용문산 고지에 터를 잡았을 것이다.

그런 선견지명이 적중하여 21세손 양후공 함규 장군 시대에 와서 그 빛을 찬연히 빛냈다.

현재 함왕성은 고려 때 축조되었을 것으로 보는 자료가 속속 나오고 있다. 서기 230년대는 사실상 씨족국가 형태다. 아마 문간공은 용문산의 풍부한 자연자원인 각종 나물류와 비교적 재배가 쉬운 귀리, 콩, 보리, 기장, 조, 수수 등을 백성들에게 재배하기를 독려했을 것이다.

당시는 제정(祭政) 일체로 제사장이 정치를 겸하는 시대였다. 그런 전략적인 산성은 몽골침략 때 혁혁한 공을 세웠다.

최우(崔瑀 ?~1249) 무신정권은 강화도로 도망치듯 천도한 후 백성들의 고난은 생각하지 않고 궁궐을 짓고 호화생활에 취해 넋을 잃었고, 귀족들 역시 호가호위에 빠졌다.

백성들은 평지엔 움집을 지었고 산지에서는 귀틀집에서 초근목피로 생계를 유지하고 있을 때 무신정권(武臣政權) 위정자들은 몽골군을 격퇴할 전략보다는 현상 유지에 급급했다는 후대 사학자들의 비판을 피할 길이 없을 것이다.

그러나 양후공은 일찍이 성조 문간공으로부터 물려받은 함왕성을 증, 개축하여 백성들을 등 따습고 배 곯리지 않게 했을 즈음 양평엔 이미 삼한 시대에 마한에 속한 54개국의 한 부족국가인 고리국 또는 일화국이 있었다.

역사적 사료(史料)나 정황적 판단으로 미뤄보아 함혁왕께서 창건한 나라로 봄이 타당할 것이다. 그 나라를 양후공이 세습으로 물려받아 부국강병(富國强兵)했을 가능성이 확실시된다. 그렇게 하여 고려 개국공신이 되었으며 1700여 년 뒤인 1951년 5월 용문산 전투에서도 지리적 이점을 충분히 발휘되었다고 하겠다.

용문산 전투는 '거점방어 작전'으로 성공한 사례로 세계전사에 길이 빛나는 전쟁사였다. 이 작전은 미 육군 사관학교 전술 교범에 기록되기도 했다. 그것은 용문산의 지리적인 이점을 일찍부터 간파한 문간공과 양후공의 미래를 내다본 맞춤 전략 같이 맞아떨어진 전공이 아닐까 추론해 본다.

산악국가의 전략은 히트 앤드 런이 최고의 선택이 아닐까? 그것이 고대전략에서나 현대전에서까지 맞아떨어진 절묘한 작전이었을 터다.

함왕성은 그렇게 고대로부터 근, 현대에 이르기까지 북방으로부터 끝없이 호시탐탐 밀려오는 외적에게 방어벽이 되었다. 지금은 쇠락(衰落)하여 그 모습의 원형이 거의 사라져 볼품이 없으나 이름만은 역사가 흐를수록 더욱 찬연히 빛나고 있다.

제2장

〈저무는 달〉
불교국가에서 유교 나라로

함규 장군은 경기 일대 군왕이었다

왕규는 양후공 함규 장군이다

함규 장군, 강산면 수호신이 되다

두 임금의 부원군, 양후공

"정치의 목적은 선을 행하는 데는 쉽고
악을 저지르는 데는 어려운 사회를 만드는 데 있다."
평화주의·자유주의를 견지,
그의 예언자적 풍모와 웅변은
가히 일세를 풍미하였다.

－글레드스톤(1809~1898 영국 정치가)

함규 장군은 경기 일대 군왕이었다

경기도는 왕건(王建 877~943)이 고려를 건국하면서 개경(開京 현 개성開城)을 도읍으로 정하여 한반도의 중추로 더욱 중요한 역할로 주목받게 되었다.

그곳에서도 경기도는 더욱 중요한 곳이고 한강은 모든 권력자가 손에 넣고 싶어 하는 핵심 중 핵심지역이다. 한강 유역이 중국으로부터 선진문물을 도입할 수 있는 통로인 동시에 옥토(玉土)가 펼쳐져 있어 풍부한 농경이 가능하기 때문이다.

한강은 그렇게 지금도 중요한 역할을 하고 있으나 하늘길은 없고 육로마저 불편했을 때 하나밖에 없는 생명줄이었었다. 그래서 삼국(三國 고구려·백제·신라) 시대에도 국운을 걸고 한강을 차지하려 했었다.

백제는 4세기 근초고왕(近肖古王 ?~375) 때 한강을 차지해 일찍이 삼국 중 제일 빠른 전성기를 누렸으며 고구려는 5세기 장수왕(長壽王 394~491) 때 차지했으며 신라는 훨씬 뒤늦은 6세기 진흥왕(眞興王 534~576) 때에 점령해 북한산(北漢山)에 순수비(巡狩碑 568)를 세웠다.

그랬다. 한강이 그렇게 중요한 전략적 지역이다. 그곳에 성군 양후공(襄厚公) 함규(咸規 879~945) 장군이 있었다. 양후공은 광주(廣州)·여주(驪州)·이천(利川)·홍천(洪川)·양평(楊平) 등 한강 이북에서 덕망(德望)이 높았던 대호족(大豪族 별칭 冠族 大族 右族 望族 大家 閥族 甲族)으로 불렸다.

양후공은 양반(東班:문관 西班:무관) 중 동반이다. 박수경, 유금필, 홍유, 배현경, 신숭겸 등은 전장에 나아가 혁혁한 전공을 세워 고려 개국의 공신이 되었으나 양후공은 전장에 출전하지 않았다.

당시 경기도 일대의 소호족은 물론이고 왕건을 비롯한 개국 공신들에게 양후공은 학식과 덕망이 높은 인물로 추앙받았다. 물론 지역적인 전략적 중요성에서 한강을 아우르는 대호족이란 장점도 작용했겠으나 인물 됨됨이가 더 중요했을 것이다.

양후공은 937년(太祖 20) 오대십국(五代十國) 시대 후진(後晉)의 황제 석경당(石敬瑭)의 등극을 경하하는 사절로 형순(邢順)을 대동, 파견할 정도로 외교력과 학문이 높았던 것으로 역사는 기록하고 있다.

이같은 상황에서 문신과 무신의 갈등이 싹텄을 것이다. 전쟁이 한창일 때에는 무장(武將)이 필요하다. 그러나 나라가 평정되면 행정 제반을 통솔하는 문신이 더 쓰임새가 있다. 무장들은 팽(烹) 당하는 기분인 터이나 그것이 역사의 증언이다. 토사구팽(兔死狗烹) 사냥을 하고 나면 개를 잡아먹는다는 속담도 있지 않은가?

역사의 현장은 그렇게 냉혹했다. 무장 박술희(朴述熙 ?~945)는 양후공과 태조 왕건에게 고명대신으로 신임을 받으며 라이벌 관계에 있었다. 그는 주위 사람으로부터 신변 보호를 위해 항상 100여 명의 무장사병을 거느리고 다녔다.

당시 외척으로 양후공은 최고의 권력 반열에 있었다. 그 때문에 박술희 뿐만 아니라 요(堯 후에 定宗 923~949)와 소(昭 후에 光宗) 등 서경 세력인 왕식렴(王式廉 ?~949)에게까지 견제를 받았다. 그러나 양후공은 태조의 극진한 총애로 계속 승승장구했다. 양후공의 세력이 커갈수록 배가 다른 요와 소의 견제가 거세졌다. 광주원군(廣州院君 태조 제16대 부인인 소광주원 소생)이 있었기 때문이다. 하지만 태조가 죽은 후론 상황이 달라졌다.

혜종의 후견인 박술희가 아침 태양처럼 솟아오르고 양후공은 붉은 태양의 빛처럼 서서히 퇴색하는 석양이 되었다. 후견인 태조가 붕어해서다. 혜종(惠宗 912~945)은 언제부터인가 장인보다 이복동생 요와 소 그리고 서경군부서령 왕식렴과 박술희에게 더 의지했다.

이즈음 소위 '왕규(王規)의 난'이 일어난 것으로 정사를 기록하고 있다. 사실은 배다른 정종이 복위에 오르면서 자신의 등극을 정당화하려는 모함이었다.

혜종에겐 엄연히 적자인 흥화군(興化君)이 있었다. 정상적인 보위의 선위(禪位)였다면 당연히 흥화군이 고려 제3대 국왕에 등극했어야 했다. 그런데 요가 제3대 국왕인 정종이 되었다.

그런 정변(政變)에 희생양이 필요했는데 함규가 모함에 걸렸다. 그만큼 함규는 고려 초기에 막강한 권력을 소유했었다. 만약 그가 보위에 욕심이 있었다면 그를 따르는 문신뿐만이 아니라 무신들도 상당수가 있어 거사가 가능도 했으리라. 그러나 양후공은 태조가 믿었던 고명대신으로 만족해했던 것이다.

강(江)은 그렇게 역사발전에 메카(mecca) 역할을 해왔다. 그것은 동서 역사발전에서 증명해주고 있다. 중국의 황하(黃河)가 그러했고 인도의 인더스강, 프랑스 파리의 센강이 생생하게 대변한다. 그러므로 한강 유역의 광주를 비롯한 양평(楊平 옛 지명 楊根)까지의 호령이 통하는 양후공의 파워는 누구도 무시하지 못할 인물이었을 터다.

황하 문명은 인더스강 문명, 나일강 유역의 이집트 문명, 티그리스, 유프라테스강 유역의 메소포타미아 문명과 함께 세계 4대 문명 중 하나다. 이처럼 세계 문명의 발상지가 강과 상관관계에 있었다.

그러한 상황은 지금도 계속 진행되고 있다. 프랑스 파리를 관통하고 있는 센강이 대표적이다. 각종 행정기관과 문화시설 그리고 에펠탑을 비롯한 외래 관광객을 유인하는 문화예술 인프라가 집중적으로 센강 주변에 자리 잡고 있다.

우리나라 한강도 예외가 아니다. 고구려, 백제, 신라 삼국이 국력을 총동원해 한강을 차지하려 했던 것도 그런 이유에서다. 현재도 경인 아라뱃길(운하 2012. 5. 25 개통)을 만들어 중국 등과 원활한 교역 길을 연 것도 서울을 중심으로 경기도 문화와 문명을 한 단계 업그레이드하려는 포석이었을 것이다.

하늘길, 땅길이 발달한 오늘날에도 그러할진대 삼한 시대에서 삼국시대에 이르는 시기에 한강을 아우르는 인물의 역할이 얼마나 크다는 것을 왕건은 일찍이 알았을 터다.

그것은 한강이 남과 북의 사통팔달이 가능한 교통의 요충지여서다. 태조 이성계가 조선을 개국하고 개경에서 한양으로 천도(遷都 1394년 11월 25일)한 것도 그런 연유에서일 것이다.

왕비를 가장 많이 배출한 지역은 경기도, 황해도가 각각 12명씩

이며 경상도, 충청도, 강원도, 전라도 순으로 29명의 왕비를 차례
차례 전략적으로 만들었다. 지혜로운 왕건은 창검보다 혈연적 유대
가 더 끈끈하고 강력하다는 것을 일찍이 터득해서다.

황해도와 경기도가 각각 12명의 왕비를 배출했다고는 하지만 한
사람이 자녀를 셋씩이나 입궁시킨 것은 양후공뿐이다. 태조의 총애
에다 겸 부원군의 위세는 그야말로 날아가는 새도 떨어뜨릴 상황이
었을 것이다. 고려 초기엔 왕후와 부인의 차이가 없었으나 원의 간
섭이 시작된 후기부터 정비와 후비의 예우가 달라졌다.

양후공은 겸 부원군에 문무를 겸한 출중한 인물로 고려조정에 없
어서는 안 되는 존재 이유는 또 있었다. 경기도에서도 당시엔 핵심
적인 위치인 광주, 여주, 이천, 양평, 홍천 일대의 비옥한 농지까지
호령하고 있어 그야말로 금상첨화(錦上添花)한 인문이다.

사람은 국제정세에 따라 쓰임새가 변화한다. 전시 땐 무장이 필
요하고 국정이 안정되고 태평성대일 때에는 문신이 더 필요하다.
그런데 양후공은 전시 때나 태평성대일 때나 필요한 인물이었다.

탁월한 외교력과 폭넓은 교유관계 그리고 풍부한 학문의 세계까
지 있어 왕건이 붕어할 때까지 오른팔 역할을 했다. 물론 그는 고명
대신(顧命大臣)까지 하였다. 양후공은 태조의 대신 중의 대신이었을
것이다.

역사는 승자의 몫인 동시에 후대들의 몫이기도 하다. 양후공 함
규 장군의 다양한 역사적인 진실의 파편들을 모자이크하듯 맞추어
보면 그가 모함에 걸려든 것이 분명했다. 그러나 정사는 역모자로
버젓이 기록되었다. 당시 긴박했던 상황을 요와 소, 그리고 왕식렴

에게 유리하도록 기록되어 있어 후대 사학자들은 그것이 사실이지 진실은 아니란 것을 증명할 수 없었기 때문이다.

기호(畿湖 현 충남북, 경기, 강원지역) 지방은 사림 중 서인의 중심지다. 서인의 영수는 율곡 이이(李珥 1536~1584)로 심의겸(沈義謙 1535~1587), 정철(鄭澈 1536~1593)에서 신흠(申欽 1566~1628), 김상헌(金尚憲 1570~1652), 송시열(宋時烈 1607~1689), 윤증(尹拯 1629~1714) 등으로 이어지는 당시 최대의 인물지도를 가지고 있었다.

양후공 함규 장군의 본관이 양평(楊平 옛 지명 楊根)에서 느껴지듯 경기도 나무는 울울창창이 큰 은행나무가 도의 상징이다. 용문산의 은행나무(천연기념물 제30호, 1962년 12월 3일 지정, 수령 1100년)가 그 대표적이다. 어쩌면 양후공은 천 년 이상의 나이를 먹은 용문산의 은행나무 같은 기상과 기호 지방을 아우르는 서인 최초의 대들보적인 인물이 아니었나 싶기도 하다.

왕규는 양후공 함규 장군이다

고려가 건국되고 사성(賜姓)이 시행되었다. 개국 공신들에게 왕건(王建 877~943)이 내린 왕씨다. 본래 자기가 가지고 있던 고유한 성씨를 버리고 왕씨가 되는 것이다. 당시론 파격적인 대우를 해주는 것이며 사성을 받는 이도 왕씨가 됨을 영광으로 생각했을 터다.

양후공(襄厚公) 함규(咸規 879~945) 장군도 이때 왕규로 개성(改姓)되었다. 대세의 역사현장이다. 그려의 주인인 왕씨의 대세다. 어느 누가 거역을 할 수 없을 것이며 왕씨가 되려 했을 것이다, 큰 영광이어서다.

양후공은 이때 기분이 어떠했을까? 대세의 역사 흐름에 타의 반 자의 반 편승했으리라. 그러나 후세로선 역사를 정리해 신원(伸冤)을 해드려야 한다.

왕규를 함규로 말이다. 성불역(姓不易)이라 하여 어떤 경우도 성을 바꾸지 않는 것을 한민족 전통으로 삼았다. 그러나 부득이하게 성을 바꾸는 전례는 두 가지 있다.

원래 오늘날같이 우리 식의 한자 성이 없어서 임금이 새로 성을 지어서 내리는 경우와 외국인으로 우리나라에 귀화했을 때 우리식으로 한자 성을 지어주는 경우다.

신라 유리왕(儒理王)이 6부 촌장에게 각각 내렸다는 이씨(李氏), 최씨(崔氏), 손씨(孫氏), 배씨(裵氏), 정씨(鄭氏), 설씨(薛氏)가 전자의 경우고 조선의 태조 이성계 때 여진인 퉁두란(佟豆蘭)에게 내린 이씨와 선조(宣祖 재위 1567~1608) 때 일본인 사야가(沙也可 金忠善 1571~1642)에게 내린 김씨 등은 후자의 예라 할 수 있다.

또한, 이미 한자 성을 가지고 있는 이에게 임금이 다른 성을 내리는 경우는 특별한 공을 인정하여 사성하는 사례가 있으며 임금과 성씨가 같아 성을 바꾸는 경우도 있다.

양후공 함규 장군이 왕규로 된 것은 전자의 경우다. 고려 시대엔 대호족이 황족(皇族)으로 신분이 더 상승하여 기분이 묘했을 것이다. 그러나 고려가 역사의 뒤안길로 사라지고 조선이 개국 되어 왕씨의 신분이 위태로워졌으며 강화도의 비극으로까지 이어졌음은 후세로선 즐거운 역사가 아니다.

그렇기에 역사에 왕규로 있음을 함규 장군으로 정정(訂正), 신원시켜 드림이 후세로선 책임과 의무일 것이다. 정사엔 함문의 영역 밖이나 『청백리 나라』에서만이라도 정정이 필수다.

그것은 왕규의 이름으로 역적에 몰려 있음이다. 부원군에서 임금의 아버지가 되려 했다는 모함이다. 광주원군(廣州院君 태조 16비 소광주원부인 아들)을 혜종(惠宗 912~945)의 다음 보위에 올리려 했다는 시나리오(正史)는 요(堯 후에 정종定宗 923~949)와 소(昭 후에 광종光宗 925~975)의 덫에 걸렸다는 일부 역사학자들의 연구결과다.

현재 정사로 기록되어 있는 역사를 바로잡을 수는 없으나 양후공의 후예인 함문으로서는 만시지탄(晩時之歎)의 감이 없지 않으나 이제라도 바로잡아야 할 책임과 의미가 있다고 하겠다.

그것이 후손으로서 마땅히 해야 할 몫이다. 당시엔 왕씨 세상으로 사성을 하겠다는 협의가 들어왔을 터다. 왕의 제의를 거절할 처지가 아니었을 것이다.

함문은 고려가 건국되기 전 후삼국(후백제, 후고구려, 신라)이 군웅할거하고 있을 때 대호족으로 부러울 것이 없는 위치였으나 세상이 바뀌는 여울목에서 부득이 함씨가 왕씨로 개성(改姓)되었을 터다.

일본인들은 1875년 '평민필칭 의무령'을 통해 사는 곳을 중심으로 성씨가 탄생되었다. 산에서 살았다 해서 야마(山), 마을에 살고 있어 무라(村), 숲에서 살아 하야시(林) 등이 생겼다.

우리처럼 고유의 성이 없었던 것이다. 성에 정체성이 없었던 상황에서 거주지가 성씨가 됐으니 오늘날엔 그렇지 않으나 막부(幕府)

시대엔 무사들은 출세를 위해선 쉽게 개성을 했었다.

그러나 양후공은 삼한에서 시작된 고유토착 성씨로서 왕씨인 왕건보다는 더 고유한 성씨의 유래와 전통이 있는 문벌(門閥)이었다.

하지만 역사가 춤추고 나라가 새롭게 형성되어가는 과정에서 군주(君主 당시는 君長)는 고독한 결정을 해야 한다. 만약 사성을 거부할 경우 후폭풍을 걱정하지 않을 수 없었을 터다.

영광 뒤엔 책임이 따른다. 양후공을 따르는 무수한 식솔들의 안위를 위해 부득이 사성을 따랐을 것이다. 소위 대세의 소용돌이에 떠밀려 고유의 성씨인 함씨 성을 겉으론 왕씨로 칭(稱)했으나 면면히 이어져 온 DNA 함씨는 버리지 않았을 것이다. 더욱이 양성평등 시대가 된 오늘날엔 당당하게 왕규가 아닌 함규 장군으로 기록해야 할 절체절명의 때다.

그러나 일본을 천하 통일한 도쿠가와 이에야스(德川家康 1543 ~1616 아명 마쓰다이라 다케치요(松平竹千代)는 1556년 마쓰다이라 모토노부(松平元信)로 개명했다. 또한, 1557년엔 마쓰다이라 모토야스(松平元康)의 이름을 가졌다. 그리고 4년 뒤엔 마쓰다이라 이에야스(松平家康)로 고쳤으며 이에 멈추지 않고 1566년엔 마쓰다이라라는 성을 도쿠가와로 바꾸고 도쿠가와 이에야스로 완전히 개명한다.

그랬다. 권력을 태양으로 알았던 이에야스는 본인의 정체성을 계절에 맞춰 옷을 갈아입듯 바꾸었다.

그러나 함규 장군은 비가 억수같이 쏟아져 우산을 쓰지 않으면 안 되는 상황에서 자기를 따르는 문무백관들과 식솔들을 위해 대세 역사에 순응했을 뿐이다. 이에야스의 성의 변경과는 차원이 다른 사성을 받은 역사적인 사례다.

함규 장군, 강산면 수호신이 되다

하늘 아래에 있는 것은 자연적이든 인공적이든 100% 완벽함은
없다. 인간은 완벽한 환경을 희망하지만 그런 조건은 존재하지 않
는다. 그러나 인간은 포기하지 않고 그런 환경을 찾고 만들려고 부
단한 노력을 한다.

소위 비보풍수(裨補風水)가 그것이다. 비보란 철학적으로 인간이
자연환경과 상생(相生), 조화(調和) 관계를 맺으려는 적극적이고 능

양후공 함규(襄厚公 咸規) 장군 전승비(돌거북상·양평군 향토유적 제35호 지정)은 고려 태
조 왕건(王建)이 후삼국통일에 공을 세운 그를 기려 세웠다. 당초엔 백벽산 왜목터에 있었
으나 도난당한 것을 회수, 병산리 주민들의 발원으로 국민회관 광장에 옮겨졌다.

동적인 풍수전통이자 자연과 인간이 유기적 통합 생명의 상호조절 원리다.

　우리 조상들은 하늘과 땅과 사람(天地人)을 한 몸으로 생각하여 허(虛)하고 결함이 있으면 인위적으로 길국(吉局)을 만들려 했다.

　비보설은 신라말 사회적 전환기에 선승 도선국사(道詵國師 827~898)의 비보 사탑설에서 비롯하여 비보 풍수설이 탄생했다.

　비보(裨補)란 '보완' 또는 돕는다는 뜻이다. 즉 지세, 산세, 강등을 종합하여 풍수지리적인 관점에서 쇠처(衰處)나 역처(逆處)는 불행을 초래함으로 사람의 몸에 쑥을 놓고 뜸을 뜨듯이 비보 사찰을 세워 재앙을 막아야 한다는 이유로 세운 절이다.

　강산면에 양후공(襄厚公) 함규(咸規 879~945) 장군의 전승기념 거북상(양평군 향토유적 제35호 병산리 산 88번지 소재)이 있다. 거북상을 도난당한 후 마을 근동에서 크고 작은 사고와 재앙이 끊이지 않고 발생하는 것은 자연적으로 어느 부분이 부족하였던 것을 돌거북상이 채워(비보)주었으나 도난당해 그 역할을 하지 못해서다.

　고려는 불교국가답게 비보 사찰로 지정된 사찰만 전국에 300여 곳에 달했다. 왕건의 훈요십조(訓要十條)에도 비보 사찰관리에 대해 언급함도 그만큼 국가운영에 중요했기 때문이다. 주요 비보 사찰은 안동에 법흥사, 법립사, 임하사, 남원에 선원사, 대복사, 순천에 향림사, 도선암 등이 대표적이다.

　물론 당시엔 풍수지리적 이유와 종교적 이유도 있으며 국방과 같은 현실적인 이유도 있었을 터다. 사실 이같은 이유는 인간이 살아가는 데 있어서 소위 직성(直星)이란 것이 있는데 그것을 채우기 위한 하나의 방편(비보)일 수도 있는 것이다.

고려엔 비보 전담 산천비보도감(山川裨補都監)이란 관아까지 있었다. 양후공 함규 장군은 고려건국의 공신이며 사나사(舍那寺)를 원찰(願刹)로 한 주역이었을 터다. 양평에서 양후공은 신격화(神格化)된 인물이다.

함규 장군은 왕건을 도와 고려건국의 공신으로 추앙받아 병산리에 전승비를 세웠다고 한다. 왕건의 주도로 백복령(白峰嶺)에 전승비와 돌거북 상(강산면 병산리 산 166번지 백병산白屛山 왜목터)을 세워 이 고장 수호를 기렸다. 돌거북 상은 화강암에 조각된 높이 1.24m, 길이 2m, 폭 1.4m의 위엄이 가득한 작품이다.

그러나 1986년 어느 도굴범에 의해 도난당한 후 이 고장에서 크고 작은 사고가 잇따라 발생, 마을 분위기가 우울하고 음산하게 되었다. 액운을 막던 비보가 사라졌기 때문이다.

그 후 양평군에서 백방으로 수소문하며 1987년 현 위치(양평군 강산면 병산리 산88번지 마을회관 앞)로 옮겨왔다. 돌거북 상은 서울 도봉구 한 아파트 신축공사장에서 발견, 양평군에서 회수해 현 위치에 공원을 조성, 수호신으로 모시고 있다. 돌거북 상이 제자리로 돌아오자 마을은 다시 예전의 평온을 찾았다고 한다.

마을 주민들은 수호신의 보살핌으로 생각하는 것이다. 도굴꾼들이 탈취해가 공사장에 방치해놨으니 수호신의 정령(精靈)이 편할 리없었을 것이며 마을 주민들의 마음 역시 공황(恐惶)상태였을 터다.

비보가 빠져서다. 비보는 대상지별로 국역(國域) 비보, 왕도(國都) 비보, 고을 비보, 마을 비보 등으로 분류되는데 병산리 돌거북 상은 마을 비보에 속하는 것으로 보인다. 그래서 마을회관 앞에 모셔져 강산면 전체에 화평을 맡아주는 수호신이 되었을 것이다.

비보풍수는 고려조에서 시작되었으나 조선 시대에 와서는 민속 신앙과 결합하여 장승, 솟대, 성석, 숲, 당목, 돌탑, 서낭당 등과 정서를 맞추어 고달픈 백성들의 삶을 위로, 보호해 주는 기능을 담당하게 되었다.

병산리 돌거북 상도 비보 풍수설의 기능을 넉넉히 해내고 있는 수호신이다. 더욱이 이 고장 출신 양후공은 역사적인 성군으로 익히 친숙한 인물로 누구나 믿고 의지할 수 있는 비보 효과는 절대적이었으리라.

양후공은 생전에는 국태민안에 앞장섰으며 사후에는 태어난 고장의 수호신이 되어 이웃과 이웃의 공기와 물 그리고 태양같이 한시도 우리 곁을 떠나지 않고 비보가 되어 살아 숨 쉬고 있다.

두 임금의 부원군, 양후공

자식을 나눠 갖는 사이를 사돈(查頓) 관계라 한다. 대부분 집안 형편이 비슷한 사람끼리 결혼을 통해 맺어진 관계다. 한국의 재벌과 정계도 비슷하다. 서로 자주 만나고 화제가 비슷해 정서상으로 무리가 없어 소통이 원활해 자연스럽게 사돈 관계가 되는 것이다.

그러나 뚜렷한 목적이 있어 사돈 관계가 되는 경우가 있다. 정략결혼(政略結婚)이 그것이다. 딸을 가진 사람은 부원군이 되려 하고,

며느리를 얻으려는 측은 걸출한 사위를 기대한다. 사실 자식을 매개로 권력을 잡으려는 고도의 계략이다.

외국에서도 나라의 화평을 위해 나라와 나라 사이에 정략결혼이 흔했다. 유럽의 왕조 국가에선 정략결혼이 흔했다. 유럽의 왕조 국가에선 비일비재했었던 역사적 사례들이다. 우리나라에서도 백제 무왕(武王 ?~641)과 신라 선화공주(善花公主 ?~?)와의 파격적인 국제결혼을 빼놓을 수 없을 것이다. 당시 고구려, 백제, 신라는 너 죽고 나 살자의 살벌한 관계에서 서동(薯童 후에 무왕)과 선화공주의 결혼은 경천동지할 대사건이었을 터다.

정략결혼을 말하면 고려 태조 왕건의 결혼정책이 가장 백미(白眉)라고 할 수 있을 것이다. 왕건의 결혼정책 하면 양후공(襄厚公) 함규(咸規 877~943) 장군이 떠오른다. 양후공 함규 장군은 세 딸을 고려조에 올렸다. 첫째 딸과 둘째 딸은 태조의 비(妃)가 됐으며 셋째 딸은 제2대 혜종(惠宗 912~945)의 비가 되었다. 광주원부인(王氏, 咸規 장군의 맏딸)은 소생(所生)이 없으며 소광주원부인(咸規의 둘째 딸)이 광주원군(廣州院君 ?~945)을 출산했다.

고려조의 한 집안에선 가장 많은 왕비를 탄생시켰다. 태조 왕건은 결혼정책으로 후삼국을 통일했다. 신라가 당나라와 소위 나당(羅唐) 연합으로 고구려와 백제를 멸망시키고 통일을 했으나 일부 역사학자들은 반쪽통일로 보는 시각이 있는 게 사실이다. 대동강 이북과 백두산을 중심으로 만주에 발해(渤海 699~926, 처음엔 진국震國, 시조 대조영大祚榮 ?~719)가 고구려 유민이 뭉쳐 건국하여 버티고 있었다. 그러나 왕건은 각 지역의 호족들과 전쟁을 통한 통일이 아닌 뛰어난 지략인 결혼정책으로 통일, 고려를 탄생시켰던 것이다. 소위 남북조(南北朝) 시대에 종지부를 찍었다.

경기도 대호족이었던 양후공은 문무를 겸한 진정한 성군이었다. 삼한(三韓 마한·진한·변한) 시대에 용문산을 메카로 양평·홍천·여주·광주·이천 등을 아우르는 통치자로 왕건에겐 강력한 라이벌이었을 것이다. 그러나 양후공은 성군(聖君)답게 시대의 흐름에 따라 귀부(歸附)해 고려건국에 힘을 보탰다. 그는 장군의 타이틀도 가졌으나 문신으로 역할을 더했다.

세 왕비의 아비다운 풍모다. 활과 창을 들고 싸워서 할 일이 아니라는 판단에서일 것이다. 나당 연합과 고구려와 백제의 전쟁터를 똑똑히 봤기 때문일 게다. 전쟁의 피해에 위정자들이야 적절히 다른 길로 갈 수도 있으나 백성들만이 상처를 고스란히 안고 가야 했기 때문이다.

문무를 겸한 장수는 또 있었다. 『삼국사기』의 저자로 잘 알려진 김부식(金富軾 1075~1151)도 묘청(妙淸 ?~1135)의 난 때 원수(元帥 중군장中軍長)로 참전해 무공을 세웠다. 어쩌면 문관이 전장에 출진하는 것이 당연할지도 모른다. 우직하게 밀어붙이는 무신(武臣)의 지략보다 냉정한 전략적 판단으로 성공확률이 더 높기 때문이다.

역사의 사실(正史)은 언제 어느 시각으로 누가 보느냐가 중요하다. 신라가 나당 연합으로 고구려와 백제를 멸망시키고 삼국을 통일하는 과정에서 백성들은 집과 농토를 잃고 비탄에 빠져 있을 때 궁예(弓裔 ?~918)와 견훤(甄萱 867~936)이 각각 후고구려(마진摩震, 태봉泰封)와 후백제를 세워 정세가 불안정한 상태에서 왕건을 도와 고려를 세운 것은 선견지명이 있는 성군의 행보로서 지혜롭다고 하겠다.

그렇게 하여 왕조 이래 한 부모의 탄생으로서는 가장 많은 왕비를 탄생시켜 부원군이 되었다. 문벌 최다는 청주 한씨 4명, 여흥 민씨 4명, 파평 윤씨 4명이며 3명의 왕비를 탄생시킨 문벌은 안동 김씨, 청송 심씨, 경주 김씨이고 2명은 청풍 김씨, 거창 신씨, 반남 박씨다. 또한, 1명의 왕비를 배출한 집안은 안변 한씨, 안동 권씨 등 13가문이 된다.

단종(端宗 1441~1457)을 폐위시키고 세조(世祖 1417~1468)를 도와 하늘 높은 줄 모르고 세도를 부렸던 한명회(韓明澮 1415~1487)도 셋째 딸과 넷째 딸을 왕비로 만들었을 뿐이다. 딸을 왕비로 만드는 것도 중요하지만 부원군이 되어 어떤 일을 했느냐가 더 중요하다고 하겠다.

한명회는 수양대군(首陽大君 후에 世祖)을 도와 세조(王權)가 되기까지 일등공신이 됐으나 조카 단종을 퇴위시켜 복위운동으로 죽음까지 당한 사육신(死六臣)과 살아서 끝까지 불사이군(不事二君)을 한 생육신(生六臣)을 탄생시킨 장본인이 되었다.

사육신은 성군이며 대학자인 세종(世宗 1397~1450)이 아끼고 총애하던 성삼문(成三問 1418~1456), 하위지(河緯地 1412~1456), 유응부(兪應孚 ?~1456), 박팽년(朴彭年 1417~1456), 이개(李塏 1417~1456), 유성원(柳誠源 ?~1456) 등이며 목숨이 다할 때까지 충신의 도를 버리지 않았던 생육신들도 그가 역사의 제물로 만들었다.

신동이라고 대학자들의 칭찬이 자자했던 김시습(金時習 1435~1493),

성담수(成聃壽 ?~?), 원호(元昊 ?~?), 이맹전(李孟專 1392~1480), 조려(趙旅 1420~1489), 남효온(南孝溫 1454~1492) 등이 그들이다.

왕과 사돈이 되어 부귀영화를 누리는 길은 부마(駙馬)가 되는 길도 있었다. 권력이 좋은 것은 사실이다. 현대에도 재벌의 사위가 되어 출세 가도를 달리는 것을 보면 누구와 사돈을 맺느냐에 따라 신분이 달라져서다. 그런 관계는 동서고금에서도 다름이 아니다.

임금의 사위 부마는 벼락 출셋길이다. 그러나 부마보다는 부원군이 더 막강한 세도를 누릴 수 있기 때문이다. 더욱이 고려 시대에선 조선과 달리 남녀칠세부동석(男女七歲不同席) 같은 성별의 차이가 없어 부원군의 위세는 대단했으리라.

한명회는 두 딸 덕에 칠삭둥이로 태어났으나 예종(睿宗 1450~1469)과 성종(成宗 재위 1469~1494) 못지않은 권력을 휘둘렀다. 그는 과거에 응시했으나 번번이 낙방했다. 그러나 그는 출사에 욕심이 있어 음보(蔭補 조상 덕에 얻는 벼슬)로 경덕궁직(敬德宮直 이성계의 즉위 전 사저私邸)이 되어 본격적인 사회활동을 시작했다.

계유정난(癸酉靖亂 1453년 10월 13일) 때 수양대군을 도와 1등 공신에 올라 승승장구, 사복시소윤(司僕寺少尹)이 됐으며 1454년에 동부승지, 55년엔 좌부승지에 승진했다. 63년엔 좌의정을 거쳐 66년(세조 12)에 영의정이 되어 병으로 잠시 물러났다. 67년 이시애(李施愛 ?~1467)의 난 때 반역에 연루됐다 해 체포되었으나 혐의가 없어 풀려났다.

또한, 세조가 죽자 원상(院相)이 되어 서정(庶政)을 결재까지 했다. 이해에 남이(南怡 1441~1468)의 옥사를 다스린 공으로 영의정에 복귀, 하늘 높은 줄 모르는 출세 가도를 달렸다. 이해에 예종이 붕어하고 성종이 즉위하자 병조판서를 겸한다. 그 후 영춘추관사(領春秋館事)에 이르렀고 세조 묘정에 배향됐으나 1504년(연산군燕山君 10) 갑자사화 때 윤비(尹妃 연산군의 어머니) 사사(賜死) 때 관련되었다 하여 부관참시 후 신원 되었다.

그랬다. 그는 임금만 되지 못했을 뿐 신하로서 왕권을 위협하는 권세를 누렸다. 나라의 지존은 당연히 왕 즉 군주지만 군주의 아내인 왕비 역시 왕비전하(王妃殿下)라는 칭호대로 왕에 버금가는 권력을 행사했다는 것이 사실이다.

그리고 조선 시대를 이끌어온 가문 대부분이 왕비를 배출함으로써 권력의 반열에 올랐다. 청주 한씨와 파평 윤씨가 조선 상반기에 권문세가를 이룬 것도 왕비 4명이라 배출했기 때문이다. 소위 배게 밑 송사(頌辭)는 동서고금에서 먹히는 가장 확실한 미인계가 아니었을까?

그러나 양후공은 겸 부원군(태조 왕건과 혜종)이 되었으나 당시 중국의 진(晉)나라에 사신으로 갔다 오는 등 문무를 겸한 충신으로 만족해하였다. 그는 고려건국 초기에 멸사봉공(滅私奉公)했으나 정사엔 역도(逆徒)로 기록되었다. 소광주원부인(둘째 딸)의 아들인 광주원군을 보위에 올리려 했었다는 모함(謀陷)이다.

역사는 당시 세인들이 기록하는 것이 아니다. 역사의 당사자는 이미 사망해 없으므로 승자의 편에서 그들에게 유리하게 편찬하는 것이 역사다. 세 딸을 왕비로 만들면서 고려건국에 진력(盡力)했으나 종말에 가서는 죽음이 따랐다.

역사의 저수지 강화도 갑곶(甲串)엔 양후공을 어버이 따르듯 따랐던 신하들과 함께 그는 역사의 파편(破片)으로 묻혔다. 만약 양후공이 역심(逆心)을 품었었다면 그의 덕망을 믿고 따랐던 무사(武士)를 동원해 거사를 못 했을 리 없었을 것이다. 그러나 양후공은 태조 왕건의 고명대신답게 대세사관(大勢史觀)에 따랐다.

후세들이 자신의 결백을 알아주리란 역사의 진실에 실낱같은 희망을 생각했으리라. 그것이 대인답고 명문가의 위풍 일터다. 그러나 양후공은 세 딸을 왕비로 만들고도 위세는커녕 라이벌 세력에 의해 역모의 혐의로 강화도에서 그를 따르던 300여 문무백관과 함께 절명했다.

사실 고려왕실에 딸을 셋 왕비로 출가시킨 가문은 함규 장군 외에도 더 있었다. 인주(仁州 현 인천) 이씨 가문이다. 인주 이씨는 왕과 직접 사돈 관계를 맺은 것이 아니고 왕실 외척과 혼인 관계로 출발했다.

이허겸(李許謙)이 딸을 현종(顯宗 992~1031)의 장인 김은부(金殷傅)에게 시집보냈다. 이허겸의 손자 이자연(李子淵 1003~1061)은 세 딸을 문종(文宗 1019~1083)의 비로 들였다. 이를 빌미로 그는 권력을 농간할 수 있었다.

그 후 인주 이씨는 당대 명문인 최충(崔沖 984~1068) 집안의 해주 최씨, 김인존(金仁存 ?~1127) 집안의 강릉 김씨, 문공원(文公元 1084~1156) 집안의 남평 문씨 등과 사돈 관계를 맺으며 세력을 넓혔다.

인주 이씨는 7대에 걸쳐 딸들을 궁중으로 시집보내 왕실과 겹 혼맥을 맺었다. 이같은 세력을 믿고 이자연의 손자인 이자의(李資義

?~1095)는 왕위쟁탈전에 뛰어들었다. 이른바 역성혁명을 꿈꾸었던 것이다.

선종(宣宗 1049~1094)이 세상을 뜨자 나이 어린 헌종(獻宗 1084~1097)이 보위에 오르자 누이동생의 아들(한산후漢山侯)을 왕위에 오르려다 음모가 발각되어 일당이 제거되었다. 이자의 일파가 제거됐으나 이씨의 다른 계열은 여전히 왕실 주변을 에워싸고 있었다.

이자겸(李資謙)이 버티고 있는 것이다. 이자겸은 이자연의 손자로 이자의와는 사촌 관계다. 그는 문벌로 음직(蔭職)을 받아 벼슬길에 나왔다. 그는 딸 하나를 예종의 비로, 두 딸을 인종(仁宗 ?~1146)의 비로 들여보냈다. 그 후 그는 여러 차례 특별대우로 광활한 식읍을 받아 두 임금의 부원군으로 막강한 권력을 휘둘렀다. 말 타면 종 세우고 싶다나, 그 역시 반역을 도모하다 제기되어 외척세력이 한풀 꺾였다. 이처럼 한미한 가문이 세 딸을 왕비로 들여보내는 것은 결코 쉬운 일이 아니다. 인주 이씨 가문의 경우가 그런 현실을 말해주고 있다.

그러나 함규가 왕규로 사성을 받을 만큼 고려 개국에 큰 공을 세운 동시에 세 딸을 왕비로 들여보낸 것은 대등한 관계에서 이뤄진 사돈 관계였을 것이다.

사성을 받은 것도 그러하다. 전장에 나아가 혁혁한 공을 세운 홍유, 배현경, 신숭겸, 복지겸 등은 개국 1등 공신에 책록됐으나 왕씨를 주지 않았다. 그들은 단순한 무장에 불과했음이 고려됐을 것이다.

그러나 함규는 문무를 겸한 사려 깊은 왕건에겐 동지적 사돈 관계로 맺어졌을 것으로 보아진다. 당시 함규 장군의 영향력은 그와 대적할 상대가 없었을 것이다.

혜종과 이복형제인 요와 소가 흥화군이 있는데 보위를 노려 태조의 고명대신인 양후공을 걸림돌로 생각, 역적으로 모함하여 강화도 갑곶에서 그를 따르던 문무백관들을 무참히 제거한 것으로만 봐도 그의 영향력을 짐작할 수 있다.

만약 정사대로 함규 장군이 보위가 탐이나 광주원군을 등극시키려 했었다면 역성혁명이 되는 것이다. 박술희가 함규 장군의 서슬에 겁을 먹고 혜종을 보호하려고 100여 명의 군사를 항상 대동하고 대전을 호위했다고… 역설적으로 양후공의 위세가 얼마나 막강했었는지 짐작할 수 있다고 하겠다.

그렇다면 마음만 먹으면 역성혁명도 가능하지 않았을까? 그러나 함규의 역사적 진실은 그것이 아니었다. 그에겐 군사가 있어도 미미한 호위에 불과했으며 역성혁명을 할 그런 야욕은 더더욱 없었다. 역적으로 쓰인 정사는 진실과는 거리가 너무나 멀다.

만약 양후공이 보위에 욕심이 있었다면 그렇게 순순히 저항 한번 하지 않고 강화도 갑곶에서 참살당했을까에 대해 의문이 든다.

그랬을 터다. 혜종이 사망하자 정종과 광종은 보위가 탐이 났을 것이다. 순리대로라면 혜종의 아들이 등극해야 하는데 삼촌들이 조카를 제치고 왕위에 오르려 하는 것이다.

수양대군이 조카 단종을 제거하고 보위에 오른 것과 같은 상황이다. 그런데 양후공이 버티고 있어 그를 제거하지 않으면 거사가 어려워 함규 장군을 제거했을 것이다.

세 딸을 왕비로 들여보낸 이자연과 이자겸이 각각 세 딸을 왕비로 탄생시켰다. 그러나 함규 장군과는 격이 다르다.

그래서 정종과 광종 형제 일파가 왕위찬탈에 최대 걸림돌로 생각하고 함규 장군을 강화도 갑곶에서 참형시켰던 것이다. 양후공은 그렇게 태산 같은 위엄과 권위를 누린 진정한 학자 관료였었다.

제3장

〈문화시대〉
역사를 창조한 예술인들

"슬퍼하는 자여, 마음을 가라앉히고 단식을 거두워라.

구름 뒤에 태양은 언제나 빛나고 있을지니……

행동하라. 살아있는 현재에서 행동하라."

−롱펠로우(1807~1882 미국 시인)

고려시대 대표 청백리, 함유일

위로는 군왕의 믿음이 두터워야 하고 아래로는 백성들의 따름이 있어야 한다. 선비의 덕목이다. 고려시대 갑족(甲族) 양후공(襄厚公) 함규(咸規 875~945) 장군의 5대손 청백리 양경공(良敬公) 함유일(咸有一 1106~1185)을 지칭할 때 따라다니는 수식어다. 임금은 그를 태산처럼 믿었고, 백성들로부터는 하늘같은 존경을 받았다.

그의 언행이 바로 선비문화였다. 문화란 무엇일까? 백과사전에서 문화는 자연상태에서 벗어나 일정한 목적 또는 생활의 이상을 실현하려는 활동의 과정 및 그 과정에서 이룩한 물질적 또는 정신적 소득의 총칭이라고 기술하고 있다. 특히 학문, 예술, 종교, 도덕 등 인간의 내적 정신활동의 소산을 지칭했다.

본래 문화라는 말은 인류의 이상을 실현해가는 정신의 활동을 뜻하는 경우와 생활양식을 총칭하는 경우가 있다. 본란에선 두 가지의 경우를 모두 다루어 포괄적 의미에서 '선비문화'를 다루련다. 두 항을 모두 수용, 다룸은 선비문화가 내적인 정신적인 것과 생활양식에 들어가는 의식주를 빼놓을 수 없기 때문이다.

선비문화를 언제부터 어떻게 그 시원(始原)을 잡느냐도 문제다. 선비의 조상을 고구려의 을파소(乙巴素 ?~203)로 볼 때 이 시점을 문화의 발생으로 본다면 과연 무리는 없는지도 장고(長考)가 필요한 문제라고 하겠다.

또한, 선비문화를 말할 때 양반이라는 제도 또한 빼어놓을 수 없다. 양반제도는 고려 시대에도 있었으나 조선 시대에 들어와 더욱 사회지배층으로 자리 잡았다.

고려는 혈통만을 중시했던 신라 시대의 골품제(骨品制 성골→양부모 모두 왕족, 진골→한쪽만 왕족)를 타파하고 광범위한 재지호족군(在地豪族群)을 국가 관료로 등용하는 집권적 양반 관료제를 확립하려 했으나 완벽한 제도로 수립되지는 못했다.

양반이란 국왕이 조회(朝會)를 받을 때 남향한 임금에 대하여 동쪽에 서는 반열을 동반(東班 문신), 서쪽에 서는 반열을 서반(西班 무관)이라 하고 이 두 반열을 통칭하여 양반이라 했으며 왕을 가까이서 시중드는 환관(宦官) 등의 내료직(內僚職)을 남반(南班) 직도 있었다. 그러나 남반 직은 흐지부지, 빛을 보는 직업으로 각광을 받지 못해 직제 상에만 남아 있을 뿐이다.

문반과 무반을 처음으로 구별하기 시작한 것은 976년 경종(景宗 재위 976~981)때 실시한 전시과(田柴科)에서부터다. 경종 전시과에서는 고려 초기의 관계를 기준으로 모든 직산관(職散官)을 공복의 빛깔에 따라 자삼(紫衫 자주색), 단삼(丹衫 붉은색), 비삼(緋衫 주홍색), 녹삼(綠衫 녹색)의 네 단계로 나누고 자삼층을 문반, 무반, 잡업(雜業)으로 구분하여 각 품(5~10품)에 따라 전시(田柴 관급에 따라 토지, 땔나무를 벨 임야를 주는 제도)를 지급했다.

당시 양반, 무반, 잡업의 구분이 단삼 층에만 있고 자삼 층에는 없었던 것은 고려건국 초기의 호족들의 혈족, 동족 집단을 기반으로 구성되었기 때문이다. 문반, 무반, 잡업의 직능별 구분은 광종 (光宗 재위 949~975) 이후 새로운 관료제가 수립되면서부터 새로 구성되는 단삼 층 이하에 처음 생겼다.

따라서 경종 전시과는 신라말 고려 초의 호족세력이 고려관료제에 재편성되어가는 과도기적 시기에 나타난 토지반급제(土地班給制)였다고 볼 수 있다. 이같은 경종 전시과에 문반, 무반, 잡업의 구분은 전시지급을 위한 편파적인 구분이긴 하지만 '문반과 무반'의 문자상의 기원이 여기서부터 비롯되었다는 점에서 주목된다. 광종 시대에 4색 공복을 정하고 이때부터 모든 관리가 문반 무반 잡업의 세 분류로 나누게 되었다.

그러나 고려 초기에는 문, 무반이 뚜렷하게 구분되어 있지 않았다. 그 때문에 995년 성종(成宗 재위 982~997) 때에 당의 문무산계(文武散階)를 차용했다. 이때 제정된 문무관계(文武官階) 29계는 무산관(武散官) 중의 일부를 제외하고는 당나라 정관(貞觀) 11년(637)에 제정된 문, 무계와 같은 것이다.

이같이 국가체제에 맞지 않는 고려 문, 무 양반체제는 조선 초기에 와서야 어느 정도 정비가 되었다.

고려 왕조 마지막 왕인 공양왕(恭讓王 재위 1389~1392) 2년(1390)에 무과가 설치되고 1392년 이성계(李成桂 재위 1392~1398)가 조선을 개국하면서 문, 무 제도를 정비, 시행됨으로써 명실상부한 양반체제가 갖추어졌다.

이처럼 긴 세월을 경과하면서 체제를 갖춘 양반(선비) 제도의 문화는 어떻게 생성되었을까? 어느 시대 어느 특정 사회에도 그 사회

고유의 문화가 있는 것이 통례(通例)다. 그렇다면 선비사회엔 어떤 문화가 서서히 그리고 아름답게 창조되었을까? 선비문화를 말할 때 문인화(文人畵)를 빼놓을 수 없다.

문인화는 남종화(南宗畵) 또는 남종문인화라고도 한다. 문인화는 외형적인 형태를 꼼꼼하게 그리는 공필(工筆)보다는 마음속의 사상을 표현하는 사의(寫意)에 역점을 두는 경향이 짙다. 그렇기에 중국에서는 일찍부터 문인 특유의 문인회가 발전을 했다. 이러한 문인화는 시와 서예와도 밀접한 연관을 가지며 발전하게 되어 시, 서, 화에 뛰어난 이른바 삼절(三絶)이 많이 배출되었다.

문인화는 수묵(水墨)과 담채(淡彩)를 즐겨 쓰는 경향이 있으며 장식성보다는 그리는 사람의 인품이나 사상을 표현하는 데 주력함으로써 자연 격조를 중요시하였다.

우리나라의 경우 중국과는 달리 문인화와 남종화가 반드시 동일한 것으로 보기는 어렵다. 오히려 문인이 그린 그림이면 그것이 남종화법을 따른 것이든 아니든 화법과 관계없이 문인화로 분류하는 경향이다.

조선 초기의 강희안(姜希顔 1419~1463)은 북종화(北宗畵)로 분류되는 남송(南宗)의 화원체 화풍이나 명대의 절파(浙派) 화풍 등을 토대로 그림을 그렸던 인물이지만 신분이 문인이므로 문인 화가로 불렸다. 또한, 조선 후기 남종화법(중국 회화 2대계보의 하나)은 당나라 왕유(王維 699~759)에서 비롯됐으며 북종화 역시 당의 이사훈(李思訓 651~716)에 시원을 두고 있다. 이처럼 문인들이 그림을 그렸어도 문인화라 부르지는 않았다.

그러나 우리나라에서는 문인화란 어떤 화풍이나 화법을 지칭하기보다 그림을 그린 사람의 신분에 따라 부르는 것이 통례가 되었다.

선비문화 주제에 양반 얘기가 의외로 길어졌으나 '양반=선비'의 등식은 아니지만, 선비를 양반 중의 양반으로 보기 때문이다. 또한, 선비 하면 사림을 거론하지 않을 수 없다. 사림엔 정몽주(鄭夢周 1337~1392), 길재(吉再 1353~1419), 김숙자(金叔滋 1389~1456), 김종직(金宗直 1431~1492), 김굉필(金宏弼 1454~1504), 정여창(鄭汝昌 1450~1504), 조광조(趙光祖 1482~1519) 등으로 이어졌다.

이들은 이상주의적이고 원리주의적인 경향을 띠었으며 형태적 측면에서 현실 비판적으로 저항적 기질이 짙었다. 사림파가 유교에서 강조하는 인간 행위나 사물의 당위성이라는 의미에서 이(理)에 비리(非理)에 대한 대치적 의미에서의 의(義)를 붙여 의리학파라는 명칭으로 불리게 된 것도 그들의 그러한 경향에 기인했던 것이다.

'중의적(重義的) 학행(學行)이 바로 사림파의 내적 연원(淵源)을 이루고 있다'고 보는 견해나 '한국 선비의 특징은 덕(德)이나 인(仁)보다는 저항적 요소로서의 의(義)가 더 강조된다'고 지적하는 견해나 모두 사림이 중의적 경향을 띠고 있었음을 뒷받침해주고 있다.

유교적 원칙주의에 입각한 현실 비판 정신이 이들의 두드러진 특징이 되고 있었던 것이다. 지식인의 한 특수한 인격적 구현체라고 말할 수 있으며 오늘날에도 선비 또는 선비정신을 말할 때 이같은 맥락에서 이해되고 있다고 하겠다.

또한, 이념적인 측면에서 원리주의적 입장을 고수하고 있었던 사람들이 그들 나름대로 규정했던 유학의 근본원리와 이상을 구체적으로 어떤 것인가? 이에 관해 여러 학자들이 다양하고 폭넓게 논의된 중에 핵심적인 요소를 추출해 봤다. '유교적 규범의 목적을 실현하기 위한 수단으로서 유교적 인격체로서의 선비들을 주체로 한 공론정치(公論政治)가 구현되는 것이었다'고 말할 수 있을 것이다.

당시 이같은 이상으로 목표가 설정된 배후에는 정치와 사회현실에 대한 사림의 독특한 인식과 무관하지 않다. 그때 정치가 안고 있는 문제점은 조정(朝庭)이 공의(公儀)보다는 개인과 파당(派黨)의 이욕(利慾)을 앞세우는 소인배들에 의해 지배되고 있다고 보았으며 이같이 잘못된 정치를 혁신하려면 의리로 무장된 선비들에 의해서만 가능한 것으로 판단했던 것이다.

훈구귀족(勳舊貴族)에 의해 이권화된 정치를 대신하여 지치(至治)실현을 이상으로 하는 정치를 이용보다 유교적 명분에 입각한 도학정치(道學政治)를, 그리고 이같은 정치를 실현하려는 소명의식과 자기 희생정신으로 무장된 선비들의 정치를 주장한 조광조의 이상주의적이며 동시에 저항적인 정치이념은 당시 비리(非理)에 대한 사림세력의 인식 배경이었다.

이러한 의미에서 선비란 당시에 기대할 수 있는 최선의 도덕적 교육과 엄격한 인격 수련을 통해 예비적 정치수련을 쌓는 지식인이라고 볼 수 있을 터다. 또한, 주목해야 할 것은 치세의 주제로서 선비의 기능이다. 사림세력의 비판의식과 자기희생적인 치세의 주체로서의 사명감이었다. 이같은 배경에서 사림파를 중심으로 한 선비정신이 조선조에 정치문화에 끼친 영향을 기대한다고 하겠다.

가장 크게 기여한 것은 선비들의 현실참여가 훈구파에 의해 이권화한 정치 세력에 대해 개혁세력으로 대두되었다는 사실이다. 현실의 비리를 극복하고 유교적 명분에 입각한 정치를 실현하려는 이들의 줄기찬 노력과 이들이 보여준 희생정신은 당시 지식계층의 양심을 일깨우는 촉매 역할을 하였다.

또한, 그들은 숱한 탄압과 저항에 부딪히면서 언로(言路)의 개방을 제도적으로 정착시킨 점을 높이 평가해야 할 것이다. 언로의 보장은 사림의 입장에서 볼 때 유교적 원칙의 문제였을 뿐만이 아니라 그들의 정치참여의 실질적 관건이 되는 현실적 과제였다.

네 차례(1498년 연산군 4 戊午士禍, 1504년 연산군 10 甲子士禍, 1519년 중종 14 己卯士禍, 1545 명종 1 乙巳士禍)의 사화를 거치면서 그들이 언로의 개통을 위해 쏟는 노력의 결과로서 선비들의 간언(諫言)은 일종의 권리로서 확보되었으며 이같은 간언권의 제도화는 왕권의 절대화를 방지하는데 큰 기여를 했을 것으로 평가되고 있다.

다음으로는 조선조가 단일 왕조로서 5백여 년 지속하는데 어떠한 기능을 했느냐는 질문에 봉착하게 된다. 이 문제에 대해선 충분한 역사적 자료의 검토와 다각적인 비교, 분석이 필요하리라 보이지만 당쟁의 잠재적 기능으로서 지적한 '부정부패의 감시와 방지', '직무 충실화의 유도', '인사 추천의 감시로 관리 충원의 내실화' 등이 긍정적 요인으로 작용했으리라 믿어진다.

이같이 선비들의 정치참여가 긍정적 기능만을 지니고 있었던 것은 아니다. 사림 세력의 이념에 배타적인 이론이 내재되어 있음은 유교적인 그리고 보다 제한적으로는 성리학적인 지식과 윤리 규범의 테두리 속에 형성된 인격을 갖춘 선비들이 곧 시대 주체가 되어야 한다는 사상의 이념에는 그렇지 않은 사람들은 제외되어야 한다는 배타적 의도를 이미 함축하고 있다는 것이다. 사림세력이 정치적 주도권을 장악하게 된 이후 이러한 배타적 엘리트의 이론이 가져온 현실적 효과는 분명한 것으로 보여서다.

조선조의 정치, 사회, 문화는 성리학이라는 유일 사상체계(唯一思想体系)에 의한 독자적 규제를 받게 되었다. 이로 인해 정치, 사회, 문화 등 많은 부분에 있어 다양성의 결여는 조선조 사회 등 결정적 취약점의 하나로 지적받았다.

선비들의 또 다른 역기능으로 지적될 수 있는 것은 성리학적 전통 속에서 예론(禮論)과 인성론(人性論)이 특별히 중요성을 갖는다는 점이다. 예전(禮典)과 개인들의 인품에 특별한 중요성을 부여하고 있었다. 또한, 개인들의 인품이 정치적 쟁점이 될 경우 합리적 토론이나 협상을 통한 타협의 대상이 될 수 있는 성격의 문제에서 제외시켰다는 점이다.

이는 결국 권위적 해석에 의해서거나 정의적 차원에서 해결을 봄으로 정치적 쟁점이 생길 경우 갈등은 감정적인 경향으로 흐르기 쉽다. 말하자면 문제 자체가 생산적인 토론을 전개하기보다 무조건적 승복을 강요하기 때문에 갈등은 비생산적인 감정대립의 양상을 띠게 된다는 것이다.

이같은 경향은 당쟁(黨爭)이 국정에 있어서 어떤 제도의 개선이나 개혁의 전기를 마련해 주는 것이 아니라 번번이 붕당(朋黨) 간의 세대교체만을 가져온 것도 그 같은 배경이 무관하지 않은 것으로 보고 있다. 소위 밥그릇 싸움으로도 비쳤을 개연성이 높은 것이다.

이외에도 선비들의 특징으로 꼽을 수 있는 것은 상당히 많다. 선비만이 갖고 있는 어떤 특별한 사고나 형태의 생활이 그들의 고유 문화로 승화할 수도 있기 때문이다.

그중의 존두성향(尊頭性向)이다. '존두'는 곧 선비 생활의 본질 가운데 하나다. 『예기』 관의편(冠義篇)에 '관은 예의 시초'라 했다. 여기서 예란 사나이가 한 사람 몫으로 행동할 수 있는 본을 말한다. 하였다. 성종(成宗 재위 1469~1494) 때 대학자 최부(崔溥 1454~1504)는 제주도 경차관(敬差官)으로 근무하다 부친상의 부음을 듣고 본토로 오는 도중 풍랑을 만나 명나라까지 표류했다. 그는 심한 풍랑에 혼비백산하여 표착(漂着)했는데도 머리에 쓴 삿갓(喪笠) 만은 단정하게 쓰고 있어 이를 본 중국인들이 목숨보다 강한 관모(冠帽)에 의대 집착에 혀를 내어 흔들었다고 한다.

또한, 갑신정변(甲申政變 1884)이 일어났던 밤 김옥균(金玉均 1851~1894), 박영효(朴泳孝 1861~1939), 서광범(徐光範 1859~1897) 등 정변 주체들이 고종(高宗 1852~1919)의 침전 정문인 협양문(協陽門)에 이르렀다. 이들은 일부 행동대로 하여금 침전 인근에서 폭약을 터뜨려 임금을 놀라게 하는 한편 임금으로 일군(日軍)을 청해 어신(御身)을 보호하려는 계획이었었다.

그러나 문지기 무감(武監)이 밤중의 침입자들을 통과시켜줄 리 없었다. 그런데 이무감이 문을 통과시키지 않은 명분에 주목할 대목이다. 폭력혁명을 하려는 이들이 정장했을 리 없으며 평복에 무관(無冠) 차림이었다. 무감은 애원을 했다.

"정장은 못 하더라도 착관(着冠)만은 해달라."

그랬다. 조선의 선비들은 그렇게 예의범절에 투철했다.

선비의 행동 중에 다양한 특징이 많지만, 청맹(靑盲)은 뺄 수 없다. 권세에 비굴하지 않고 저항하는 행동으로 한국 고유의 레지스탕스(Resistance)다. 청맹의 저항은 여말 이성계의 득세에 대항수단으로 나타났다.

이같은 저항수단은 우리나라에서 독창 된 것이 아니고 후한 시대에 이업(李業)이 청맹을 칭하고 피세(避世)했다는 기록이『후한서』'이업전'에 있고 청맹을 핑계 대고 불사한다는 어귀가 중국 문헌인『필원잡기(筆苑雜記)』에도 있다.

우리나라에서는 고려가 역사의 뒤로 사라지고 조선조가 개국되자 정온(鄭蘊)이 진주에서, 조운흘(趙云仡)은 광주에 낙향하여 청맹행세를 했다. 정온은 어말의 정승 정석(鄭碩)의 아들로 사헌대부였다. 그는 눈뜬장님, 입 있는 벙어리일 뿐만 아니라 정신 있는 미치광이인 청광(靑狂) 노릇까지 한다. 조운흘은 철저한 미치광이 노릇을 하기 위해 아미타불을 중얼거렸고 이 아미타불의 음조에 맞추어 시정(市井)의 사람들은 '조운흘 조운흘'하면서 놀려대는 풍조까지 생겼다고 전한다.

이같은 행동은 누가 하라고 해도 할 수 없는 고귀한 행동문화라 할 수 있을 것이다. 행동은 사고의 표현이어서다. 특히 선비의 행동엔 동기와 과정 그리고 목적의 삼위일체가 동시적으로 움직이기 때문이기도 하다. 이성계의 조선 개국에 이어 청맥 저항이 부활한 것은 조카 단종(端宗 1452~1455)의 왕위를 찬탈한 세조(世祖 재위

1455~1468) 정란 때였다.

생육신의 한 사람인 이맹전(李孟專 1392~1480)의 청맹은 유명했다. 정언(正言) 벼슬이었던 그는 세조의 야심을 눈치 채고 고향 선산 강정리(善山 剛正里)에 은거하여 청맹을 내외에 알리고 집에 묻혀 30년을 눈뜬 장님행세를 하다 죽었다. 그는 30년 청맹 중 임금이 있는 쪽을 향해 앉지도 않은 피방(避方)도 철저히 했다고 한다. 수저가 식구대로 없어 차례로 기다려 밥을 먹어야 할 정도로 가난했던 생활에서도 청맹의 절의(節義)를 깨뜨리지 않고 끝까지 지켰던 것이다.

이같은 철저한 자기학대로 가족들까지도 정말 장님이 된 줄 알았고 부인 신 씨도 남편의 임종에서야 거짓 장님임을 알았다고 『일두집(一蠹集)』에 기록되어 있다. 청맹과 같은 유형으로 청농(靑聾)과 청광(靑狂)도 있다.

김시습(金時習 1435~1493), 남효온(南孝溫 1454~1492), 원호(元昊), 조여(趙旅 1420~1489), 성담수(成聃壽 ?~1456) 등과 더불어 조선조의 절의팔현(節義八賢)으로 불리는 권절(權節 1422~1494)이 '푸른 귀머거리'의 전형적인 인물이었다. 수양대군은 그가 정변을 모의할 때 권절에게 여러 번 찾아가서 술을 대작하며 은근히 음모를 흘렸다. 권절은 심적 갈등 끝에 청농임을 밝히고 귀머거리 행세를 시작하였다.

주위 사람들은 그를 미친 사람으로 지목했으며 문헌에 따르면 그가 정말 미쳤다고 되어있으나 그의 조카인 은군자(隱君子) 권안(權晏)을 찾아가 미친 처신에 대해 자주 얘기했다는 사실과 성삼문(成三問

1418~1456)이 죽었을 때 친구에게 보낸 애절한 편지 구절로 보아
그가 미친 것은 청광으로 보는 이가 많았다.

이외에도 명종(明宗 재위 1545~1567) 때 청백리 판서인 조언수(趙彦
秀 1497~1574)도 청농처세로 소문난 선비였다. 또한, 앉은뱅이로 기
묘사화(己卯士禍 1519) 후 불출사로 저항을 한 사간 정구(鄭球 1490~?)
도 전형적인 인물에 속했다. 그의 발 연골이 붙어 일어설 수 없다
하여 장장 18년 동안 앉은뱅이 노릇으로 바깥출입을 하지 않았다.
그의 아들 정희등(鄭希登)을 결혼시킬 때 며느리 맞이를 할 즈음에
문득 일어나 걸으니 가족들도 그때야 거짓 앉은뱅이 짓을 한 줄로
알았다고 『월사집(月沙集)』은 기록하고 있다.

청광 중엔 남효온의 아들 남충서(南忠恕)도 빼어놓을 수 없는 인물
이다. 그는 아버지가 연루된 갑자사화(甲子士禍 1504)의 여파에서 자
신을 보존하기 위해 미친 척을 했다. 연산군(燕山君 재위 1494~1506)
이 남충서를 잡아 죽이도록 하명하자 한 추관(推官)이 "본래 미친 병
이 들었으니 인간으로 칠 것도 못 됩니다."라고 말했으나 연산군은
"미친 것이 세상에 살면 뭣하겠느냐"며 죽여버릴 것을 명하는 바람
에 피살되고 말았다.

이처럼 그들은 선비 고유의 행동 양식과 사고의 방법을 동원하
여 그들의 정체성을 지키기 위해 목숨까지도 흔쾌히 내어놓았다.
이같은 언행이 뒤따라 주지 않으면 사회의 고민을 짊어질 깨어있는
지식인이 아닐 것이며 선비문화를 창출한 비전도 갖지 못했을 것
이다.

지금까지 다양하게 서술한 선비 행동과 사고의 양상이 선비문화

를 정립하는데 필수조건이라고 말할 수 있을 터다. 그 같은 배경에서 선비문화를 두 분류로 추적하였다. 첫째는 관(冠), 도포(道袍) 등을 비롯한 의관(衣冠)을 중심으로 했으며 둘째는 행동을 지배하는 사고 중심이 그것이다.

지식인엔 오늘의 사고와 행동은 시정의 관심이며 어제의 사고와 행동은 역사라는 철학이 있어야 한다. 사고 없는 행동이 없듯이 행동 없는 사고 또한 깨어있는 지성인이라고 말할 수 없기 때문이다. 입기 불편하고 행동이 자유롭지 못한 선비의 옷들, 긴장죽에 뛰지 않는 걸음걸이, 사상의 자유를 누리기 위해 청맹, 청농, 청광 등도 마다하지 않는 절의 정신은 선비가 아니고는 해낼 수 없는 종교 같은 고귀한 정신문화라 말해도 지나침이 아닐 터다.

선비의 역사를 고구려 소수림왕(小獸林王 재위 371~384) 시대 농부 재상 을파소(乙巴素 ?~203)에까지 거슬러 올라가지 않고 여말선초로만 본다 해도 7세기란 긴 세월이 흘렀다. 7세기 동안 선비문화는 과연 르네상스가 되었는지 궁금하다.

고려 때도 양반(선비)이 없었던 것은 아니지만 조선 시대에 와서야 명실상부(名實相符)한 사회적 신분이 확립되었다. 포괄적 의미에서 양반을 통칭 선비라 할 수도 있으나 선비가 갖추어야 할 덕목은 간단한 것이 아니다. 양반은 사회적 위치에서 신분을 나타내는 명칭에 불과할 뿐 어떤 자질을 갖추어서 붙여진 명칭이 아니기 때문이다.

이처럼 다양하지만, 결코 복잡하거나 난해한 조건이 아닌 선비문화를 형태가 있는 물질적인 것보다 행동을 지배하는 사상에 더 무게를 두었다. 간디(1869~1948)가 무저항운동으로 인도인들의 정서를 끌어냈듯이 조선조에서 역사적으로 어려울 때 선비들은 청맹, 청농, 청광, 앉은뱅이 행세 등으로 당시 지성인 사회의 분위기로 백성들의 속내를 대변했을 것이다.

한국의 역사에서 218명의 청백리(淸白吏)를 탄생시킨 것도 선비문화와 무관하지 않다. 양반은 세습되는 경우도 있으나 과거에 등과되어 신분을 보증받음이 당당했다. 양반은 일정한 수준의 지식을 갖춘 것임에는 틀림이 없으나 청백리나 선비는 아니다.

청백리는 의정부, 육조(이조, 호조, 예조, 병조, 형조, 공조) 등 2품 이상의 당상관과 사헌부 수장이 천거하여 뽑기 때문이다. 선비문화 서술에 이같이 양반과 청백리의 정체성을 말함은 선비가 차지하는 사회적 비중이 커서다.

이처럼 선비문화를 시원에서부터 정치참여까지 상술함은 고려시대 삶을 살고 간 청백리 양경공 함유일의 일생이 너무 같아서다. 그의 일거수일투족은 바로 선비문화의 전형이었다.

청빈하게 살았다고 모두 청백리나 선비는 아니다. 언행과 정치철학과 삶 자체가 백성들에게 모범이 되어야 하며 솔선의 철학 또한 있어야 하는데 양경공이 딱 맞춤 주인공이었다.

쨍그랑! 깨진 국그릇이 바닥에 떨어져 나뒹굴었다.

"이런 젠장! 돼지죽도 이보단 낫겠다. 뱃가죽이 등에 붙어 힘을 쓸 수가 있어야지!"

병사들이 두 눈에 핏발을 세우며 고래고래 소리 질렀다. 벌집을 건드린 셈이다. 우우… 여기저기서 병사들의 불만이 봇물 터져 나

오듯 터졌다.

고려 제17대 임금 인종(仁宗 재위 1122~1146) 때 금군(禁軍)의 불만이 하늘을 찔렀다. 식사 배급이 문제였다. 식사를 담당하는 관리들이 부정을 저질러 식사량이 형편없이 부족한 것이 문제다. 조정 대신들은 바짝 긴장하는 분위기다.

금군은 궁궐을 지키며 왕을 호위하는 군대다. 그런데 지금 그들의 불만이 터져 나왔다. 그것도 먹는 것에 불만이 있어 병사들이 웅성웅성 하고 있는 분위기다. 인종은 15세에 보위에 올라 두 차례나 큰 반란을 겪었다.

한시가 급하다. 청렴한 관리를 앉혀 금군을 다독여야 할 상태다. "폐(弊)의 기사가 와야 해! 그래야 약속대로 식사가 나오지… 그렇게 되면 오죽이나 좋겠어!" 폐의 기사는 함유일을 지칭함이다.

양경공(良敬公) 함유일(咸有一 1106~1185)은 인종 13년 서경(평양)에서 일어난 '묘청의 난'(1135)을 진압하는 데 큰 공을 세워 선군(選軍) 기사에 올랐다.

허지만 그는 부지런하고 정직하며 욕심이 없는 사람이었다. 집이 가난하여 늘 해진 옷에다 다 닳은 신발을 신고 다녔다. 그래서 그에게 붙여진 별명이 '폐의 옷(依)의 기사'였다. 인종도 함유일의 청렴함을 알고 있었다.

함유일은 곧 금군식사의 책임자 자리로 임명되었다. 병사들의 대환영을 받으며 규정대로 식사를 챙겨 금군의 불만도 점차 사라져갔다.

어느 날 인종은 활을 쏘러 나갔다가 신하들에게 활쏘기를 겨루게 하였다. 상으로 금과 비단을 두둑이 걸었다. 신하들이 차례로 활시위를 당겼다. 함유일 차례다. 그는 호흡을 가다듬었다. 팅, 팅, 팅, 화살마다 과녁에 명중이다.

함유일은 그날 활쏘기 대회의 상인 금과 비단을 받았다. 금과 비단을 모두 팔아 금군들이 필요한 물건들을 샀다. 인종의 신임은 더욱 두터워졌다. 벼슬도 일취월장 하였다. 그러나 가난한 집안 살림은 조금도 나아지지 않았다. "도대체 당신은 자식 걱정은 안 하십니까?" 아내의 볼멘소리다. "그게 뜬금없이 무슨 소리요?" 함유일은 껄껄 웃으며 아내를 타이르듯 말했다. "내 일찍이 부모님을 여의었으나 하늘을 우러러 한 점 부끄럼 없이 살았소! 그래도 이렇게 가문을 세워 놓았으니 아들들과 오로지 정직하고 검소하게 살면서 하늘의 뜻에 따르면 될 것을 어찌 근심을 한단 말이오." 가난한 집안 살림보다 나라 형편을 긱징했었던 청백리 함유일, 그는 청백리로만 이름을 날리지 않았다. 《폐의기사 함유일》에서.

신궁(神宮)이었다. 주몽, 양만춘, 이성계, 이순신, 온달, 고이왕, 강감찬 그리고 함유일이 신궁 대열에 당당히 이름을 올렸다. 함문에 영원히 기록될 빛나는 종사(宗史)다.

대문장가 함순과 강좌칠현

부전자전이다. 함순(咸淳 자 자진子眞 호 시은市隱 시호諡號 문익공文翼公)은 청백리로 가문의 영광을 높인 양경공(良敬公) 함유일(咸有一

1106~1185)의 셋째아들이다. 그는 본관이 양근으로 함왕성이 있는 익화(양근의 옛 이름) 출신으로 시문(詩文)에 뛰어났다.

한자문화권에서 그러했듯이 강좌칠현(江左七賢 또는 해좌칠현海左七賢)은 중국 진나라에서 출현한 죽림칠현(竹林七賢)에 그 연원을 두고 있다. 강좌칠현은 임춘(林椿 ?~1190), 오세재(吳世才 1133~?), 이인로(李仁老 1152~1220), 조통(趙通 ?~1197), 황보 항(皇甫抗 ?~1176), 이담지(李湛之 ?~1204) 그리고 함순을 지칭함이다. 죽림칠현과 강좌칠현을 얘기할 때 백이숙제(伯夷叔齊)를 빼놓고는 얘기할 수 없다. 백이숙제(伯夷叔齊)는 고죽국(孤竹國)의 두 아들이다. 아버지가 아우 숙제가 됨됨이가 형보다 나아 후계자로 세우려 했는데 아버지가 갑자기 사망하자 동생 숙제는 형 백이에게 왕위를 사양했다. 백이가 말하기를 "아버지의 명이다."라고 말을 하고는 나라를 떠났다. 숙제도 왕위에 오르지 않고 도망치듯 역시 조국을 등졌다. 조정에선 보위를 비울 수 없어 서둘러 중자(中子 백이와 숙제 사이의 형제)를 군주로 추대하였다.

백이와 숙제는 결국 고국을 떠났다. 처음엔 상(商)나라 주왕(紂王)을 섬겼으나 포악함을 보자 주(周)나라 문왕에게로 몸을 의탁했다. 문왕이 죽은 직후 그 아들 무왕이 은(殷)나라를 치려는 것을 보고 '아무리 폭군이라 해도 부모 상중에 전쟁을 일으키는 것은 인륜으로서 해서는 안 되는 처사'라고 간언을 했으나 소용이 없었다. 주나라가 천하를 차지하자 형제는 주나라 녹을 더는 먹을 수 없다고 수양산으로 들어가 고사리를 캐 먹다 끝내 절명하였다.

조선조 광해군(光海君 재위 1608~1623) 때 박응서(박순의 서자), 서양

갑(서익의 서자), 심우영(심전의 서자), 이경준(이제신의 서자), 박치인·박
치의(박충간의 서자), 김평손 등 7인이 모두 고관의 서자 출신으로 소
위 강변칠우(江邊七友)를 결성했다. 이들은 서얼이란 신분 때문에 출
사 길이 막히자 울분을 삭이며 여주 북한 강가에 무륜(無倫)이란 정
자를 짓고 중국 죽림칠현으로 자처하며 시와 술로 세월을 낚았다.

　강변칠우 곁엔 허균(許筠 1569~1618)이 있었다. 그는 반골 기질이
다분한 서얼 친구들과 잘 어울렸다. 이들은 1608년 서얼 금고의 폐
지를 주장하는 상소를 광해군에게 올렸으나 무시당했다. 그 후 그
들은 문경새재에서 상인의 제물을 빼앗다 박응서 등이 체포되어 근
거지가 들통 나 세력이 초토화되었다. 허균은 그들을 구하려 입조
(入朝) 동기 이이첨(李爾瞻 1560~1623)에게 구명운동을 폈으나 실효가
없자 고전이 되어 오늘날 다양한 장르에서 텍스트로 활용되는 소설
『홍길동 전』을 탄생시켰다. 그들의 이상을 사이버 월드에서나마 마
음껏 펼쳐주었다.

　청담풍(淸淡風)의 시조는 중국의 위, 진 정권교체기에 정치 권
력 싸움에 염증을 느껴 죽마고우와 같이 이해관계를 뛰어넘는 사
이들이 죽림에 모여 시와 거문고 그리고 술을 청담으로 세월을 낚
은 일곱 명의 선비 완적(阮籍 210~263), 혜강(嵇康 223~262)·산도(山
濤 205~283)·향수(向秀 ?~?)·유영(劉伶 ?~?)·완함(阮咸 ?~?)·왕융(王戎
234~262) 등을 지칭한다.

　중국 사치 향락사에서 황제 귀족 상인들이 주축을 이루었으나 지
식인(사대부) 집단들도 빼어놓을 수 없는 대상이다. 동서고금을 불문
하고 대개 지식인들은 빈곤한 계층이기 때문에 사대부들의 사치는

죽림칠현 이후 정신적 사치와 정신적 방탕이 주류를 이뤘다.

죽림칠현이 살았던 시기는 3세기 중반 조(曹) 씨의 위(魏)에서 사마(司馬)씨 진(晋)으로 왕조가 바뀌는 격동의 전환기였다. 살얼음판의 정국에 그들은 새로이 등장한 정권 실세들이 반대파들을 색출하는 데 혈안이 된 사마씨 첩보망을 피하고자 노장(老壯)사상의 '무위자연'의 이념에 기반한 독특한 생활방식을 찾아냈다. 소위 쓸모없는 존재(객관적)가 되기를 자처하며 실제론 철저한 자기 위주 삶을 즐겼다.

죽림칠현의 일원인 왕융이 명문 귀족 낭사 왕씨의 일족인 데서도 알 수 있듯이 전원이 귀족들이었다. 육조시대를 거치면서 귀족층과 사대부층은 거의 일치되었다. 이점이 죽림칠현이 기성정치체제 속에서 살기를 강요하는 유교적 가치관을 배척하며 자유롭고 다양한 삶을 추구하는 후대의 사대부들에게 이상형을 오늘날에도 선망하고 있다.

오늘날의 지식인들은 역사의 소용돌이 속에서 어떻게 살고 있을까? 역사는 몇몇 사람들이 만들지만, 그 역사가 작동하면 많은 사람이 부귀와 영화를 누리는 반면에 갈등과 속앓이로 어둠의 세월을 맞는 인사들도 많다. 그 같은 현상은 왕조시대에서나 근, 현대에 와서도 대동소이하다.

중국에서 탄생되어 960년이 지난 뒤에 고려에서 꽃피워진 강좌칠현도 예외가 아니다. 주위를 살펴보면 사상적 배경을 쉽게 읽을 수 있다. 청백리와 명궁으로 임금과 백성으로부터 추앙을 받은 함유일의 셋째아들 함순은 가계에서부터 범상치 않다. 그는 최충(崔冲

984~1068)의 문헌공도 출신으로 과거에 급제하여 출사했으나 틀에 박힌 관료 생활에 원만한 적응을 하지 못하고 무신정권의 주류와 거리를 벌리게 되었다.

무신과 문신은 태생적으로 달라 문신을 동반, 무신을 서반이라 하며 통칭 양반이라 했다. 함순은 당시 최고 권력자 최충헌도 인정하는 대문장가였다.

함순은 이인로와 유독 친했다. 이인로는 그의 저서 『파한집』에서 함순에 대해 다음과 같이 썼다.

함자진(咸子眞)이 관동원으로 나아가 있을 때 부인 민씨가 사납고 질투가 심해서 계집종이 너무 아름다워 가까이하지 못하게 하니 자진이 그야말로 쉬운 일이야 하고 고을 사람의 소와 계집종을 바꾸어 길렀다. 내가 이야기를 듣고 희롱 삼아 절구 한 수를 지었다.

호수에 꾀꼬리(여자 이름) 날아 어디로 갔는지 돌아오지 않고
강 언덕에 구슬을 잃어 찾으려 하나 어렵구나
원도와 항류(여자 이름)는 이제 어디 있는가?
난간 가에 흑목단(소의 딴 이름)뿐이로구나

그러나 길이 막혀 편지를 붙일 수가 없었다. 그로부터 20여 년이 지났다. 자진이 새로 홍도정리로 이사 오니 나와 이웃에서 아침저녁으로 내왕했다. 내 시들을 보여달라기에 한 통을 내어 보이니 반쯤 읽어내려가다가 벗이 부인의 강요로 계집을 소와 바꾸었다는 제

목이 있자 자진이 놀라서 이게 누굽니까? 라고 묻자 내가 웃으며 그대가 틀림없소 라고 대답했다. 자진은 그런 일이 있었습니다. 그러나 집안의 한때 장난이었을 뿐이죠. 조롱해서 평하지 말아야 옳지만 이렇게 하지 않으면 선생의 만고(萬古)에 떨칠 시명(詩名)을 무엇으로 돕겠습니까 라고 칭송을 아끼지 않았다. 그랬다. 두 분은 강좌칠현의 일원으로 나이의 벽을 뛰어넘어 서로 존경하는 사이로 문명을 더욱 높였다.

당대에 석학이며 출세 가도를 달리는 이규보(李奎報 1168~1241)도 강좌칠현에 관심이 많았다.

"영참죽하회(榮參竹下會) 영광되게 죽림회에 참석하여서 쾌도옹중춘(快倒瓮中春) 유쾌하게 동이 속 술 기울였지만 미지칠현내(未知七賢內) 모르겠네 해좌칠현 이분들 중에 수위찬핵인(誰爲鑽核人) 씨앗의 구멍 낸 이 누구인 줄을"이라고 비아냥거렸다.

당시 이규보는 19세에 불과했다. 시, 술, 거문고를 즐겨 '삼흑호 선생'이라 자칭했으며 1186년 어느 날 이담지의 초대로 세월의 무게를 뛰어넘어 통음을 즐겼다. 또한, 그는 대문장가 함순과도 우의가 두터웠다.

문익공이 벼슬하는 데는 크게 성공하지 못했으나 문장가로서는 무신정권에서조차 명성을 인정했다. 강남의 어느 선비가 자석연(子石硏)을 만들어 이인로에게 기증하자 이인로가 다시 함순에게 증정하였다. 이같은 사실을 듣고 이인로와 쌍벽을 이루는 이규보는 이인로가 차마 그 귀한 물건을 자신이 지닐 수 없어 예가(禮家)에서 문장으로 으뜸가는 함순에게 증정하였노라고 기록한 것을 보면 자진이 당시 얼마나 지고한 문장가였는지 쉽게 짐작이 가리라 본다.

고려 시대는 내우외환의 상황이었던 만큼 신선(神仙) 사상은 당시 지식인들에게는 현실도피에 매력적으로 동경 되는 조류였다. 무인 무단정치의 장기집권과 거란과 여진의 침입 그리고 성리학의 유입으로 인한 사상적 갈등에 왕권의 쇠퇴 등은 내우외환의 대표적 사건들로 지칭된다.

이같은 일련의 역사적 사건들은 결국 지식인들의 정신적 가치 혼란을 일으켰다. 그러나 그런 상황 속에서도 내우외환이라는 시대적 만남과 아울러 당시 지식인들은 이를 선적(仙的) 승화를 통한 현실 극복의 차원으로 이끌었다는 데에 큰 의의가 있다. 따라서 그들은 현실적 극복이나 울분의 승화 지향 이면엔 신선 사상의 영향이 지대하였음을 알 수 있다.

그랬다. 그들은 마음과 마음으로 통하는 염화미소(拈華微笑)의 망년지우(忘年之友)의 우정도 있었다. 석가모니가 말로 설법을 하지 않고 연꽃을 들자 제자 가섭(迦葉)만이 빙그레 웃었다는 이심전심의 경지가 바로 그런 것일 게다. 자연에 귀의해 속세와 의도적으로 거리를 두면서 정신적 교감을 나누는 노장(老莊) 사상적 우정은 동양에서 오래되었다. 위나라 말기에 노장사상에 심취해 죽림에 은거해 청담(淸淡)을 일삼았던 황융, 유영, 완적 등 칠현의 은사가 죽림칠현식 우정의 시조다.

고려 시대 정중부(鄭仲夫 1106~1179)의 난으로 무신의 패도에 염증을 느낀 함순 등 일곱 명의 석학들은 연배로 보면 아버지와 자식사이도 있었으나 그들은 사상적 교우로 세대 차이의 갈등을 극복하였다. 당시 석학이자 사대부인 이규보는 이들의 신변동향은 무신정권의 철권통치에 저항의 표시라고 진단했다.

또한, 이들을 세간에서는 강좌칠현과 해좌칠현 외에도 동도칠현(東都七賢), 죽고칠현(竹高七賢), 죽림고회(竹林高會) 등 다양한 별칭으로 회자되었다. 이같이 객관적으로 선망의 대상이 됐으나 그들은 형이하학적 부귀영화보다 형이상학적 자유를 선택했다. 그중에서도 함순은 한강 이북을 아울렀던 대호족의 함규(咸規) 장군의 6세손이며 문과에도 급제하여 여유로운 사회진출이 가능했었으나 그는 도읍(개성)에서 떨어진 한적한 우거에서 사상의 자유로움을 누렸다.

오늘날 소위 지식인이란 인사들이 권력의 달콤함에 매혹당해 캠퍼스를 떠나는 상황과는 너무나 차이가 현격하다. 지식인은 지식인으로서 자신이 속한 사회에 대한 책임과 의무를 다할 때 그 사회(국가)는 건강하고 비전이 있는 나라가 될 수 있을 것이다. 지식인들은 그 사회가 나아갈 창조적 미래의 물꼬를 틀 선구자적 지위에 있기 때문이다.

함순 등 강좌칠현들이 어려운 상황에서도 뚜렷한 국가의식을 가지고 있었음은 그들이 고려에서 태어나 비록 중국에서 태동한 사상에 시원을 둔 강좌칠현의 정체성의 고향을 갖고 있어도 고려 백성으로 긍지를 잃지 않고 있음을 많지 않은 작품에서 성향을 읽을 수 있다.

고려 불교와 함문의 관계

고려는 불교를 국교로 했는데 도교(道教), 유교(儒教), 무속신앙(巫俗信仰) 등도 금하지 않고 신앙의 자유를 인정했다. 소위 사상통합이다. 태조 왕건(王建 877~943) 이래 불교를 국교로 숭상함으로써 개성을 비롯한 전국에 많은 사찰이 있었다. 대신뿐만이 아니라 왕가에서도 출가하여 승려가 됐으며 출가한 왕자를 소군(小君)이라고 해 예우를 깍듯이 갖추었다.

종파로는 오교(五教)의 교정(教宗)과 구산(九山)의 선종(禪宗)이 더불어 발전했다. 고려에서는 불교가 지극히 숭상됨에 따라 승려의 사회적 지위도 높아져 광대한 사원전(寺院田)을 차지하고 세속적인 인권까지 누렸다.

선종과 교종 모두에서 체세적인 승려제도가 있었고 왕의 스승인 왕사(王師)와 나라의 스승인 국사(國師)는 더욱 존중받았다. 이같은 분위기 속에 위대한 사상가 또는 스님이 출현하였는데 그 대표적인 인물이 대각국사 의천(義天 1055~1101), 보조국사 지눌(知訥 1158~1210), 태고 보우(普愚 1301~1382)다. 고려 불교는 팔만대장경, 고려청자, 금속활자 등 뛰어난 역사적 업적을 남겼다. 그러나 연등회와 팔관회 등 잦은 행사와 거대한 사찰을 짓는 등 사치성의 범람으로 나라가 기울어지는 빌미를 제공하기도 했다.

한반도에 불교가 들어온 것은 삼국(三國 고구려·백제·신라) 시대 초기다.

고구려는 소수림왕(小獸林王 ?~384) 2년인 372년에 전진왕(前秦王)

부견(符堅 338~385)이 사신과 승려 순도(順道)를 통해 불상과 불경을 보냄으로 시작되었으며 백제는 침류왕(枕流王 ?~385) 원년인 384년에 공인되었다. 또한, 신라는 가장 늦은 법흥왕(法興王 ?~540) 때인 527년 이차돈(異次頓 506~527)의 순교로 공인되어 종교로 대접받았다.

고구려와 백제는 국가의 사절을 통해 불교가 전래하여 왕실의 환영을 받으면서 수용됐으나 신라에선 민간으로부터 전래가 되었고, 보수적인 귀족세력의 반대로 100여 년간 박해를 받은 뒤 힘겹게 수용될 수 있었다.

한국의 불교가 황궁과 손잡고 국가적 색채가 강하게 띠게 된 것은 신라의 불교부터다. 그것은 문화 수준과 고대국가로서의 성장이 늦었기 때문에 불교를 수용하면서 국가체제를 정비해 왕권 강화를 도모했기 때문이다. 그렇기에 왕실은 진종설화(眞種說話)와 불교 왕명 시대를 연출하고 백좌강회(百座講會)와 팔관회 같은 법회를 자주 주관하였다.

한편 고구려와 백제의 불교도 국가적인 종교색채를 띠고 있었다. 그러나 두 나라는 불교를 받아들이기 전에 이미 고대국가의 체제가 어느 정도 이루어졌고 문화 수준도 높았기 때문에 불교를 수용하면서도 신라와 같은 국가적 성격이나 미신적인 성격은 강하게 풍기지 않았다. 특히 백제의 경우는 토착 기반이 약한 왕실보다 귀족의 세력이 강해 왕법(王法)에 대한 불법(佛法)의 독립성을 주장이 가능했던 분위기였다.

이같은 역사의 격랑을 거친 불교가 고려에 와서는 정식국교로 인정되었다. 왕자들이 출가할 정도로 높은 신분이 보장되었으나 누구나 그런 영광을 누릴 수 있는 신분은 더욱 아니다. 비교적 신앙의 자유가 주어졌으나 사상과 사회적 위치(실재)의 간극은 엄격했다. 더욱 승과(僧科)가 생기고부터는 한층 더 엄격해졌다.

고려 불교는 5교9산(五教九山)과 오교양종(五教兩宗)으로 나뉘었다. 신라 원효(元曉 617~686) 이후 불교 교파는 11종이 전해졌으나 서로 융통 화해하다 고려에 와서 11종이 6종으로 정리되었다. 숙종(肅宗 재위 1054~1105)이 1101년에 세운 대각국사 의천의 묘지를 보면 계율종(戒律宗), 법상종(法相宗), 열반종(涅槃宗), 법성종(法性宗), 원융종(圓融宗), 선적종(禪寂宗)이 있다. 이중 선적종은 선종이라 하여 다시 분파로 나뉘어 설명도 했다.

선종은 신라 후기 20여 개 선파가 개창되었는데 신라 말기와 고려 초기의 9산(九山)으로 정리되었다. 9산은 가지산(伽智山)의 도의(道義 804~880) 선사, 실상산(實相山)의 홍척(洪陟 828~888) 선사, 사굴산(闍崛山)의 범일(梵日 810~889) 선사, 사자산(師子山)의 철감 선사(道允 798~868), 희양산(曦陽山)의 진감(眞鑑 774~850) 선사, 봉림산(鳳林山)의 현욱(玄昱 787~868) 선사, 수미산(須彌山)의 이엄(利嚴 866~932) 선사 등이다. 이같은 당시 불교 종파를 6종 혹은 5교9산이라 했다.

대각국사 의천은 교종과 선종을 융통하되 교종의 입장을 떠나지 않았고, 보조국사 지눌은 선교 입장에서 선교의 일치를 제창함으로써 이 두 사상이 천태종(天台宗)과 조계종(曹溪宗)의 대조적 종교운동이 되었다.

또한, 광종(光宗 925~975)은 일반 과거제와 동시에 승과도 설치,

승려들의 등용문을 만들었다. 교종의 괴거는 개성에 소재한 교종의 총 본산인 삼륜사(三倫寺)에서 실시했으며 선종도 역시 개성에 있는 광명사(廣明寺)에서 개최하였다.

교종, 선종을 막론하고 대선(大選)이란 첫 단계인 법계(法階)가 주어졌다. 이로부터 대덕(大德 주지 자격), 대사(大師), 중대사(中大師), 삼중대사(三中大師)의 법계로 승진했다. 삼중대사 이상의 법계는 교종의 수좌(首座), 승통(僧統)으로 승진했으며 선종은 선사(禪師), 대선사(大禪師)로 승진됐다. 특히 덕이 높은 중에겐 왕사, 국사의 법계를 주었는데 이들은 승통과 대선사 뒷자리다. 또한, 국사가 왕사보다 더 추앙받았다.

대각국사 의천은 문종의 넷째아들로 송나라에 가서 불도를 닦고 돌아와 불교간행에 힘쓰는 동시에 선·교가 다 각기 한쪽이 치우치는 폐단을 시정하여 교관겸수(敎觀兼修) 사상을 주창하고 천태종을 일으켰다.

지눌은 구산의 선문(禪門)을 통합하여 조계종(曹溪宗)을 창립하고 돈오점수(頓悟漸修)·정혜쌍수(定慧雙修)·무심합도(無心合道)를 제창하여 선문에 독특한 경지를 개척하고 한국의 독자적 선(禪) 사상을 개척하였다. 그 후 혜심(慧諶 1178~1210) 등 16국사(國師)가 사자상승(師資相承)하였다.

고려 말엔 태고보우국사(太古普愚國師)가 구산선종(九山禪宗)을 통합했으나 이후의 선계의 모든 스님은 태고의 맥을 이었다. 이후 사계(嗣系) 문제는 논란의 대상이 되었다. 왕조 말엔 보우를 비롯해 혜근(惠勤 1320~1376), 무학대사(無學大師 1327~1405) 등과 같은 고승이 나타났으나 불교는 여러 갈래로 갈라져 파쟁이 심했다.

불교의 세속화가 문제였다. 세속화는 몽골불교의 영향이 컸다. 고려에선 당시 육식을 즐기지 않았는데 유목민족인 몽골의 영향으로 육식이 전해졌다. 조선의 백정(白丁)은 고려에서 시작되었다. 스님은 육식을 금해야 하나 몽골에선 그렇지 않았다. 여말의 불교 행태가 오비이락(烏飛梨落)일지는 모르나 육식과 사생활 문란으로 본래 모습에서 멀어져갔다.

불교는 기독교와 달리 귀족 고급종교였다. 지금 도시 한복판에 자리 잡고 있고 포교하고 있으나 처음 한반도에 유입(流入) 당시엔 대부분 첩첩 산중이나 은밀(隱密)하게 활동하였다. 정부로부터 탄압을 피해 포교를 하기 위한 어쩔 수 없는 고육지책의 행동이었을 터다.

그러나 삼국시대를 지나 고려에 와서는 귀족대열에 들어 백성들의 지배자가 되었다. 백성을 보호하고 이끌어주는 본래의 위치에서 지배자로 둔갑한 것이다. 국가통치체제의 변화다.

고려는 불교국가다. 삼국시대에서도 불교가 통치자들에게 국가를 경영하는데 통치이념이 실려있었던 것은 사실이나 고려처럼 강력한 통치이념은 아니었었다. 고려에서는 승려가 국사와 왕사가 될 수 있었다. 나라의 스승과 왕의 스승도 될 수 있는 자격이 있는 것이다. 아무나 되는 것은 아니나 승려의 지위가 그만큼 높다는 증거다.

함문은 전통적으로 불교 호족이었다. 성산 용문산(龍門山)에서 씨족국가를 세운 함혁왕(咸赫王)께선 불교가 한반도에 전파되기 전이었으나 하늘에 제를 올렸을 것이다. 자연 발생적인 기마민족의 사상인 하늘 숭배 사상(陰陽 五行說)이 아닌가 싶다. 불교는 고구려, 백제, 신라를 관통해왔으며 고려에 오기까지 한민족을 통치자와 백성들에게 친구와 같이 아주 친숙한 관계로 발전되었다.

특히 고려에서는 공식적으로 국교가 되어 불교의 위상은 종교 수준을 넘어 국가의 통치이념으로까지 발전했다. 고려의 통합사상은 불교, 유교, 선교 등이 혼거하는 원효(元曉)의 화쟁(和諍), 모든 논쟁을 화합으로 바꾸려는 사상의 통섭(統攝) 사상이다.

선교(仙敎)는 기마민족 고유의 하늘 숭배 사상이자 음양오행론의 원류가 되는 사상이다. 일찍이 당나라에 유학하고 돌아온 최치원(崔致遠 857~?)이 유교를 중심의론으로 해 불교, 도교적 사상을 통합하려고 의도한 바 있는데 그는 기마민족 고유사상인 풍류(風流·仙敎)가 이 세상이 고루 농축되어 있다는 논리다.

최치원은 유교를 중심으로 한 사상통합을 시도했으나 도선(道詵 827~898)은 기마민족 고유사상이 불교나 유교 및 도교보다 우위에 있다는 것을 인정하면서도 불교 중심으로 사상통합을 이루려 했었다. 물론 도선의 사상통합이 완전히 이뤄지지는 않았으나 고려왕조의 통치 이념적 기둥이 되었다.

이런 정세에서 함규(咸規 879~945) 장군은 특별한 호족으로 삼고 초려 하여 왕건과 함께 고려 개국에 일조를 했다. 함규 장군이 왕규로 사성을 받은 것은 양후공이 당시 통치했던 지역의 영향력을 인정하여 그곳을 본관(本貫)으로 살게 함이다. 이를 통해 지배권을 인정하고 중앙정부에 참여시켜 지배세력이 될 수 있도록 보장한 것이다.

이같은 정책은 신라 마지막 왕인 경순왕(敬順王 재위 927~935)이 나라를 바치고 낙랑왕(樂浪王)으로 작위를 받았으나 사성은 받지 못했다. 또한, 개국 일등공신인 신숭겸, 홍유, 배현경, 복지겸에게도 왕씨 성을 주지 않았다.

양후공은 한반도의 중심지인 한강 유역의 맹주로서 각별한 예우를 받았을 것이 틀림없다. 양평(楊平 옛 지명 楊根)에서 시작된 함문의 세거(世居)는 홍천, 양주, 하남 등지에까지 뻗어 수륙교통을 통제하는 한강 유역을 담당하는 대호적의 위세였었다. 그 같은 역사적 사실은 용문산에 문화재로 지정된 함왕성을 봐도 짐작이 가능하다.

그뿐만이 아니다. 검단을 중심으로 하남 일대엔 양후공과 무관하지 않은 역사적 유물들이 속속 드러나고 있다. 교산동 토성(校山洞 土城)과 사나사(舍那寺)와 고달사(高達寺) 등도 당시 대호족이였던 함규와 무관하지 않았으리라. 신라 말과 후삼국 시기에 사찰들의 건립은 그곳 호족들의 재정적인 지원 없이는 불가능했기 때문이다.

사나사와 고산동 토성(경기도 하남시, 경기도 문화재자료 13호), 고달사(경기도 여주시 북내면 상교리 419) 등지는 당시 양후공의 세력하에 있었던 지역이며 백제가 탄생하기 전엔 삼한(三韓 마한, 진한, 변한) 중의 하나인 마한(馬韓) 지역이었다.

양후공은 광주(경기)와 양평을 두 축으로 고리국(또는 일화국)을 통치했을 터다. 후삼국 시대는 중앙정부의 부패와 호족들의 난립으로 한반도엔 크고 작은 전란이 끝일 날이 없었다.

그 와중에 왕건이 궁예 휘하에 있다가 고려를 개국했다. 양후공은 직접 전장에는 출전하지 않았으나 고려 개국의 행정 제반에 결정적 역할을 했을 것이다, 그는 문신으로 덕망이 높아 문무대신들이 서로 받들려는 지도자였다.

함규 장군은 하남의 대호족이고 덕망이 높아 인재들이 문전성시였었다. 그중엔 찬유(璨幽 시호 원종元宗 속성 金 869~958) 대사도 있었다. 더욱이 원종대사의 본관이 하남(河南 현 경남 하동)이면서 여주까지 와서 그의 업적(탐명혜진)을 광종(光宗 925~975)이 시호를 내려 기렸다.

광종은 과거의 승과를 신설해 승려의 사회진출에 물길을 터주었으며 불교가 고려의 중심사상임을 문무백관과 백성들에게까지 포교하는 예우를 갖추었다. 원종국사는 사나사와 고달사를 왕래하면서 불법을 설파했으므로 자연스럽게 양후공과는 가까운 사이가 됐을 것이다.

또한, 사나사는 함문이 원당(願堂)이었을 것으로 양후공과는 더할 수 없이 친숙한 관계였을 터다. 또한, 함규 장군과 왕건은 흥녕사(興寧寺 643년 자장율사 건립)를 건립한 것으로 되어있으나 혜종(惠宗 912~945) 등극 원년 중창이 타당할 것이다. 최초건립은 신라 때였으므로 시대상으로 맞지 않는다. 또한, 흥녕사는 1902년 대원각(大苑閣 본명 金英韓) 스님에 의해 중건되면서 법흥사로 개칭, 오늘에 이르고 있다. 이처럼 양후공의 손길이 미쳤으리라 믿어지는 역사적 장소와 인물은 일일이 꼽을 수가 없다.

역사는 당시의 학자가 쓰는 것이 아니다. 몇 세대 후에 그때 소위 시대정신에 의해 필요에 따라 쓰는 것이 사례다. 어느 시대에 의

해 쓰느냐가 중요하다. 대부분 승자 입장에 서서 쓰는 것이 상례다. 그러나 역사는 승자가 패자의 경험과 공헌을 통해 이해돼야 한다. 승자만이 기억되고 감추어진 샛길과 사라진 대의들, 낙오자들은 잊어지는 평가를 강요해서는 진정한 통섭의 역사가 아니기 때문이다.

함문의 역사가 정사엔 왜곡(歪曲)되어져 있는 것은 승자들의 역사이기 때문이기도 하지만 사성을 받아 왕씨로 영화를 누린 인과응보적 대가인지도 모른다. 강화도의 비극이 대표적이다.

함규 장군은 왕규로 살다 절명했다. 태조 이성계가 조선을 개국하면서 왕씨를 전멸하려 했다. 일명 왕씨 멸족령이다. 왕건이 고려를 개국하면서 신라 왕족을 포용한 데 반해 고려 왕씨를 껄끄러워했다. 복위할까 두려워 멸족령을 내려 강화도와 거제도에 가서 서인으로 살게 해 준다면 배에 태워 보낼 때 배 바닥에 구멍을 내 수장시켰다. 이같은 사실은 추강(秋江) 남효온(南孝溫 1454~1492)의 『추강냉화(秋江冷話)』 별지에서 상당히 구체적으로 서술되었다. 멸족령 이후 왕씨들은 全, 玉, 車, 申, 龍, 虛, 琴 씨 등으로 성을 바꾸어 살았다고 한다.

왕규로 살았던 함규 장군에게도 역사는 비껴가지 않았다. 고려 개국공신 중에 문무와 경제력까지 갖춘 당대 최고의 인재로 광평시랑(최고 실무 책임자)과 광평시중(황제 다음자리)을 역임했으며 사대부 최고 벼슬인 대광(大匡)까지 올랐다. 이처럼 함규 장군은 역사엔 왕규로 있으며 고려 2대왕 사위인 혜종을 몰아내고 손자 광주원군(廣州院君)을 보위에 올리려 반역을 한 역모로 쓰였다.

정종(定宗 923~949)과 광종, 소위 서경파의 모함에서다. 승자의 역사가 그것이다. 혜종과 이복동생인 정종과 광종은 서경파이며 삼촌인 왕식렴과 공모, 양후공 함규 장군을 모함해 그를 따르는 문무대신 300여 명과 함께 갑곶에서 살해했다.

그들의 왕위계승에 가장 큰 장애물이기 때문이다. 이처럼 함규 장군은 무장 박술희(朴述熙 ?~945)에게도 버거운 상대였으며 요(堯 후에 정종)와 소(昭 후 광종)한테도 만만치 않은 인물이었다. 더욱이 선친이 사부로까지 모셨으며 유명을 선포했던 고명대신을 쉽사리 가볍게 대할 수는 없었으리라. 그러나 그들은 곤룡포에 눈이 어두워 부득이 역모로 몰라 살해했던 것이다.

대세(大勢) 사관의 역사다. 그것이 동서고금의 역사가 증명해주고 있는 것이 아닐까? '모나면 정 맞는다'라 했다. 역사의 현장에서 일반 사회생활에서도 너무 튀거나 너무 앞서가면 시기하는 사람들이 생겨 입방아에 오른다. 그런 입장에 있을수록 처신을 잘해야 하지만 그런 것으론 한계가 있다.

양후공이 그때 그러했을 것이다. 너무 우뚝해 사위(四圍)에 모함하려는 사람들로 우굴댔을 터다. 함문의 발자국은 용문산에서 시작, 함왕봉에서 천제를 올리는 것으로 시작하여 양평, 홍천, 양주, 하남 등 한강 유역의 옥토에까지 남겼다.

문간공 함혁왕께서 터를 잡고 21세손 양후공 함규 장군 대에 와서 가문이 한껏 번창했다. 그렇기에 양평을 비롯한 역사의 고장 하남에 함문의 숨결이 오늘도 생생하게 약동하고 있다고 하겠다. 역사는 만드는 인물이 있고 그 역사를 정리, 기록하는 주인공이 있다. 전자가 있어 후자를 통해 역사를 정리할 수 있으나 후자가 없고 전자만 있어도 역사는 정립(鼎立)이 되지 않는다. 함문의 역사의 주인 공은 많은데 정리하는 인물이 적어 시간이 갈수록 점점 더 역사의 뒤안길로 멀어져 가는 것만 같아 안타깝다.

전라감사 함부림·우치 부자

왕의 표정이 밝지 않다. 목소리도 맑지 않고 탁하다. 얼굴도 푸시시해 보이고 잠도 설친 분위기다.

고려 제34대 공양왕(恭讓王 재위 1389~1392)이 신하 헌납(獻納 임금 에게 충언하는 직책) 함부림(咸傅霖 1360~1410 시호 정평定平)을 만나는 자리다. 왕은 감정이 불안해 보이고 신하의 태도는 당당하다.

왕은 한동안 입을 한일자로 다물고 있다 말을 꺼냈다.

"내가 대간과 형조에 명하여 왕안덕, 우인열, 우홍수 등을 논핵 하지 못하게 했는데 너는 이를 아는가?"라고 다그치듯 물었다. 정 평이 "그렇다."라고 말하자 왕은 "네가 이미 알고 있다면 뭣 때문에 논하여 고집하기를 그치지 않는가? 내 비록 덕이 없지만 이미 임금 이 되었는데 너희들이 내 명을 따르지 않는 것이 옳으냐?"라고 강 하게 질책했다.

하지만 정평은 너무도 당당하게 "상벌이 적당하지 않으면 대간 이 논박하는 것은 진실로 그 직책입니다."라고 답하였다. 화가 난 왕은 "너희들이 내 명을 따르지 않으면 마땅히 죄를 주겠다."라고 위협했다. 왕의 입술이 파르르 떨리고 두 눈에선 불이 튀어나왔다.

그러나 정평은 미동도 하지 않은 음성으로 "예로부터 임금이 언관에게 죄를 주지 않았습니다."라고 담담히 말을 이었다. "현릉(공민왕) 시대에도 벌을 받은 간관이 많았다." 반박을 몰아쳤다. (고려사절요 공양왕 3년 3월)

함부림이 답변을 유교 정치원리론 틀린 말이 아니다. 문제는 왕에 대한 존경심이나 삼가는 언행이 보이지 않는다는 관계의 분위기다. 이는 왕의 권위가 어떠했다는 것을 단적으로 보여주는 현실적 정치현장의 극명한 군신의 관계다. 아니 원리원칙을 내세우는 정평의 참다운 모습이라 하겠다.

그랬다. 정평의 DNA엔 성조(聖祖) 문간공(文簡公) 함혁왕(咸赫王)과 중시조 양후공(襄厚公) 함규(咸規 879~945) 장군의 문무를 겸한 인물, 독야청청한 청백리 양경공(良敬公) 함유일(咸有一 1106~1185)의 체온이 오롯이 거벽(巨擘 대학자)에 숨쉬고 있다.

정평은 팔도 관찰사를 역임했다. 관찰사는 입법, 사법, 행정을 통괄한다. 막강한 권력의 자리다. 팔도는 경기, 강원, 충청, 전라, 경상, 평안, 함경, 황해도를 지칭한다. 정평은 팔도의 산 좋고 물 맑은 고장들을 모두 통치와 동시에 즐기기도 했을 테다.

팔도 관찰사를 역임한 정평공(定平公) 함부림(咸傅霖)의 교지(敎旨), '홍무(洪武) 30년'이면 1398년에 받은 교지다. (위 교지는 함상균 함씨대종회 이사 소장 제공)

소위 산자수명(山紫水明 산빛이 곱고 강물이 맑다)한 고장의 목민관은 유토피아의 제왕이 아니었을까? 산자수명 외에 강호연파(江湖煙波 강과 호수 위에 뽀얀 안개 물결) 그리고 청풍명월(淸風明月 맑은 바람과 밝은 달)도 있다.

삼천리 금수강산(錦繡江山)을 얘기하면 강원도의 금수강산이 단연 첫째다. 또한, 산을 얘기할 때 백두산을 빼어놓을 수 없다. 백두산은 산 중의 성자(聖子)이고 금강산의 산의 재자(才子)로 불린다.

금강산을 재자답게 계절마다 이름이 다르다. 봄엔 금강(金剛), 여름엔 봉래(蓬萊), 가을엔 풍악(楓嶽), 겨울엔 개골(皆骨)로 불렸다. 이 외에 기달산(怾怛山)이란 명칭도 있다. 세계적인 명산(名山)답게 계절에 따라 이름을 달리 부르며 아름다움을 뽐낸다.

정평은 강원노 관찰사 시절 금강산을 유람했을 것이 자명한데 기록엔 없다. 만약 이토록 아름다워 요즘으로 치면 버킷리스트(bucket list)에 꼭 들어갈 금강산을 유람하지 않았다면 그것이 오히려 이상하지 않았을까? 정평은 청백리 함유일의 아들 대문장가 문익공(文翼公) 함순(咸淳)의 문재(文才)가 고스란히 이어지고 있어서다.

정평은 목민관으로 가는 곳마다 선정을 베풀어 백성들이 격양가(擊壤歌)를 불렀다고 한다. 그러나 팔도의 재사(才士)들이 그를 일만하도록 놔두지 않을 것이 뻔하다. 정평은 포은 정몽주(鄭夢周 1337~1392)의 행장기를 지었다.

또한, 정평은 1634년(인조 12) 전라도에서 창건된 두곡서원(杜谷書院)에 정몽주, 함부림, 강원기(康元紀 1423~1498) 등과 배향되었다.

그러나 대원군의 서원철폐로 1872년(고종9)에 훼철, 1901년 제단을 향사로 지내다 1970년 복원되었으나 함부림은 빠졌다. 별도 서원 건립을 추진 중이라고 하나 2021년 현재 두곡서원엔 정몽주와 강원기만 배향되어 있다. 두곡서원은 1589년(선조 22)에 창건됐다는 기록도 있는 역사가 깊은 서원으로 부자가 관찰사를 역임함이 무관하지 않았을 테다.

사실 선대의 역사를 오롯이 보존함은 후대의 책임이자 의무다. 그런데 함문은 그런 자화상을 보고 있다. 함문은 김(金), 이(李), 박(朴) 등 한국의 대성에 비해 수적으론 열세다. 그러나 숫자가 적다고 의지와 포부 그리고 역할이 적다고는 할 수 없다.

양후공 함규 장군, 양경공 함유일, 아들 함순, 팔도 관찰사 정평공 함부림과 그의 아들 우치, 불사이군 함부열, 예판공 함부실, 칠봉공 함헌, 국악의 태두 오당 함화진, 민선 부통령 송암 함태영, 함문이 낳은 세계적 사상가 함석헌 옹 등 한국의 대성들이 엄두도 못낼 인물들을 배출, 한국사를 빛냈다.

관찰사는 오늘날 도지사와 비슷한 위치지만 권한은 대통령과 같은 권력을 가졌다. 정평은 전형적인 문신(文臣)이다. 강직함. 그가 풍전등화(風前燈火) 같은 분위기의 나라라도 고려왕 앞에 그렇게 당당한 신하는 쉽지 않다. 정평다운 자세다. 함문은 마한 시대에 개국(開國 일화국 또는 고리국 추청), 신라 1000년과 고려 473년을 거쳐 성리학의 나라 조선에 이르렀다. 특히, 여말선초(麗末鮮初)엔 가문이 둘로 쪼개지는 아픔을 인내하며 대한민국 그리고 대한제국에 정주(定住), 문벌을 이루었다.

공양왕이 벌을 줄 수도 있다 했으나 조금도 흔들리지 않고 언관의 역할을 했다. 그는 두 번의 파직과 한 번의 좌천의 수모를 겪었다. 세 사건 모두 적당히 얼버무려 넘어가면 임금의 분노를 피할 수 있으나 그렇게 하지 않았다. 함문의 품성(稟性) 상 그렇게 할 수 없는 혈통적 DNA다.

더욱이 전라도에 있는 두곡서원에 배향됐음은 의미가 깊다고 하겠다. 정평은 전라도 관찰사를 역임했었다. 정평 뿐 아니다. 아들 함우치(咸禹治 1408~1479)도 관찰사를 지냈다. 부자가 이곳 관찰사를 지낼 때 선정을 베풀어 백성들이 등 따숩고 배부르게 해 그 은공을 잊지 못하는 것은 아닌지? 그때 일화 한 장면, 형제가 가마솥의 크고 작은 것을 다투어 송사가 벌어졌다. 함감사는 노하여 "가마솥을 때려 부수어 근수를 달아 똑같이 나눠주라."하니 형제가 승복하여 송사가 정지되었다는 얘기다.

아무튼 그곳 유림이 두곡서원을 창건하여 정몽주, 함부림, 강원기 순서로 배향되었으나 대원군의 서원철폐 때 훼철로 간소한 제단을 마련할 때 정평이 빠졌을 가능성이 크다. 서원 중건 후 정평은 아예 제외한 것이 아닌가 추론이 되는 문제다. 후손으로 가슴 아픈 역사라 하겠다. 별도 서원건립을 하겠다는 얘기는 어쩌면 제외한 데에 대한 미안함을 에둘러 표현한 것이 아닌가 싶다.

정평은 강릉(江陵)이 본관이다. 그런데 전라도에 있는 서원에 배향됨은 의외의 예우다. 두곡서원에서 정몽주, 함부림, 강원기 세 분을 배향하게 된 데는 충절과 덕행에 상징적 인물이었기 때문이라는 얘기다. 아마도 함부림, 함우치 부자가 동일 지역의 관찰사가 되어 선정을 베풀었을 것이 자명하다.

사실 백성은 어느 목민관이 오든 등 따숩고 배부르게 해 주면 선정을 베푸는 목민관으로 생각한다. 그런데 함부림 부자가 딱 그 주인공이 되었을 테다. 부전자전의 통치다. 그렇지 않고서야 강원지역의 목민관에 대한 배향은 의미가 남다르다고 하겠다.

정평은 관용(똘레랑스)의 사대부로 한시(漢詩)에도 조예가 깊다.

팔도 관찰사를 역임했던 정평공(定平公) 함부림(咸傅霖)의 시향(10월 3일) 때 신도비에 종친이 아름다운 꽃다발을 올렸다.

절에는 해와 달이 한가롭고
탑은 구름과 안개에 잠겼네
삼척동으로 우연히 들었다가
세상일의 시름을 모두 잊었구나

정평의 《법주사(法住寺)》다.

얼마나 풍치 있으며 자연에 대한 아름다움과 품위 있는 표현인가

淸曉日將出
雲霞光陸離
江山更奇絶
老子不能詩

咸承慶・野行

고려 문신이며 조선에선 대제학(大提學)을 역임했던 함승경(咸承慶)의 시 《야행(野行)》이다. 〈맑은 새벽 해 뜨려니/ 구름 놀 빛 눈부시다/ 강산 풍경 더 기막혀 늙은이는 시 못짓네〉
그는 팔도 관찰사 함부림과 불사이군 함부열 형제의 아버지다.

를 쉽게 읽을 수 있는 절제된 절창(絶唱)이다.

정평은 고려 우왕(禑王 재위 1374~1388) 11년(1385)에 문과에 급제, 예문검열을 거쳐 좌정언에 승진하여 1389년 공양왕이 즉위하자 헌납이 되었다. 헌납은 충언(忠言)을 하는 직책으로 왕과 입씨름을 하는 자리다.

아무튼 정평은 공양왕과 좋은 사이가 아니었다. 더욱이 고려가 풍전등화의 상황에 왕의 권위는 태풍 앞에 낙엽 같은 존재다. 왕과 신하의 관계도 어느 왕조 어느 시대냐에 따라 관계의 위상도 정립된다고 하겠다.

보통은 왕이 갑(甲)의 위치이며 신하는 을(乙)의 관계가 상례이나 반대의 경우도 있을 수 있다. 정평공 함부림은 조선 팔도 관찰사를 역임한 삼인(반석평潘碩枰, 심수경沈守慶) 중의 일인으로 후예들도 걸출하다.

정평의 육촌인 함부실(咸傅實)은 예조판서(禮曹判書 정2품), 역시 정평의 4대손인 함헌(咸軒 1508~?)도 그의 후대(後代)다. 예조는 6조인 하나로 오늘날 외교, 교육, 체육, 관광의 업무를 지휘했다. 예조의 별칭은 춘관(春官), 춘조(春曹), 남궁(南宮), 의조(儀曹), 예부(禮部) 등으로도 불렸다. 이외에도 예악(禮樂)·제사(祭祀)·연회(宴會)·조회(朝會)·

교빙(交聘)·학교(學校)·과거(科擧)의 일을 주관했다.

또한, 이조, 병조, 형조 등과도 포괄적 역할이 주어졌다. 사실상 국내에서 행해지는 각종 행사에는 직간접으로 관여를 하는 위치의 예조다. 예조는 6조에서 이조와 호조에 이어 서열 3위다. 예판공 함부실은 예조의 수장(首長)이었다. 그의 장남 자예(子乂)는 동부령(東部令)에 이어 문화현령(文化縣令)이었으며 차남인 자명(子明)은 부전자전의 동방예의지국답게 예의범절이 남달랐다.

예판공에 이어 칠봉공 함헌은 학문으로 함문을 우뚝하게 높였다. 그는 1531년(중종 26) 24세 때 사마시(司馬試)에 합격, 성균관에 입학하여 이황(李滉 1501~1570), 정광필(鄭光弼 1462~1538) 등과 동학으로 가까운 관계다. 또한, 1534년 알성 문과에 병과로 급제, 이후 간성 군수로 부임 향교를 이전하고 명륜관을 수축하는 등 교육진흥에 힘썼다.

또한, 1552년(명종 7)엔 예빈 시정으로 동지사 서장관이 되어 연경(현 북경)에 다녀온 후 이천 부사를 역임, 1562년엔 삼척 부사를 하며 백성구휼에 열정을 쏟았다.

이후 건강악화로 관직에서 물러나 강릉 교수로 있으면서 지역유림과 협의 1566년 오봉서원(五峯書院)을 세웠다. 서원엔 칠봉공이 서장관으로 북경을 다녀올 때 공자(孔子 BC 551~BC 479) 진상을 가져와 배향했는데 남한에 오봉서원 외엔 공자상 배향이 없다. 현재 한반도엔 공자상 배향이 세 곳인데 북한에 두 곳이 있다.

이렇듯 성조(姓祖) 함혁왕에서 시작된 함문의 역사는 양후공 함규에 이르러 크게 융성 되었고 양경공 함유일 부자에 와서는 문향(文

정평공(定平公) 함부림(咸傅霖)의 시향이 코로나로 간소하게 올려졌다. 50세 함기영 대종회 부회장이 초헌관이 되어 제의가 엄숙히 이뤄졌다.

香)의 절정이 정평, 죽계에 닿았다.

가을 달과 봄바람은 큰 강과 어울려 하나가 되고
갈대꽃과 버들개지가 봉창에 어리니 그림 같네
젊어서부터 온 세상의 반이나 돌아다니며 구경했는데
아주 작은 여주지만 정말로 경치를 견줄만한 곳이 적네

정평이 청심루(清心樓)의 시판(詩板)의 시를 차운(次韻 남의 시를 이어짐)한 시다.

청심루는 여주 관아 안에 있던 정자로 일반 백성들은 출입이 불가능한 남한강 제일의 절경으로 이곡·이색 부자, 정몽주, 김구용, 정추, 김종직, 최숙정, 서거정, 이황, 유성룡, 송시열 등 40여 명의 시인 묵객들의 시판이 걸려있던 정자다.

그런데 여주의 청심루는 불행하게도 1945년 8월 22일 해방 3일 전에 군수 관아 화재로 지금은 역사 속 역사 얘기로만 남아 있다. 이색, 정몽주, 이황, 송시열 등 당대의 일세를 풍미했던 주인공들이다.

서거정(徐居正 1420~1488)은 탁월한 성리학자이며 천문, 지리, 의약, 해학 등에도 남다르다. 그는 문장, 글씨에도 뛰어나 『경국대전』, 『동국통감』 등 편찬에 참여하기도 한 거벽(巨擘)의 문사(文士)다. 이같이 뛰어난 시들이 소실됐음은 참으로 안타까운 역사다. 또 하나의 귀중한 문화재가 역사의 과거 속으로 영원히 사라졌다.

함부실은 정평의 6촌이며 또한 함헌은 정평의 4대다. 그는 강원도 최초 서원인 오봉서원을 세웠다. 교육보국(教育報國), 함문의 고유영역의 확장세다. 고려 개국공신의 일원인 양후공 함규 장군은 문무를 겸한 덕망까지 갖춘 거벽(巨擘 대학자)으로 예빈관 형순(邢順)과 함께 후진(後晉)을 다녀왔다.

때는 신라의 마지막 경순왕(敬順王 재위 927~935)이 고려로 귀부(歸附)해 오는 즈음이었다. 고려는 평화절정기 시대다.

석경당(石敬塘)은 후당(後唐 923~936)을 무너뜨리고 후진(936~942)을 세우고 스스로 황제가 되었다. 양후공은 석경당의 등극(登極 936) 축하사절로 다녀왔다. 그의 나이 58세다. 절명 8년 전 때다. 양후공은 그때 정치, 외교, 국방 등 통섭(統攝)의 리더십을 발휘하고 있었다.

그랬다. 양후공의 리더십은 그렇게 충절과 덕망으로까지 진화하

정평공 함부림이 팔도 관찰사를 역임했었다는 기록이 있는 비석(碑石)

여 대대손손(代代孫孫) 함부림, 부열 형제에서 함부실, 함헌으로 세
기를 넘어 함태영, 함석헌에 이르렀다.

함문은 어느 시대 어느 역사에서도 그 시대에 필요와 충분조건인
리더십과 청렴의 대명사 청백리와 통섭의 학문을 갖춘 함석헌 등과
같은 인재들을 배출, 한국사 발달에 힘을 보탰다.

신발 끈도 매지 않고
나는 평생 어디를 다녀온 것일까?
도대체 누구를 만나고 돌아와 황급히 신발을 벗는 것일까
길 떠나기 전에 신발이 먼저 닳아버린 줄 모르고
길 떠나기 전에 신발이 먼저 울어버린 줄도 모르고
나 이제 어머니가 계시지 않는
어머니 집으로 돌아와
늙은 신발을 벗고 마루에 걸터앉는다
아들아, 섬 기슭을 향해 힘차게 달려오던 파도가 스러졌다고 해
바다가 없어지는 것이 아니다
아들아 비를 피하기 위해 어느 집 처마 밑으로 들어갔다고 해서
비가 그친 것이 아니다
불 꺼진 안방에서
간간이 미소 띠며 들려오는 어머니 말씀
밥 짓는 저녁연기를 홀로 밤하늘 속으로 걸어가는데
나는 그동안 신발 끈도 매지 않고 황급히 어디를 다녀온 것일까?
도대체 누구를 만나고 돌아와

저 멀리

북극성을 바라보고 있는 것일까?

정호승(鄭浩承)의 《북극성》이다.

정평공 함부림은 문간공 함혁왕의 양근(楊根) 함씨에서 분적(分籍),
강릉(江陵) 함씨로 유구한 종사(宗史)에 장엄하고 아름다운 역사를 창
조, 세세손손(世世孫孫) 영원히 시들지 않는 종사의 꽃을 활짝 피울
명가(名家) 중 명가로 역사를 계속 쓸 명가다.

제4장

〈충효시대〉
소수가 성취한 위대한 유산

"인간은 어느 때는 쾌감을 구하는 야수로,

어느 때는 이성적 존재가 된다.

인류의 운명은 마음에 달려있다.

인간의 파괴본능에 따른 공동생활의 장애를

극복할 수 있을까 여부다."

—프로이드(1856~1939 정신분석학 창시자)

함문의 빛나는 정신문화
'4세5효자각'효자마을

'효자리(孝子里)'라는 마을이 있다. 강원도 강릉시 옥계면 현내리에 있는 마을이다. 예부터 강원도엔 효자가 많기로 유명하다. 자식이 부모에게 효도하는 것이 무슨 대수(大事)냐고 반문할지 모르나 요즘 같은 세태엔 더욱 의미가 깊다고 하겠다.

지금도 부모 산소 앞에서 3년상을 꼬박 시묘(侍墓)살이 하는 효자도 있어서다. 하물며 왕조시대에 시묘살이쯤 뭐 뉴스거리가 되겠느냐 하겠으나 유독 각별한 '사세대오효자'가 우리 함문(咸門)의 가문에 있었다. 여타 성씨에도 효자가 없었던 것은 물론 아니다. 그러나 우리 가문같이 사 세대에 걸쳐 오 효자가 탄생된 경우는 드물다. 효자각과 함께 고성왕곡마을(2000년 1월 7일 중요민속자료 235호 지정)과 공존함도 특이사항이다.

사실 효자는 전국 어디에든 있다. 지금도 전국 어느 곳에서 정성껏 시묘살이를 하는 효자들이 있다. 살아생전에 이런저런 사정으로 효도를 못해 사후에라도 해 불효를 어느 정도 아니 마음의 빚을 갚으려는 의도일 것이다.

망자(亡者)를 위함이 아니다. 효도의 대상인 부모생전에 효(孝)를 못해 마음이 편치 않아 시묘살이라도 해 어느 정도 마음의 평정을 얻으려는 계산일 게다.

그러나 손가락을 깨물어 피를 먹여 며칠 동안 생명을 연장시킴은 말처럼 쉬운 일이 아니다. 물론 시묘살이도 결코 쉬운 일일 수는 없다. 그것도 3년 동안이나 한다는 것은 보통사람이 해낼 수 있는 효행이 결코 아니다.

어찌 보면 방법이 다를 뿐 시묘살이도 효도이고 손가락을 깨물어 피를 내 목숨이 경각에 달린 부모의 생명을 며칠간이라도 이승의 삶을 연장시킴도 효도일 터이다.

시묘(侍墓 또는 여묘廬墓, 거묘居墓)는 역사가 깊다. 중국 한(漢)과 후한(後漢), 또는 진(晉)때부터 시작되었다 한다. 우리나라에선 고려 충신 정몽주(鄭夢周 1337~1392)가 시작한 것으로 되었다. 충신은 역시 효자로 등식이 이어졌다.

이같은 역사적 사실로 봐 왕곡마을 양근 '함씨 4세5효각'이 얼마나 높고 고귀한 숭모의 대상이라고 해도 지나치지 않을 것이다. 역사는 그때 그 당시의 모습대로 머물러 있으면 역사로 빛을 발하지 못한다. 시간과 공간을 초월해 보존하고 발전, 진화시킬 가치가 있어야 한다.

그런 의미에서 왕곡마을이 하회마을과 양동마을과 함께 '마을장인'으로 지정(2011년 12월 7일)되어 그 가치가 더욱 높게 평가되었다. 문화재청이 민속마을 가치보존의 전승을 위해 왕곡마을 2개 종목 6명과 하회마을 12개 종목 28명과 양동마을 2개 종목 13명을 각각 지정했다.

안동 하회마을(경북 안동시 풍천면 하회리, 1984년 11월 10일 중요민속자료 제122호 지정)과 양동마을(경북 경주시 강동면 양동리, 1984년 12월 24일 중요민속자료 제189호 지정)은 왕조시대를 대표하는 반촌(班村)이다. 그러나 왕곡마을은 반촌인 동시에 효자마을 집성촌이다. 문화재청이 '마을장인'을 지정할 때 하회마을과 양동마을과 함께 왕곡마을을 선택한 것은 여러 가지의 의미가 담겼으리라 믿어진다.

양근함씨(楊根咸氏)의 4세5효자각(四世五孝子閣), 참으로 숭고하고 아름다운 충효(忠孝)의 전당(殿堂)이다. 유교문화의 꽃이기도 하다.

하회마을과 양동마을엔 없는 독특한 중요 민속자료가 있기 때문이다. 그 중의 하나가 효자마을이란 특징일 게다. 핵가족이 사회 흐름이 대세인 정보화시대에 가족의 중요성과 효(孝)의 가치가 잃어져 가는 세태에 효자마을은 그 어느 때보다도 보존되어 사회적으로 부각시켜야 할 시대적 교육의 스펙(spec)이라 하겠다.

효의 중요성은 함문만의 문제가 아니다. 고려장이란 제도가 있었다는 설화(說話)가 역사적 사실로 인지되었던 것도 가볍게 간과할 사항은 아니다.

왕곡마을은 두문동 72인 중 한 분인 함부열(咸傳說 1363~1442)로부터 시작되었다. 불사이군(不事二君)으로 더 잘 알려진 죽계공은 정평공 함부림(咸傳霖 1360~1410)이 맏형이다. 형은 이성계(李成桂 1335~1408)를 도와 조선개국에 공신이 되었으나 죽계공은 공양왕(恭讓王 1345~1394)을 끝까지 모셔 죽음에 이르러서도 동행(同行)하였다. 현재 죽계공 묘 위엔 공양왕 묘가 있으나 후손들의 후한이 두려워 인명(人名)을 밝히지 않았다. 만고(萬古)의 충신의 후손들은 왕곡마을에서 죽계공의 뜻을 살려 오늘에 이르고 있다.

'콩 심은 데 콩 난다' 했던가! 충신의 가문에 효자들이 연이어 나왔다. 동몽교관(童蒙教官, 학동을 가르치는 종9품 벼슬) 함성욱(咸成郁)은 부친이 병들어 자리보존한 후 목숨이 경각에 달리자 주저 없이 단지주혈(斷指注血)하여 7일 동안 생명을 연장시켰다. 조정에선 이 소식을 듣고 '조봉대부(朝奉大夫, 종4품)' 칭호를 내렸다.

그의 아들 인흥(仁興)과 인홍(仁弘)도 평소에 아버지가 하는 효도를 그대로 배워 부친이 병들어 눕자 역시 손가락을 잘라 피를 먹여 3일 동안 생명을 연장하여 '통정대부(通政大夫, 정3품)' 칭호를 받았다.

부전자전이다. 그의 아들 덕우도 부친 인홍이 시름시름 앓아 눕자 단지주혈하여 하루를 더 살게 했다. 그에게도 역시 '가선대부(嘉善大夫, 종2품)' 칭호를 받았으며 그의 아들 희용도 가친인 덕우가 병들어 이승의 삶을 놓으려 하자 단지주혈하여 3일 동안 생명을 연장

왕곡(旺谷) 마을은 효자마을로 유명하다. 4세5효자각(四世五孝子閣)이 있으며 함희석(咸
熙錫)의 효자각이 더 있어 효(孝) 마을로 명성을 높이고 있다.

시켰다.

단지주혈이 중요한 것이 아니고 한 집안에서 4대에 걸쳐 5효자
가 탄생했다는 것이 더 중요하다고 하겠다. '4세5효자각'은 1820년
에 건립되어 양근함씨의 빛나는 정신적인 문화유산으로 오롯이 전
승, 보존되고 오헌(梧軒) 함희석(咸熙錫)의 효자비(강원도 고성군 죽왕면
오봉리) 또한 빛나는 정신적 지주다.

함희석은 부친 함덕인(咸德仁)의 장남으로 선친이 앓아눕자 엄동
설한에 얼음을 깨고 잉어를 잡아 봉양했고 1860년 2월 자연산불이
발생하여 인근 마을까지 전소할 때 화상을 입고 고생할 때 극진히
보살폈으며 이듬해 세상을 뜰 때 그의 나이 겨우 16세였다.

그는 3년간 시묘살이를 했으며 신기하게도 해가 지면 송아지만

한 호랑이가 시묘 주위를 맴돌다 해가 뜨면 산으로 올라갔다 한다. 효자는 하늘에서 낸다고 한 말이 옳은 것 같다. 후일이지만 호랑이가 효자를 밤새 지켜주었다는 것이다.

그랬다. 왕곡마을 양근함씨 집성촌에선 범상치않은 일들이 예사롭지 않게 일어났다. 충신의 후예들은 효도로 답례를 했던 것이다. 불사이군의 후예들은 그렇게 시대가 바뀌고 역사의 주인공이 교체됐어도 묵묵히 빛나는 두문동 72인의 영혼에 흠집이 나지 않도록 아름답고 위대하게 염치를 지켜 선조의 역사의식에 옷깃을 여미며 오늘도 철저하게 생활하고 있다.

함문의 역사는 그렇게 쓰였다. 이성계의 위화도회군(威化島回軍, 1388년 우왕 14년)으로 고려왕조는 역사의 뒤안길로 사라져 가는데 충신의 길을 끝까지 지키려는 한 선비가 있었다.

함부열이다. 그는 고려 마지막 왕 공양왕을 위해 당시는 덧없는 충성을 한 것 같으나 역사는 충신에서 효자의 빛나는 역사를 만들었다.

왕곡마을은 효(孝)의 체험학습장으로 현재 운영되고 있으며 마을 장인에 지정되는 영광을 얻기도 했다. 충신과 효의 역사는 그렇게 개인주의가 대세인 정보화시대에도 미풍양속으로 인류역사가 있는 한 시간과 공간을 뛰어넘어 존재할 것이며 양성(兩性)평등사회에서도 인류가 지켜야 할 덕목으로 존재가치를 더욱 높일 것이다.

왕곡마을엔 동(東)과 서(西)에 효자각이 있어 어느 효자마을에도 없는 살아있는 효자역사 현장이기도 하다. (본 주제 사진은 고성군청 제공)

북방식 전통가옥, 고성 왕곡마을

한옥(韓屋)은 가장 한국적이다. 오밀조밀하고 다정다감한 정(情)이 스민 것은 삼천리금수강산을 닮았고 넓고 크게 쓰는 공간의 기능적 역할은 삼한사온(三寒四溫) 24절기의 세밀함을 닮았다. 그리고 높낮이로 동양 특유의 정서인 4단(仁·義·禮·智) 7정(喜·怒·哀·樂·愛·惡·慾)의 한 민족 특유의 정서가 고스란히 담겨졌다.

이같이 사계절(봄·여름·가을·겨울)과 4단 7정의 고유정서까지 숨결같이 담겨져 기능일변도의 콘크리트건물인 소위 마천루(摩天樓)와는 태생적으로 다르다. 또한 한옥은 4계절의 변화에 알맞게 북쪽지방 한옥과 남쪽의 한옥구조 또한 같지 않다. 그것은 지금처럼 인공적으로 냉난방을 할 수 없기 때문이다. 4계절의 기후를 지혜롭게 극복할 수 있는 친환경적 구조 또한 특징이기도 하다.

한옥마을은 전국에 여러 곳에 산재해 있다. 남한에선 강원도 고성군 왕곡마을(중요민속자료 제235호, 2000년 1월 6일 지정, 1988년 전국 최초 전통마을 보존지구 지정)을 중심으로 한옥마을의 문화적 가치와 향기를 세계화 추세에 민족고유의 정체성(正体性)을 재조명해 본다. 그것은 세계화 추세에 따라 자칫 몰개성화를 막기 위함이기도 하다.

고성 왕곡마을은 고려말 충신 함부열(咸傅說 1371~1442)로부터 시작되었다. 현재 왕곡마을은 야산과 송지호에 의해 외부와 차단된

협소한 분지를 형성하고 있으며 7번국도에서 마을 북쪽 '한고개'를 넘어서 진입해야 하는 마을이다. 이 때문에 주민들은 풍수지리상의 병화불입지(兵火不入地)로 한국전쟁(6·25) 당시에도 폭격의 피해를 거의 입지 않았다고 한다. 실제로 공현진리의 일부 주민들이 전쟁동안 폭격을 피해 왕곡 마을과 정동마을에서 피란을 피해 그러한 사실을 입증시키기도 했다.

조선조가 개국되자 고려명신 함부열이 잠입해 조성된 마을이고 보면 당연히 외진 곳일께다. 형님인 함부림(咸傅霖 1360~140)은 이성계(李成桂 1335~1408)를 도와 조선조 개국 공신 3등으로 예조의랑, 좌산기상시로 상서소윤을 겸임했고 명성군에 봉해졌다. 1408년엔 형조판서에 올랐으나 와병으로 사직했다. 함부림은 또한 팔도 관찰사까지 역임하는 등 세상의 흐름에 지혜롭게 처신, 또 다른 길로 가문의 영광을 빛냈으나, 동생 부열은 불사이군(不事二君)을 부르짖으며 첩첩산중 왕곡마을로 숨어들었다.

지금도 왕곡마을은 교통이 수월한 편이 아니다. 하물며 600여 년 전의 왕곡마을은 산 넘어 산중이었을 것이다. 마을의 형세는 오음산이 주산이 되고 두백산과 공모산이 좌청룡(左靑龍), 순방산과 제공산, 그리고 호근산이 우백호(右白虎)에 해당되는데 호근산을 안산(앞산)으로도 볼 수 있다. 또한 산의 선수가 유선형인 배가 동해바다로부터 송지호를 거쳐 마을로 들어오는 모습을 연상시킨다. 이들 5개 봉우리가 겹쳐지듯 어우러져 있고 이같은 모양의 주거지는 외부의 영향을 자연적으로 덜 받는 환경이 되었다.

또한 왕곡마을이 송지호에서 바라볼 때 배를 밀어 넣는 방주형

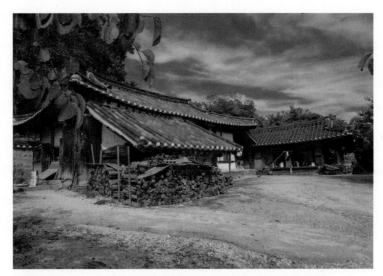

함정균(咸丁均)씨 집, 강원도 문화재자료 제78호로 1985년 1월 17일 지정됐다.

인 탓에 길지로 소문이 나있어 "마을이 물에 떠있는 형국이어서 구멍이 뚫리면 배가 가라앉기 때문에 마을엔 우물이 없다"며 "수백 년간 전란과 화마가 발생했어도 피해가 없을 정도로 길지 중 길지다…!"라고 마을주민들의 긍지가 대단하다. 현재 마을주민의 분포는 마을회관을 중심으로 안길 동쪽 위쪽엔 함씨들이 집단으로 거주하고 있으며 아래쪽은 최씨들이 거주하고 있다. 주거지의 부족으로 물길 서쪽에도 각 성들이 혼재되어 살고 있다.

왕곡마을은 양근함씨와 강릉최씨 집성촌으로 이뤄졌다. 양근함씨가 마을에 처음 정주한 것은 600여 년 전으로 거슬러 올라간다. 두문동 72인의 한 분인 함부열이 간성입향조로 장손인 함치원(咸致遠 1425~1466)과 그의 후손들은 간성읍에 정주했으며 치원의 동생인 함영근(咸永近)이 오봉리에 입향조이다. 치원의 후손들을 큰집오봉리, 영근의 후손들을 오봉파 또는 왕곡파라고 부른다.

한편 강릉최씨는 희경공파 후손들이다. 21세손 최응복 이하의 묘소가 오봉리에 있고 최응복 입향조로 하여 최씨 집성촌의 정주는 함씨보다 100여 년 뒤진 약 500여 년쯤으로 추측된다. 과거에는 신분에 따라 공간을 자유로운 왕래가 제한되는 경우가 많았으나 왕곡마을에서는 함씨와 최씨 간에 불편한 관계는 별로 없었으며 통혼으로 마을공동체의식을 높여왔다는 점에서도 다른 집성촌과는 특이한 마을 분위기이다.

왕곡마을의 가옥구조는 안방, 사랑방, 마루, 부엌이 한 건물 내에 수용되어 있으며 부엌에 외양간이 붙어 있는 겹집구조이다. 마

고성군에 있는 왕곡마을의 북방식 한옥. 겨울에 열의 손실을 막기 위해 굴뚝에 항아리를 엎어 놓은 것이 특이하다.

을 앞길과 바로 연결되는 앞마당은 가족의 공동작업공간역할을 하면서 타인에겐 개방적인 반면에 비교적 높은 담으로 둘러싸인 뒷마당은 폐쇄적이다. 뒷마당은 반드시 부엌을 통해서만 출입이 가능하고 뒷담길에서 내려다볼 때도 마당은 보이지 않고 지붕만 보여 공간의 비밀이 보장되는 특이한 구조다.

대부분의 가옥의 본채는 조선시대 함경도지방(관북지방) 겹집구조로 부엌에 외양간이 붙어 ㄱ자형의 독특한 평면형식으로 되어 있어 겨울이 춥고 긴 산간지방생활에 편리하도록 지어졌다. 왕곡마을의 특색은 다양하게 있다. 그 중에도 굴뚝이 더욱 특이하다. 진흙과 기와를 한 켜씩 쌓아 올리고 항아리를 엎어놓아 굴뚝을 통해 나온 불길이 초가에 옮겨 붙지 않도록 하고 열기를 집 내부로 다시 들여보내기 위한 선조의 지혜가 돋보인다.

왕곡마을의 가옥구조는 동족마을의 특징으로 대문이 없는 개방적 배치구조다. 집 입구 쪽으로 대문과 담장이 없다는 것인데 이것은 바람과 눈이 많은 이 지방의 기후특성과 깊은 관계가 있다. 햇볕을 충분히 받고 적설로 인한 고립을 방지하기 위해 개방형태의 마당구조에 기단이 높은 것도 같은 이유에서다.

이처럼 금강산계 문화권으로 북방식 ㄱ자 구조의 가옥형태는 남한에서는 보기 드물게 원형보존이 양호한 편이다. 그중에서도 함정균(咸丁均) 씨 집(강원도문화재자료 제78호, 1985년 1월 17일 지정)은 19세기 초에 세워진 가옥으로 정면 4칸, 측면 2칸 규모이며 지붕은 기와로 된 팔작지붕이다. 정면 2칸엔 마루가 있고 그 뒤에 안방, 측면에 사랑방과 고방(庫房)이 있는 영동 북부지방 주거의 전형적인 평면배치이다.

자연적으로 3단쌓기(높이 62㎝)한 위에 자연적 초석을 두고 각기둥을 세운 후 굴도리를 결구했다. 외벽은 재사벽 마감이고 전면창호는 세살문으로 짜였으며 마루방 하부에는 머름대를 두르고 벽체 중간엔 띠방이 있다. 사랑방 측면에 아궁이가 있으며 고방과 사랑방 사이의 벽체를 외부로 연결해 쌓은 후 지붕을 달아내어 서까래를 걸고 헛간으로 사용하고 있다.

본채 뒤쪽엔 툇마루가 달려있으며 마루 양측 끝에는 하부는 뒤주, 상부는 두 짝 여닫이문이 달린 벽장이 있다. 본채 우측에는 시멘트기단(15㎝) 자연석초석, 네모기둥, 팔작지붕 시멘트기와집 형태에 방 2개와 바닥이 흙으로 된 헛간이 달린 사랑채가 있으며 전면은 장마루로 둘러싸였다.

고성 왕곡마을은 두 곳의 효자각과 북방식 가옥, 그리고 볏짚, 초가지붕으로도 유명하다.

이처럼 왕곡마을엔 전국 어디에서도 볼 수 없는 독특한 한옥마을이다. 독특한 마을엔 독특한 민요도 있다. 《지정 다지기》를 소개한다. '태백산맥이 낙맥이 뚝 떨어져 태백산맥이 생겼네/태백산맥이 뚝 떨어져 금강산이 생겼네/금강산맥이 뚝 떨어져 설악산이 생겼지/설악산이 뚝 떨어져 고성산이 생겼지/고성산맥이 뚝 떨어져 오음산이 되었네/집을 지으면 명당이요 아들을 낳으면 효자를 낳고/딸을 낳으면 열녀를 낳고 아들을 낳으면 평양감사요…'와 같이 구전되어 오는 민요와 왕곡마을엔 효자가 많기로도 유명하다.

함희석(咸熙錫, 효자각)은 조선 헌종(憲宗 1827~1849) 1845년 죽왕면 오봉리에서 출생했다. 1855년 엄동설한 겨울에 부친이 병환으로 자리에 눕자 얼음을 깨고 잉어를 잡아다 약으로 봉양해 극적으로 소생케 하였다. 그의 효행이 조정에 알려져 임금이 정려(旌閭)를 하사하고 1891년 '효자통정대부행돈녕부도정강릉함희석지각(孝子通政大夫行敦寧府都正江陵咸熙錫之閣)'이라고 효자비각(孝子碑閣)을 건립해 그의 효행을 기렸다.

효자가 탄생됨은 한 집안의 경사지만 그 길은 결코 쉬운 삶이 아니다. 본인은 물론 보는 이도 마음이 편치 않아서다. 그래서 왕조국가이며 성리학의 나라 조선에선 효자, 열부 등이 칭찬의 대상이 되었으며 유교국가의 아름다운 문화가 되었다.

더욱이 금세기엔 개인주의가 팽배함과 동시에 효(孝)의 개념이 잊힐 즈음에 함문의 효문화는 더욱 빛나는 가문의 문화라 하겠다.

또한 함씨4세5효자각(咸氏四世五孝子閣) 동몽교관(童蒙敎官)인 함성욱(咸成郁)은 부친이 위독하게 되자 손가락을 잘라 피를 먹여 7일을

더 연명케 해 조봉대부(朝奉大夫), 그의 아들 인흥(仁興)과 인홍(仁弘)
이, 인홍의 아들 덕우(德祐)가, 덕우 아들 희용(熙龍)이 각각 손가락을
잘라 부친의 생명을 연장케 하여 통정대부(通政大夫), 가선대부(嘉善
大夫), 의금부도사(義禁府都事) 등 4대에 5명의 효자효행을 기리기 위
해 비각(碑閣)을 세웠다.

한옥마을은 전국 소재 지역에 따라 특징을 지니고 있다. 경복궁
(景福宮, 1963년 1월 21일, 사적 117호 지정)과 창경궁(昌慶宮, 1963년 1월
18일, 사적 제123호 지정) 사이에 있는 북촌한옥마을(北村韓屋)은 출사
(出仕)한 사대부들의 생활상이 고스란히 담겨져 있다. 북촌한옥마을
은 청계천과 종로의 윗동네라는 뜻이기도 하며 조선시대 왕족들이
거주했던 기와집이다.

원래 이 지역에는 솟을대문이 있는 집 몇 채와 30여 호의 한옥만
이 있었으나 일제강점기 말부터 한옥이 많이 지어졌고 1992년 가
회동 한옥마을 보존지구에서 해제되고 1994년 고도제한이 풀리면
서 일반 건물들이 많이 들어섰다. 총 1400여 동이 한옥이다. 이처
럼 북촌한옥마을은 경복궁, 창덕궁(昌德宮, 사적 제122호, 1963년 1월
18일 지정), 금원(禁苑), 일명 비원(祕苑), 창경궁 등 좋은 위치에서 고
관대작과 사대부들이 살기 시작해 오늘에 봐도 품위와 영광의 흔적
이 고스란히 풍기는 고급주택가이다.

북촌마을을 얘기하면서 남산한옥마을을 빼어 놓을 수는 없다. 남
산한옥마을은 1989년 남산골 제모습찾기 사업의 일환으로 추진되
어 서울시지정민속자료 한옥 5개동을 이전, 복원해 1998년 4월 18
일 개관했다. 한옥은 변형이 없는 순수 전통가옥을 선정하였다. 해

풍부원군 윤택영(尹澤榮 1876~1939) 재실(서울시 민속자료 제24호), 부마도위 박영효(朴泳孝 1861~1939) 가옥(서울시 민속자료 18호), 오위장 김춘영(金春榮) 가옥(서울시 민속자료 8호), 경복궁 중건 도편수 이승업(李承業 중인[中人]가옥 서울시 민속자료 20호) 등을 이전 복원했다. 이곳엔 사대부 가옥부터 서민의 가옥에까지 보존되어 있다. 당시 생활양식을 한곳에 모아놓아 그때의 신분에 맞는 가구들을 예스럽게 배치했으며 전통공예전시관엔 무형문화재로 지정된 기능보유자들의 작품이 전시되어 한말 미풍양속을 연구발전시킬 수 있게 했다.

한옥마을을 기술할 때 역시 안동 하회(安東 河回)마을을 간과할 수 없다. 하회마을의 지형은 태극형 또는 화부수형(蓮花浮水形)이라고도 하는데 이는 낙동강 줄기가 이 마을을 싸고 돌면서 S자형을 이룬 형국을 말한다. 유성룡(柳成龍, 1542~1607) 등 많은 고관들을 배출한 양반고을로 임진왜란 때에도 피해가 없어 전통의 미풍양속이 잘 보존되었다. 허씨(許氏) 터전에 안씨(安氏) 문전에 유씨(柳氏) 배판이라는 말대로 최초 마을 형성은 허씨들이 조성했으며 하회탈 제작도 허도령이었다고 하며 지금도 허씨들이 벌초를 하고 있다.

하천의 방향에 따라 남북방향으로 큰 길이 나있는데 이를 경계로 하여 윗쪽이 북촌, 아랫쪽이 남촌이다. 북촌의 양진당(養眞堂)과 북촌댁(北村宅), 남촌의 충효당(忠孝堂)과 남촌댁(南村宅)은 역사와 규모 면에서 서로 쌍벽을 이루는 전형적 양반가옥이다. 이 큰 길을 중심으로 마을의 중심엔 유씨들이 살고 있으며 변두리엔 각 성들이 살고 있어 이들의 생활방식에 따라 두 종류의 문화가 병존한다.

중요민속자료로 지정된 가옥은 양진당(보물 306), 충효당(보물

414), 북촌(중요민속자료 84), 원지정사(遠志精舍, 중요민속자료 85), 빈연정사(賓淵精舍, 중요민속자료 86), 유시주가옥(柳時柱家屋, 중요민속자료 87), 옥연정사(玉淵精舍, 중요민속자료 88), 겸암정사(謙菴精舍, 중요민속자료 89), 남촌댁(중요민속자료 90), 주일제(主一齊, 중요민속자료 91), 하동고택(河東古宅, 중요민속자료 117) 등이다. 양진당, 충효당, 남촌댁 등 큰가옥들은 사랑채, 별당채를 측면으로 연결하거나 뒤뜰에 따로 배치하는 등 발달된 주거공간을 보이고 장대한 몸채와 사랑채, 많은 곳간, 행랑채가 공통적으로 갖추어졌다.

특히 사랑방, 서실, 대청, 별당과 같은 문화적 공간을 지닌 점은 과거 신분제사회에서 일반서민들이 소유한 최소한의 주거공간과는 확연하게 대비가 된다. 이같이 한국고유문화가 고스란히 숨 쉬고 있어 영국의 엘리자베스여왕(1926년 4월 21일~)이 특별방문(1999년 4

고성 왕곡마을은 옛 것을 고스란히 보존하고 있다. 가을엔 볏짚으로 초가지붕을 새로 보수, 정리한다.

월 21일)하기도 하였다.

북쪽에 고성왕곡마을과 한반도 중심부에 북촌과 남촌, 그리고 고색창연한 안동하회마을을 기술했으니 한반도 남단에 자리한 제주도 성읍(城邑)마을(중요민속자료 제188호, 1984년 6월 7일 지정) 또한 빼어놓을 수 없다. 성읍마을은 제주도 남제주군 표선면 성읍리에 소재한다. 성읍마을은 마을 전체가 민속마을로 지정되었다. 1423년 현청(縣廳)이 들어선 이후 한말까지 약 500년 동안 정의현(旌義縣) 구실은 했다. 마을엔 성곽과 동헌으로 사용했던 일관헌(日觀軒)과 향교에 달린 명륜당(明倫堂)과 대성전(大成殿)이 보존되어 있다.

성곽은 객사대문을 중심으로 지름이 대략 250보(步)이며 성곽은 가로 60첩(堞), 세로 50첩(堞) 규모로 세웠다. 살림집은 안거리와 밖거리 두 채로 이뤄졌으며 ㄱ자 또는 ㄴ자 모양으로 배치되었다. 이들 가운데 조일훈(趙一訓, 중요민속자료 68호), 고평오(高平吾, 중요민속자료 69호), 이영숙(李英淑, 중요민속자료 70호), 한봉일(韓奉一, 중요민속자료 71호), 고상은(高相殷, 중요민속자료 72호) 가옥 등이 지정됐다.

이외에도 천연기념물인 느티나무와 팽나무가 마을 한복판에 있으며 녹나무, 돌하루방(제주도 민속자료 제2호), 초가 등이 지방문화재로 지정, 보호받고 있다. 민간신앙도 다양해 안할망당, 산신당, 상궁알당 등이 남아있어 읍민들이 받들며 동제인포제(酺祭) 때 목동신을 더불어 모시며 걸궁민속도 현재까지 오롯이 전승되고 있다. 또한 조랑말과 제주 기후에 알맞은 초가집 등이 특징적이며 삼다(三多·여자 많고 돌 많고 바람 많고)의 고유 조건을 갖추었다.

이상과 같이 한반도엔 지구촌에 존재하는 200여 국가 중 나라

중에 결코 큰 나라는 아니지만 다양한 문화들이 공존하고 있다. 그것은 기후 때문이다. 이같은 분포는 북쪽으론 백두산(白頭山)과 금강산(金剛山), 한반도의 허리엔 한강(漢江), 그리고 남쪽엔 한라산(漢拏山)과 지리산(智異山)이 대표적이라 하겠다. 이같은 산과 강은 기후를 만들어 춘하추동 4계절을 조성해 인간의 행동과 주거문화를 만든다. 북쪽엔 고성왕곡마을이 대표적 문화유산이고 서울에는 북촌과 남촌, 그리고 남쪽엔 제주도의 성읍마을이 될 것이다. 이곳들이 한반도의 기후와 밀접한 관계가 있기 때문이다.

그같이 일 년 365일 춘하추동 24절기의 생활을 고스란히 보존되어 있는 곳이 강원도 고성군 왕곡마을이다. 그곳은 14세기 풍습인 고려사대부들의 생활양식이 시대변화에 따라 진화되었으나 원형은 그대로 숨 쉬고 있다. 역사는 하루아침에 만들어지지 않는다. 또한 하루아침에 만들어진 역사는 하룻저녁에 무너진다. 이같은 사례는 동서고금의 역사에서 어렵지 않게 볼 수 있다.

특히 인간이 24시간 숨 쉬며 만들어진 역사는 쉽게 만들어지지 않으나 한번 만들어진 역사는 거북이 등같이 웬만해선 변형이 되지 않는다. 그래서 전국에 산재해 있는 한옥마을이 귀중한 삶의 역사로 가치와 향기가 옛스런 모습대로 있어 중요문화재 자료로 지정되었을 것이다. 이 난에서 기술한 북촌한옥마을, 남산한옥마을, 제주 성읍한옥마을 외에도 한민족의 얼과 넋이 오롯이 숨 쉬고 있는 한옥마을이 많다.

특히 고성한옥마을은 일제강점기에도 부유한 집 사랑채를 순회하면서 서당을 열어 한민족 고유의 정신문화 유지에 힘썼다. 특히 여러 해 동안 마을서당 역할을 했던 가옥은 함희석의 종손(從孫) 함내근(咸乃根)의 아들 함형모(咸炯謨)의 가옥으로 알려졌다.

이처럼 한옥마을은 한민족 고유의 정신문화가 숨시는 메카(Mecca)이다. 가회동 북촌에선 사업을 하는 문화대국 프랑스인 필립 티로 씨(氏)는 가장 동양적인 매력에 빠져 여러 해 동안 살고 있으며 동순동 한옥에선 미국인 피터 바톨로뮤 씨(氏)도 역시 한 세대를 넘게 살면서 재개발을 막아 한옥 43채를 지키고 있다. 루소(1712~1778)가 '자연으로 돌아가라(Return to Nature)'의 외침이 이제야 먹혀들어가는지는 판단이 쉽지 않으나 동양 특히 한반도의 봄·여름·가을·겨울의 4계절이 숨쉬는 아름다움에서 싹터 지구촌의 지성들이 매료되는 정신문화의 정수인 한옥마을이 글로벌제이션의 샹그릴라(유토피아)로 르네상스 바람을 탈 날도 머지않아 보인다.

이같은 조짐이 보이는 것은 영국의 유명한 경제일간지 파이낸셜타임스(FT 8월 21일자)가 파주출판단지 마스터플랜담당자였던 메트로폴리탄대학교수 플로리아 베이걸과 필립 크리스트의 말로 증명된다. "건축물은 주변과 키스하듯 만들어야 한다"며 아직도 한국은 20세기에 통용됐던 존(Zone)을 나눠 도시를 개발하는 것에 아쉬움을 표시했다. 그러면서 두 교수는 한국의 건축에서 '비움의 건축'인 마당에 높은 관심을 보였다. 자연을 액자처럼 차경(借景)한 안동의 병산서원이 뛰어난 건축물이라며 한국의 건축전통을 잊지 말아야 한다고 충고를 아끼지 않았다.

때마침 강원도 홍천군 북상면 구만리에 지용한옥학교가 개교(2009년 9월 25일)됐다. 21세기형 새로운 한옥문화를 보급하기 위함이란다. 이같이 국내외서 한옥에 대한 관심이 높아짐은 화석연료 과다사용으로 온난화현상으로 지구가 서서히 병들어 가고 있기 때문이다. 녹색혁명(綠色革命)이 대안으로 떠오르면서 주거환경으로 한옥이 부각되고 있다. 주거환경은 진화된 농경사회로 돌아가는 추세다.

지용한옥학교는 강원도에 자리를 잡았다. 우연인지는 몰라도 왕곡한옥마을과 그리 멀지 않다. 녹색혁명과 웰빙바람이 제2, 제3의 왕곡한옥마을이 세계 도처에 세워지는 르네상스바람이 일게 하는 쌍두마차가 될 것을 기대해본다. (본 주제 사진은 고성군청 제공)

독립운동가·민선부통령 함태영

"함동지는 이번 33인의 대표에선 빠져 대표들의 식구를 돌봐주어야겠소…" 최린(崔麟·호 古友, 1878~1958)의 간곡한 부탁이다. 그러나 정작 본인인 함태영(咸台永·호 松岩, 1872~1964)은 즐거운 표정이 아니다.

33인은 조선의 동포를 대표해 일본에 항거하는 것으로 왕조시대에선 역모(逆謀)에 해당해 잡히면 감옥행은 물론이고 가족을 비롯한 몇 대가 몰살당하는 거사다. 최린은 송암이 사회적으로 명망이 높을 뿐만 아니라 33인 대부분과 친숙함으로 만약 불행한 일이 생기면 뒷일을 충분히 감당할 수 있어 명단에서 빠지라 했으나 당사자는 2선으로 물러나 있는 것에 대한 섭섭함을 느꼈던 것이다.

사실 일본으로선 눈에 불을 켜고 33인을 밝혀 극형에 처하고 싶을 때다. 그러나 33인은 삼천리금수강산 2천 8백만(당시) 백성을 대표해 죽음을 초개(草芥)같이 버리려 작심하고 하는 거사인 만큼 자칫 호미로 막을 것을 가래로도 막을 수 없을 상황으로 진화할까 노심초사하고 있을 때다.

33인의 명단만을 봐도 그들이 어떠한 인물임이 만천하에 드러나기 때문이다. 조선팔도에서 골고루 참여해 일본인들조차도 놀라웠을 터다. 목사가 두 분, 스님이 두 분, 교육가가 두 분, 그 외엔 조국광복을 위해 몸 바친 독립운동가였다. 지역별로도 충청도 7인, 서울 3인, 경기도 5인, 평남 4인, 평북 3인 등으로 참여하여 명실공히 조선을 대표했던 인물들이다.

■33인의 명단은, 손병희 신석구 정춘수 오세창 나인협 박준승 김완규 이종훈 이종일 이승훈 이갑성 최성모 김창준 양전백 길선주 김병조 백용성 권병덕 신홍식 권동희 임예환 홍기조 양한묵 나용환 홍병기 최린 박희도 오화영 이필주 박동완 이명룡 유영대 한용운 등이다. 이같은 명단에 송암을 빼려 한 최린의 생각과 당사자의 생각이 달라 표정이 좋았을 리가 없다.

또한 동아일보(1920년 7월 2일자)에서 3·1운동에 참가한 민족대표 48인 공판에 관한 기사는 1919년 3·1운동 때 기미독립선언서와 서명, 인쇄 및 배포, 탑골공원 만세시위 등 3·1운동의 기획과 실행한 핵심인사는 48명이다.

본래는 이 사건으로 일본제국법정에서 재판을 받은 48명, 즉 독립선언서에 서명한 민족대표 33인 가운데 3·1운동 직후 해외로 망명하여 체포되지 않은 김병조와 재판판결이 되기 전에 구금 중 사망한 양한묵을 제외한 31인에 박인호 등 17인을 더한 인원을 가리키나 편의상 민족대표 33인에 15~16인만 더해 민족대표 48안, 중앙지도체 48인 또는 민족대표 49인이라 표현하는 경우도 있다.

33인에 해외로 망명한 김병조와 옥사한 양한묵을 제외한 31인에 박인호, 김홍규, 노헌용, 이경섭, 김도태, 안세환, 함태영, 김원별, 김세환, 임규, 송진우, 현상윤, 최남선, 강기덕, 정노식, 김지환, 한병인, 또한 프랭크 윌리엄 스코필드(석호필) 박사를 포함 등이며 그 밖에 이승만, 현순, 신규식을 추가하기도 한다. 물론 33인의 민족지도자 가운데 박희도, 최린, 이갑성, 정춘수 등은 변절해 호가호위(狐假虎威)한 인사도 있다.

사실 시류(時流)에 따라 살려면 그것처럼 달콤한 것은 없다. 특히 일제치하에서 더욱 그러했을 터다. 동족을 혹독하게 배반할수록 일제엔 그만큼 득이 되는 동시에 부귀영화를 얻을 수 있기 때문이다.

민족을 배반하여 적국(敵國)에 빌붙어 명예와 권력을 얻으려는 얼뱅이들의 대열에 함문은 끼어들지 않았다. 송암은 33인에 당당히 서명하고 행동하려 했다. 함문에 도도하게 흘러내려오는 청백리(淸白吏)사상과 불사이군(不事二君)의 정신이 그것이다.

그러나 동료들이 극구 말렸다. 33인(최종 31인)에 서명도 중요하지만 31인이 영어의 몸이 되었을 때 가족의 뒷바라지와 옥바라지의 책임을 맡아 보다 긴 안목을 봐야 한다는 설득에 서명을 포기했던 것이다. 청백리사상과 불사이군의 후예가 그냥 대세상황에 설득당할 송암이 아니었다.

신라가 불교를 수용해 글로벌 스탠드를 일찍이 깨달아 삼국을 통일했으며 고려 역시 불교를 국시(國是)로 하여 후삼국을 통일했다. 역성혁명(易姓革命)으로 부패한 고려왕조를 역사의 뒤안길에 묻고 개국한 조선조는 당시 국제적 학문인 성리학을 수용해 문명국가가 됐으나 구한말에 와서는 정권쟁탈전(당파싸움)으로 국제정세에 어두워 끝내는 국권(國權)을 일본에 내주고 말았다.

이같은 우리 역사를 꿰뚫고 있는 송암은 찰나(刹那)의 달콤한 부귀영화엔 청맹(靑盲)과니였다. 사실 국가의 지도자가 나라의 안위(安危)가 걸린 상황에 이름이 빠짐은 자신의 체면 이전에 가문의 자존심 문제다. 33인의 서명에 유림(儒林)대표가 빠졌음을 곽종석 김창숙은 상당히 안타까움을 토로하기도 했다.

물론 연락이 제때 되지 않아 본의 아니게 빠졌으나 성리학의 나라에서 유림으로서는 자존심에 심한 상처를 받았을 것이다. 당시 33인의 종교를 살펴보면 기독교 16명, 천도교 15명, 불교 2명으로 되었으나 유림만 유독 빠졌으니 백성들이 어떻게 생각하나에 절치부심을 했을 터다.

함문은 역사적으로 당당하고 떳떳한 가문이다. 삼한(三韓 마한·진한·변한) 시대에서부터 삼국(三國 고구려·백제·신라) 시대에 걸쳐 고려·조선조에 이르기까지 역사의 여울목에선 예외 없이 빠지지 않고 민족의 일원으로써 그 역할을 주저하지 않고 당당히 해냈다. 더욱이 한말에서 4·19혁명과 5·16군사정권 하에서도 민족과 국가를 위해 분연히 혼백(魂魄)을 받치지 않았던가? 함태영 함석헌 등이 그 주인공이다.

특히 일제치하에서 송암의 활약은 칠흑 같은 어둠에 횃불처럼 빛났었다. 33인들이 삼천리 방방곡곡에 산재해 있을 때 그들을 일일이 찾아 도장을 받고 도장을 소지하여 찍었다는 것은 송암이 당시 얼마나 신임이 두터웠다는 것을 짐작하고도 남음이 있다. 그래서 그들은 33인의 서명에서 부득이 빼 자신들 가족들의 뒷바라지를 부탁했던 것이다.

송암의 신임은 우남(雩南) 이승만(李承晩 1875~1965)에게도 남달랐다. 제3대 부통령 선거 때 무소속인 송암을 지지해 당선시킨 거사는 역사에 길이 남은 대사건이다. 자유당의 철기(鐵驥) 이범석(李範奭 1900~1972) 같은 당 후보를 제치고 무소속 송암을 당선시켜서다. 당시 우남은 78세, 송암은 80세다. 송암은 민족지도자들을 보이지 않는 위치에서 보살펴 겨레의 어른으로써 확고부동한 자리매김이 되었으며 정권욕에 불타는 우남으로서 태산 같은 지원군이 필요할 때다. 송암이 바로 적절한 인물이였을 터다.

제3대 부통령 선거(1952년 8월 5일) 때 후보가 난립했다. 이갑성(자유당 합동파: 500,982), 임영신(자유당 합동파: 1,901,211), 백성욱(자유당: 181,388), 정기원(자유당: 164,907), 이윤영(조선민주당: 458,583), 전진한(대한노총: 302,471), 조병옥(민주국민당: 575,260) 등이 혈전을 폈다. 송암의 인기는 하늘을 찌르는 덕이었다. 8명의 득표총수가 4,564,180표였으나 송암 득표보다 겨우 1,620,367표 많았을 뿐이다. 자유당의 표를 몽땅 합해도 송암보다 781,826표가 부족하였다.

물론 이승만 대통령이 암암리에 물신양면으로 송암을 지원했을 것이다. 철기가 부통령에 당선되면 여러 가지로 쉽지 않은 정세가 생길까 권력에 집착하지 않을 무소속 송암을 택해 본인의 정책을 수행했으리라 보여졌다.

그러나 송암은 외유내강(外柔內剛)의 전형적 표상이다. 함문의 전통이자 역사적 사상의 메카다. 그러나 열려 있는 시각에선 78세 대통령과 80세 부통령을 그리 아름답게 볼 리가 없었을 터다. 그러나 대중(大衆)은 함문의 고유전통을 몰라서였을 터다.

철기 이범석은 세종의 5번째 아들 광평대군(廣平大君 1425~1444)의 17대 손이다. 청산리전투에서 혁혁한 승리 등 무인(武人)으로서 존경을 한 몸에 받은 인물이었다. 그러나 정치인으로서 변신은 순탄치 않았다. 제3대 부통령선거에서 함태영에게 패배했고 제4대 부통령선거에선 장면(張勉 1899~1966) 후보한테 역시 졌다. 그 후 1960년 충청남도에서 자유연맹소속 참의원에 당선되어 정치인으로 순행하는가 했으나 그 길도 만만치 않았다. 역시 그는 정치인보다 군인으로서 더 명성을 남겼다. 청산리전투하면 철기 이범석이고 이범석하면 청산리전투였으니 말이다.

그런데 전주이씨(全州李氏)와는 묘한 인연이 있다. 태조 이성계(李成桂 1335~1408)가 역성혁명으로 조선을 개국하는 과정에서 양후공(襄厚公) 함규(咸規 875~945) 장군 일행의 참혹한 살해와 용문산 사패지(賜牌地) 사건이 그것이다.

용문산은 함문의 메카다. 고려는 불교가 국교였다. 함문은 불교시대에 갑족인 동시에 대호족이었으나 조선조가 개국되면서 불교는 퇴치대상이 되고 유교(儒敎·성리학)가 국교가 되어 용문산은 갈등의 지역이 되었다.

함문이 어느 특정 성씨와 갈등을 빚는 경우가 있을 수 없는데 연안이씨 중 조정대신 한 명이 죽자 성종(成宗 1457~1494)이 적장자에게 이곳(용문산) 전답을 영구사패지로 하사, 뿌리를 내렸다. 그 공이 억불숭유에 힘썼다는 이유여서란다.

이젠 갈등은 세월의 강물에 띄워 보내고 양근함씨와 연안이씨가 사돈관계가 맺어졌을 때의 아름다운 사이로 하루속히 돌아가길 기대해본다.

역사는 그렇다. 그러나 송암(松岩) 함태영(咸台永 1872~1964)은 1952년 제3대 부통령선거에서 압도적으로 당선, 함문의 명예를 더욱 빛냈다.

송암의 사상은 우국충정(憂國衷情) 바로 그것이다. 문간공(文簡公) 성조(姓祖) 함혁왕(咸赫王)께서 용문산에 터를 잡고 양후공 함규 장군이 축성(築城)한 함왕성을 비롯해 팔도 관찰사를 역힘한 정평공 함부림, 죽계공 함부열의 불사이군정신, 대문장가 함헌, 세계적 사상가 함석헌에 이르기까지 함문의 도도하고도 변함없는 청백리(淸白吏) 사상이 뜨거운 우국충정을 탄생시켰을 것이다.

함문咸門이 낳은 세계적 사상가
함석헌 옹

지식인을 값어치나 무게로 따지면 얼마나 되고 몇 킬로나 되는지 궁금하다. 그러나 지식인을 아무 때나 값어치와 무게를 재보면 동전 한닢의 가치도 안 될 때도 단 몇 킬로도 있다는 사실을 염두에 두고 '함석헌(咸錫憲 1901~1989) 옹(翁)과 간디'를 주제로 그들의 삶과 사상을 반추해 본다.

런던에 있는 대영박물관엔 셰익스피어(William Shakespeare 1564~1611) 4대 비극 중의 하나인 『햄릿』의 원고가 소중하게 보관되어 있다. 셰익스피어는 영국이 낳은 위대한 작가이기도 하지만 전 인류가 존경하고 아끼는 인물이다.

영국에선 거대한 대륙인 인도와도 셰익스피어를 바꿀 수 없다고

씨알의 소리를 포효(咆哮)하는 함석헌 옹

말했다. 이같은 상황에서 셰익스피어의 가치나 무게를 따지는 것은 무의미할 것이다.

함문이 낳은 세계적 사상가 함석헌 옹의 값어치와 무게는 5·16 혁명 이후 박정희(朴正熙 1917~1979) 정권 때 천정부지의 존재확인을 기록하지 않았나 싶다.

함석헌 옹은 이미 이 세상 사람이 아니지만 카랑카랑한 음성과 대쪽 같은 성품의 그가 아쉬울 때 사회는 그리움에 몸부림치곤 한다.

우리가 그때 그 사람하고 운운하는 것은 시의적절하게 어느 시대 어느 상황일 때 그 인물이 아니였던들 역사적으로 그 여울목을 슬기롭게 극복하지 못했을 거란 전제하에서 역사 속 인물을 아쉬워한다.

그같은 역사적 배경을 회상하면서 박정희 정권 때 임혹(嚴酷)한 정치상황에서 함석헌 옹의 언론활동은 칠흑 같은 어둠에서 한줄기 빛과 같았다고 해도 결코 지나침이 아닐 것이다. 한 시대의 지난(至難)의 문제를 구해내는 지식인의 지혜야말로 억만금을 주고도 알 수 없는 나침반이기 때문이다.

지금은 영농기술의 발달로 사계절 싱싱한 채소를 구할 수 있으나 예전엔 봄, 여름을 거쳐야만 비로소 가을에 풍성한 오곡을 얻을 수 있었다.

어느 시대 어느 민족을 막론하고 필요할 때 뛰어난 지식인이 대기하고 있다 나타나 주는 것은 아니다. 때문에 한나라의 미래는 교육의 방향에 달려있다 하지 않았던가?

지식의 흐름이 온몸을 도는 동맥같이 사회 구석구석을 약진하고 있을 때 건강한 사회, 꿈이 있는 미래가 기다리고 있을 것이다. 1970년대 동맥경화증에 걸려있는 한국사회엔 함석헌 옹은 분명 없어서는 안 되는 존재였었다.

　　한편 영국식민지에서 독립을 이끌어낸 마하트마 간디(Mahatma Gandhi 1869~1948)는 인도에서 어떤 존재였을까? 한 인간이 성장하는 데는 다양한 코스와 단계를 거쳐야 일정한 수준의 인물이 된다. 그것은 교육 때문일 것이다. 그러나 정규교육을 받지 않고도 타고난 기개(氣槪)와 품성(稟性)으로 시대와 역사에 절묘하게 접목되어 갑자기 큰 인물이 되는 경우도 있다.

　　그것은 본의보다 타의(사회와 시대성)의 요구에 의해 큰 인물이 되는 사례도 있다. 어쩌면 간디가 이같은 사례에 속하는 인물이 아닌가 싶다. 간디는 거대한 대륙 인도를 영국식민지로부터 구해냈다. 영국과 전쟁을 해서 쟁취한 것이 아니다. 비폭력(非暴力)운동을 전개, 당당히 인도의 주권을 회복시켰다.

　　식민지 지식인들이 대부분 그러했듯이 간디도 영국에서 3년간 교육을 받았다. 그는 학업보다 개인적이고 도덕적인 문제에 더 관심을 보였다. 거대도시 런던의 생활과 서양음식, 의복, 예절에 적응하는 것은 쉬운 일이 아니었다.

　　특히 채식주의로 인해 처음엔 상당한 곤란을 겪었지만 곧 채식주의에 대한 합리적 근거를 알려주는 책과 식당을 알게 돼 런던 채식주의협회 집행위원이 되었다. 간디는 채식주의 식당이나 하숙집에서 만난 사람들을 통해 성경은 물론 힌두교의 철학과 시가집 『바가

바드기타(Bhagavadgita)』를 처음으로 접했다.

영국의 채식주의자들 가운데는 사회주의자, 인도주의자, 신학자 등 다양한 사람들이 혼재되어 있었다. 이들은 거의가 이상주의자였고 그 중 몇몇은 자본주의와 산업사회의 악덕을 신랄히 비판하였다. 단순한 생활을 예찬하고 도덕적 가치와 협동의 우월성을 강조하는 그들의 사상은 인격뿐만이 아니라 궁극적으로 정치사상에도 많은 영향을 주었다.

간디는 1891년 7월 조국 인도로 돌아갔다. 하지만 조국은 그가 금의환향하는 분위기를 연출해 주지 않았다. 사랑하는 어머니(푸틀리바이)는 돌아가셨고 변호사가 급증하여 취직도 여의치 않은 상황이었다. 그는 조국에서 자리를 잡지 못하고 남아프리카로 갔다.

그곳의 주민들도 영국인들에게 멸시를 당하기는 마찬가지였다. 그는 이곳 생활에서 가장 창조적 경험을 했다고 훗날 고백했다. 그것은 진실과 접하는 순간이었다. 그는 이때부터 남아프리카의 질서를 알게 모르게 이루고 있는 모든 불의에 맞서 인도인으로서 그리고 인간으로서 자신의 존엄성을 지키려고 노력하였다.

간디는 넉넉한 가정은 아니었으나 상류층 가정에서 출생했으며 함석헌 옹은 국운이 바람 앞에 촛불 같은 20세기 첫해인 1901년(3월 13일) 평범한 개신교 장로의 맏아들로 태어났다.

오산학교에서 그는 평생의 정신적 지주가 된 도산(島山) 안창호(安昌浩 1878~1938), 고당(高堂) 조만식(曺晩植 1882~?) 선생과 평생을 스승으로 모신 다석 유영모(柳永模 1890~1981) 선생과 만남을 이루었다. 함 옹은 유영모 선생으로부터 당대의 노자(老子) 사상의 대가인 무정부주의자 우치무라 간조(內村鑑三 1861~1930)를 소개받고 일본 유학시절 그가 주도하는 성서모임에 다니면서 정신적 영향을 강하게 받는다.

그는 1979년과 1985년 두 차례 세계퀘이커구호기구에 의해 노벨평화상 후보로 추천되기도 했다. 종교인으로 그는 구체적 소속이 없었다. 교회는 물론 무교회그룹마저도 외면할 정도로 외로움을 겪었다.

함 옹은 언제나 한복과 고무신 차림의 한국인이었다. 전통적인 백의(白衣)민족 바로 그 모습이었다. 월남하던 해에 수염을 깎지 못한 게 연유가 되어 세상을 떠날 때까지 기른 백발의 수염은 그의 상징이 되었다. 그 흰 수염과 옷차림에서 "먼저 한국인이 되라"라는 무언중에 가르치고 있는 듯 하였다.

세계적인 사상가 함석헌 옹의 파안대소 하는 모습, 성자(聖子) 같아 보인다.

함 옹이 재야에서 양심의 소리를 목구멍에 피가 터지도록 외쳐댔듯 간디도 평범하다는 표현보다 가난의 상징같이 보였다면 지나친 말일까? 함 옹이 흰 수염, 흰 두루마기와 흰 고무신으로 한국의 극명한 상징성을 보여주었다면 간디는 물레질하는 모습은 가난하지만 꿋꿋한 대륙인 인도인의 기질을 보여주는 모습이었을 것이다.

간디는 남아프리카에 오래 체류하고 싶은 생각은 없었다. 1894년 6월, 1년간의 계약을 마치고 환송파티에서 나탈의회가 인도인의 선거권 박탈 입법화를 추진한다는 기사를 발견, 주위 사람들의 간청으로 그는 정치인이 되었다.

간디는 결국 조국 인도로 돌아갈 결심을 포기, 더반에 주저앉아 인도인의 권익을 위해 투쟁하기로 하였다. 의회의 입법을 막지는 못했어도 인도인의 단결을 고취시키고 인도에 대한 차별대우의 실상을 외부세계에 알리는 데는 성공하였다. 런던의《타임스》, 캘커타의《스테이츠멘》,《잉글리시먼》등이 사설로까지 다루었다.

그는 1896년 인도로 왔다. 인도의 정치지도자를 만나고 주요 도시에서 대중연설도 하였다. 본격적으로 정치무대에 나선 것이다. 그러나 나탈의 백인들은 와전된 소식을 듣고 1897년 1월 남아프리카로 오는 그에게 린치를 가했다. 영국 식민장관은 나탈정부에 그를 구출하라는 전보를 치고 압력을 넣었으나 개인적인 자유와 정치적 구속은 받지 않았다. 하지만 그의 정치활동은 결코 순탄치 않았다.

보어전쟁(Boer War, 1899~1902: 네덜란드와 영국전쟁)이 터지자 그는 영국식민지 나탈에서 완전한 시민권을 주장하는 인도인들에게 나탈을 지키는 것이 의무라고 설득, 1,100명의 지원자를 모집하여 간호부대를 조직하였다.

하지만 보어전쟁에서 영국이 승리한 뒤에도 인도인들의 지위는 조금도 향상되지 않았으며 오히려 인도인 등록법령을 제정했다. 인도인들은 간디의 지휘 아래 그 법령에 불복종과 그로 인한 모든 불이익을 감수하겠다고 맹세하였다.

이때 처음 사티아그라하(satyagraha: 진실에의 헌신)가 탄생되었다. 이는 적대자들에게 원한과 투쟁, 폭력을 쓰지 않고 저항, 그것으로 그들의 잘못을 바로 잡는다는 새로운 방법이었다. 투쟁은 그의 지휘 아래 7년 이상 계속 되었다. 1913년 저항운동이 피크를 이루었을 때 여자들을 포함, 수백 명의 인도인들이 투옥되었다. 간디가 영국식민지 통치 하에서 조국과 국민을 위해 투쟁한 것과 함 옹의 투쟁도 유사하다.

간디는 함 옹보다 한 세대 조금 앞서 태어나 조국의 운명을 바꿔 놓았다. 함 옹은 이 나라 역사 주역으로 자부하는 계층이 사실상 주인이 아님을 꿰뚫어보고 그것을 줄기차게 역설했다. 또한 기교와 인공(人工)으로 더럽혀진 비인간성에 진저리를 쳤고 나라라는 이름으로 짓밟은 층과 짓밟히는 층을 식별하였다.

함 옹은 떠나갔으나 우리 세대에게 정서적으로 맞는 석학이었다. 그는 톨스토이의 보편적 휴머니즘을 보았으며 간디에게선 비폭력 평화주의를 우리에게 실천해 보여주었다.

간디는 정신적 조언자였던 뛰어난 젊은 철학자 라지 찬드라는 그에게 힌두교의 미묘함과 심오함을 깨닫고 새로운 삶을 체득케 했으

함석헌(咸錫憲 1901~1989)의 시(詩) 《그 사람을 가졌는가》다. 함문(咸門)
이 배출한 세계적 사상가로 노벨평화상 후보(1979)에 이어 1985년에 추천
되기도 하였다.

며 그가 영국에서 처음으로 읽었던 『바가바드키타』는 그의 인생에
두 가지 개념이 그를 매료시켰다.

하나는 물질적 욕망을 끊는 아파리그라하(aparigrah: 무소유) 개념이고 또 하나는 고통과 기쁨, 승리와 패배에 동요말라는 사마바바(samabhava: 평정) 개념이다.

1920년 가을 간디는 인도에서 가장 영향력 있는 정치지도자가 되었다. 그는 영국정부에 비폭력불복종운동을 전개했다. 1922년 봄 운동은 절정에 달했으나 차우리차우라에서 발생한 유혈폭동을 보고 시민불복종운동을 중단하기로 결심하였다. 그는 그해 3월 10일 투옥, 6년형을 받았으나 1924년 맹장수술을 받고 석방되었다.

함 옹의 역사의식은 노명식(盧明植: 한림대학교 서양사) 교수는 영국의 세계적 역사학자 토인비(Anold Joseph Toynbee 1889~1975)의 역사관과 일치(1985년 논문 발표)한다고 했다. 노교수는 두 사람의 삶과 인간과 역사본질을 고난으로 파악, 고난을 통한 정신적, 도덕적 진보의 과정을 역사로 이해하고 고난의 의미를 십자가의미로까지 승화시켜 역사를 저술하였다.

함 옹의 고난사관은 삶의 절규인 반면 토인비는 학문적 탐구에서 얻어진 결론이라는 것이다. 두 사람은 자기시대 지배적인 역사관에서 벗어나 독특한 역사관의 토인비는 『역사의 연구』(10권)와 함 옹은 『뜻으로 본 한국역사』와 『성서적 입장에서 본 세계사』를 저술, 탄생 경위와 운명 역시 두 저자 생애만큼이나 대조적이었다.

영국은 귀국한 간디를 다시 투옥하고 그의 영향력을 차단하려 했으나 1932년 9월 간디는 영국정부의 불가촉천민(不可觸賤民) 선거구 분리정책에 항의, 단식에 돌입하여 이로 인해 국민감정을 극도로 격앙되었다. 간디는 국민회의파가 비폭력주의를 근본적인 신조가 아니라 정치적 수단으로 생각한다고 주장, 1934년 국민회의파 지도자 자리를 사임하였다.

함 옹은 88세를 일기로 고난의 삶을 정리(1989년 2월 4일)할 때도 예외가 아니었다. 그는 늘 "사람은 항상 자신을 안락한 곳에 두지 말고 고뇌하는 곳에 둬야 한다"고 강조했다.

함석헌 옹이 부산모임에 갔을 때 젊은이들과 함께 산에 오르는 모습.

그는 무불통지(無不通知)의 해박한 경지를 갖고 번뜩이는 해학으로 주위사람들을 숙연하게 하기도 하고 박장대소(拍掌大笑)를 치게도 했었다.

어느 날 밤 강의하러 가던 중 시궁창에 빠져 무릎까지 오물투성이로 강의실에 들어서며 학생들에게 "천당에 가고 싶어도 발 앞에

뚫어진 구멍부터 살필 줄 알아야 해"라며 시치미를 뗐다. 그리고 발을 내보이며 "이런 발로 천당이 있어도 들어갈 수 있겠어"라고 웃어보였다.

함 옹의 사상과 행동은 한마디로 표현하기 어렵다는 것이 지근거리의 인사들의 지적이다. 인권, 평화에 대한 지칠 줄 모르는 열정, 탁월한 문장력, 웅변술과 함께 이 시대에 대표적 행동하는 지식인상이다.

'함석헌과 간디', 두 사람의 존재확인은 너무나 극명하게 그들이 소속된 나라와 민족에 각인되었을 것이다. 생을 정리하는 데 그들은 달랐다. 함 옹은 병원에서 영면(永眠)했고 간디는 광신자에게 암살(暗殺)당했다.

함 옹은 지금 우리 곁에 없다. 뉴밀레니엄의 4차산업혁명이 세상을 송두리째 바꾸고 있는데 무불통지의 함 옹이 그 어느 때보다도 목마르게 그리운 즈음이다.

함석헌의 씨알사상은 사람 속에 영원불멸의 심적 생명이 있다고 보고 사회적 규정이나 신분과 관계없이 그 사람 자체가 역사와 사회의 토대이며 주체로 보는 사상이다. 스승인 유명모가 사상의 기초를 만들었고 함 옹이 심화, 발전시키면서 현실에서 실천했다는 평가다.

함 옹는 평북 용천에서 출생(아버지 함형택, 어머니 김형도)하여 당숙 함일형(咸一亨)이 세운 삼천재에서 한학을 배웠다. 1914년 덕일학교를 졸업, 1923년 오산고등보통학교를 거쳐 1928년 일본 도쿄고등사범학교를 졸업하고 귀국, 1938년 3월까지 모교에서 교편을 잡았다. 1940년 송산농사학원을 인수, 원장에 취임했으나 곧 제우회사건으로 1년간 옥고를 치렀다.

1947년 단독 월남, 퀘이커교도로 각 학교와 단체에서 성경강론을 했다. 1956년엔 장준하(張俊河 1918~1975) 주도 《사상계》를 통해 사회 비판적인 글을 썼으며 특히 "한국기독교에 할 말 있다"로 윤형중 신부와 신랄한 지상논쟁을 벌여 큰 화제를 불러일으켰다.

그의 사상 씨알(people)은 질풍노도 같았다. 1958년 "생각하는 백성이어야 산다"라는 글로 자유당 독재정권을 통렬하게 비판, 투옥되기도 했으며 1960년 퀘이커교 한국 대표로 종교활동도 하였다.

1961년 5·16군사혁명 직후 집권군부세력에 정면도전, 날카로운 비판의 필봉을 휘둘렀다. 그 이듬해 미국무부 초청으로 선진 미국을 둘러본 후 귀국, 언론수호대책위원회, 3선개헌반대투쟁위원회, 민주수호국민협의회 등에서 활약하였다.

또한 1970년 4월《씨알의 소리》를 창간, 민중계몽운동을 하는 한편 1974년 명동사건, 1979년 YWCA위장결혼사건에 연루되어 재판에 회부되는 등 탄압을 받았다.

1980년엔 《씨알의 소리》가 강제 폐간되어 문필생활을 일시 중단했으며 1984년엔 민주통일국민회의 고문을 지내기도 했다. 그는 폭력에 대한 거부, 권위에 대한 저항 등 평생 일관된 사상과 신념을 바탕으로 항일, 반독재에 앞장섰다.

파란만장한 삶이었으나 굴절 없는 씨알사상은 작고한 이후에 더욱 빛이 나고 시대에 따라 필요한 씨알정신으로 진화, 그를 목말라하게 한다.

함석헌학회(2010년)가 창립된 것도 그와 같은 세상의 흐름과 무관하지 않다. 세계화가 대세인 오늘날에 한민족 고유의 정체성이 어느 때보다도 필요한 그의 사상이 유독 돋보이기 때문이다.

그의 작품은 방대하다. 『함석헌전집』(전20권)과 『함석헌저작집』(전30권)이 한길사에 의해 출간됐으며 근년에 50권을 바탕으로 알갱이만 골라 『씨알의 소리』, 『들사람 얼』, 『인간혁명』이 역시 한길사가 출간하였다.

2008년엔 서울대학교에서 열린 세계철학자대회에 함석헌사상을 소개하는 특별분과가 마련되기도 했다. 그만큼 함 옹은 한국을 대표하는 사상가로 세계가 주목하고 있다. 함 옹을 연구하는 단체는 함석헌학회 외에도 함석헌포럼, 함석헌기념사회 등이 그의 사상을 연구, 국내외로 오늘도 쉼 없이 전파되고 있다.

함 옹은 대립과 갈등을 통섭(統攝)으로 극복하려 화쟁(和諍)을 외친 신라의 원효(元曉 617~686) 이후 한민족이 탄생시킨 최고의 사상가다. 앞으로 천년동안에도 배출되기 쉽지 않은 독보적 존재로 생각이 깊은 학자들은 입을 모아 평가하고 있다. 작금에 사상의 혼재로 함 옹이 더욱 그리워지는 이유다.

한국 국악계의 태산泰山,
오당梧堂 함화진

국립국악원에 가면 오당(梧堂) 함화진(咸和鎭 1884~1949) 양근인을

오당(梧堂) 함화진(咸和鎭). 그는 1935년 중·일 음악계를 시찰, 해방 후엔 국악원을 창설하고 초대원장이 되어 국악 발전에 헌신하였다.

만날 수 있다. 오당은 함화진의 호(號)다. 그의 옆에는 김기수(金淇洙 1917~1986), 이주환(李珠煥 1909~1972), 하규일(河圭一 1869~1937), 신재효(申在孝 1812~1884), 김영제(金寧濟 1883~1954) 동상이 함께 있었다.

우리나라 국악계를 오늘날의 위상에 올려놓는데 없어서는 안 되는 인물들이다. 김기수는 호(號)를 대마루(竹軒)로 하며 창작국악 《세우영(細雨影)》을 지었으며 해방 후 국악작곡 개척자로 칭송을 받고 있다. 국립국안원에 그를 기리는 '죽헌실'이 별도 전시실이 있는 것만 봐도 국악계에 있어서 그의 비중을 짐작하게 하는 대목이다.

가곡의 명인 이주환은 1946년부터 시조강습으로 국악인 저변확대에 노력했으며 가곡보존회회장 등을 역임했다. 저서론『고금시조선』등이 있다. 금하(琴下) 하규일은 굵은 통나무에서 폭포수같이 쏟아지는 우람하나 청명한 정가(正歌)의 거장이다. 저서론『가인필휴(歌人必携)』가 있으며 근세가곡의 독보적 존재였다.

동리(桐里) 신재효(본명 백원百源)는 판소리 이론가인 동시에 작가이기도 하다. 그동안 계통 없이 불러오던 광대소리를 통일해《춘향가》,《심청가》 등 6마당을 체계화하였다. 또한 판소리단가와 판소리집 『신오위장본(申五衛將本)』 등의 작품이 전해지고 있다.

괴정(槐庭) 김영제는 국악이론가이지만 가야금, 피리의 명인으로도 알려졌다. 편보, 악기 개량에도 힘썼으며 아악부원양성소를 개설, 승무부활에 정력을 쏟았다. 국악자료수집, 악보정리, 악률개정 등에도 공헌이 크다. 그리고 함화진이다.

이들 6인은 한국 국악계의 보배다. 지금은 모두 고인이 되어 걱정도 없을 편안한 세상에서 국악계의 발전을 지켜보고 있을 것이다. 오당 외에 다섯 분도 국악계의 기둥이었지만 특히 함화진 가계는 4대에 걸쳐 국악발전에 멸사봉공(滅私奉公)하였다.

오당의 증조부이신 함윤옥(咸潤玉)은 순조(純祖 1790~1834) 시대를 거쳐 헌종(憲宗 1827~1849) 10년엔 전악(典樂)이 되었으며 조부인 함제홍(자 景賢, 咸濟弘)은 선대의 유업을 이어받아 1846년 장악원(掌樂院) 가전악(假典樂)이 되었고 1852년엔 전악에 올랐다. 함제홍은 대금과 단소의 명인으로 조선조 헌종 때 그 명성을 날렸다. 그의 명성은 아버지 함윤옥의 재능을 고스란히 이어받았다. 함윤옥은 손재주가 뛰어나 손에 무엇이든지 닿았다하면 구멍을 만들어 악기로 이용했다고 전해진다. 함제홍은 대금, 단소의 명인으로 아버지의 재능을, 역시 재영(在暎), 재운(在韻, 일명 재소在韶) 형제(1854~1916)에게 넘겼다.

함재운은 자를 겸와(謙窩)로 일찍이 강인식에게 거문고를 사사해 일가를 이루고 전악, 장악, 악사를 거쳐 악사장(樂師長)이 되었다. 악리(樂理)와 궁중연례행사에 정통했으며 김경남(金景南), 이병문(李炳文)

과 함께 한말에 거문고의 3절(三絶)로 불렸다.

그는 또한 구한문보(舊漢文譜)를 현행음조로 번역하는 등 보법(譜法) 개량에도 공이 컸으며 정재(呈才: 대궐 안 잔치 때 춤과 노래) 교수에 일인자다. 악기조성소 감독을 거쳐 참서관이 되어 평양 풍경궁(豐慶宮)에 있었으며 청초, 간결한 탄법의 연주자로 전해진다. 여민락(與民樂)의 연주에 뛰어났고 1908년 제2대 국악사장(國樂師長)을 지냈다. 또한 그의 큰아버지 함제홍(咸濟弘)도 젓대(대금)의 명인이었으며 친형인 함재영(咸在暎) 역시 국악인으로 명실공이 '국악명가'를 이루었다.

함화진은 이같이 도도하고 장엄하게 내려오는 명가의 후예로서 역시 더욱 명가의 후예답게 국악발전에 혼신을 받쳤다. 그의 국악발전에 공헌은 한두 가지가 아니다. 그 중에서도 《처용무(處容舞)》(중요무형문화재 제39호 1917년 지정, 2009년 세계무형문화재 등재)의 부활이다. 신라 헌강왕(憲康王 ?~886) 때 처용설화(處容說話)에서 유래된 가면무용이다. 나례(儺禮: 악귀를 쫓는 의식) 뒤에 추던 무용으로 대개 《처용만기(處容慢機)》와 《봉황음(鳳凰吟)》에 맞추어 춤을 추었다. 『악학궤범』(1493, 成宗 24년 제작)에는 "섣달그믐날 나례 뒤에 두 번식 처용무를 추었다"고 기록되었다. 그 격식은 다음과 같다.

5명의 무원(舞員)이 5방위(五方位)에 따른 청(東), 홍(南), 황(中央), 백(西), 흑(北)의 옷을 각각 입고 처용의 탈을 쓴 다음 한 사람씩 무대에 나아가 한 줄로 선 채 '처용가'를 일제히 부르고 노래가 끝이 나면 선 자리에서 5명이 두 팔을 올렸다 내리고 서로 등지고 선다.

다음에는 발돋움춤으로 3보 전진하여 4방으로 흩어져 서로 등을 지고 추는 상배무(相背舞), 왼쪽을 돌며 추는 회무(廻舞)를 마친 뒤 중무(中舞)가 4방의 무원(舞員)과 개별적으로 대무(對舞)하는 오방수양무(五方垂揚舞)를 춘다. 이 춤이 처용무에 절정을 이루는 부분이다. 이어서 일렬로 북향하고《봉황음》을 제창한 다음 잔도드리(細還入) 곡조에 따라 낙화유수무(落花流水舞)를 추면서 한 사람씩 한 사람씩 차례로 오른쪽으로 돌아 퇴장, 대단원의 막을 내린다.

《처용무》는 왕조시대마다 조금씩 진화, 발전해오다 조선조 말까지 궁중의 행사 때 공연되었으나 정국이 평안하지 않자 전승이 끊어졌다. 또한《처용무》를 출 때 쓰는 처용 탈의 제작은 1900년부터 30년간 단절됐다 1930년 순종황제(純宗皇帝 1874~1926) 탄신 50주년 기념행사 때 새로 제작하여 사용되었으며 이 공연이 조선왕조에서 행해진 마지막 처용무 공연으로 전해지고 있다.

그러다가 1930년부터 광복 때까지 옛 왕궁 아악부(雅樂部) 출신 함화진, 김영제, 이수경 등 젊은 악사들에 의해『악학궤범』의 기록에 의해 처용무를 가르치면서 명맥을 이었다. 특히 그 중에서도 함화진의 끈질긴 부활의 의지로 오늘에 이르고 있다. 오당은 국악 전반에 걸친 실무도 해박하지만『악기편(樂器編)』,『이조악제원류(李朝樂制原流)』,『증보가곡원류(增補歌曲源流)』,『조선음악통론(朝鮮音樂通論)』,『한국음악소사(韓國音樂小史)』등을 남겼다. 오당은 명실상부한 한국 국악계의 대부라 해도 지나침이 아닐 것이다.

4대에 걸친 국악명가의 대가 끊어지나 했으나 불세출의 가야금산조의 명인 함동정월(호號 소예昭藝, 咸洞庭月: 본명 금덕金德, 1917~1994)을 낳았다. 물론 함화진과 같은 집안은 아니지만 시조(함

혁왕威赫王)의 같은 자손이다. 소예는 전남 강진에서 태어나 최옥산
(崔玉山, 1903~?)류 가야금산조의 가락에 자신의 독특한 가락을 얹어
함동정월류의 가야금산조을 창안해냈다. 11세 때인 1935년 일본 콜
롬비아레코드 사에서 실시한 콩쿠르에 입상해 그의 이름이 세상에
알려졌다. 1980년 중요무형문화재 제23호 가야금산조보유자로 인
정받았다.

제5장

〈교육시대〉
함순·함헌의 후예들

"항시 새롭고 점차 더한 감탄과 외경으로 마음을 가득 채우는 것은
밤하늘의 별들과 내 마음속의 도덕률이다."
그가 오후에 산책을 나오면 오후 3시 반으로 시간을 맞추었다.

—칸트(1724~1804 독일 철학자)

가야금병창의 명인名人 함동정월

　함동정월(咸洞庭月)류 가야금병창의 창조자인 함금덕(咸金德 1917~1994) 명인이 10일 밤 10시 서울 중랑구 망우3동 자택에서 파란만장한 삶을 향년 77세로 마감했다. 종합일간지 부음기사다. 남성적이면서도 선율의 짜임이 치밀한 함동정월류(중요무형문화재 제23호 가야금병창 및 산조 분야 기능보유자 1976년 지정)는 독특한 가야금산조유파를 만들어 내기까지 굴곡 많은 삶을 산 함씨의 인생역정을 문화방송에서 드라마화한《춤추는 가얏고》(1990년 8월 27일~1990년 10월 16일)의 실제 모델이다.

　함동정월(아호 소운昭芸)은 전남 강진군 병영면 기로리에서 아버지 함일권과 어머니 박양근 사이에서 1917년 8월 25일 태어났다. 아버지는 관아에서 피리와 북을 다루는 악공이었으며 어머니는 무속인이였다. 부모 모두 예능에 뛰어났으니 자연스럽게 국악신동의 피가 흘렀다.

　관아에서 악공이었으면 피리를 잘 불었을 것이며 북 또한 능숙하게 다루었을 것이다. 어머니 역시 무당이었으니 무속인으로 예능에 뛰어났을 터다. 함동정월 집안은 모두 예인(藝人)이다. 외조부 박창주도 판소리, 가야금의 명인인 동시에 박범훈(朴範薰, 전 중앙대학교 총장)의 조부이기도 하다.

가야금병창 및 산조에 명인인 함동정월은 대대로 예인의 정기(精氣)와 피가 도도하게 흐르게 있었다. 그러나 국악의 신동으로 태어났으나 가세(家勢)와 환경은 너무 좋지 않았다.

오빠(함률)의 사업 실패로 집안이 풍비박산(風飛雹散)의 상태가 되어 그녀는 부득이하게 광주 갑부 김창수의 양녀로 보내어지게 되었다. 이때 그녀는 천부적 예인의 기질이 드러났다.

그런 와중에 함동정월은 광주권번(券番: 기생조합)에 들어가게 되어 동아일보 방모(方某) 목포지국장이 머리를 얹어주며 명명한 예명이 함동정월(중국 동정호에 뜬 달)이다. 예명이 붙으면서 고난의 길은 더 험난해졌다.

권번에선 시조 승무 검무와 가야금으로 영산회상조를 배웠다. 12세 대엔 고향으로 돌아와 김복술에게 가곡을, 김채만의 제자인 김군옥에게서 핀소리 중 적벽가와 흥보가를, 공장식의 제자 임공교한테서는 춘향가를 사사(師事)했다. 또한 육촌 형부인 최옥산에게선 가야금산조를 배웠다. 배움에 신동의 열정은 멈추지 않았다. 그녀의 예능은 일취월장(日就月將)하였다.

또한 그녀는 17세 때에는 목우암에 들어가 100일간 공부했으며 김창환의 제자인 오수암(吳壽岩)한테서 판소리 심청가와 춘향가를 더욱 심도 깊게 배웠다. 이같이 갈고닦은 예기(藝技)는 장안의 화제가 되었다. 그녀의 재능은 현해탄을 건너가 19세 때엔 일본 컬럼비아레코드 사가 주최한 경연대회에서 최연소1등을 차지했다. 그의 신기에 가까운 재능은 삽시간에 전국으로 퍼져나갔다.

1895년 어느 봄날 함동정월은 꿈에도 그리던 서울(당시 한성)에 상경해 권번에 이름을 올리고 예기활동을 시작했다. 그러나 너무 예쁘고 귀여워 사내들이 그녀를 그냥 놔두지 않았다. 예기 활동 두 달 만에 서울의 갑부 정모 씨의 5번째 소실로 들어갔다. 샛별같이 빛나던 예기를 꺾고 단순한 여자의 길로 들어섰다. 장장 그 세월은 17년이나 되었다. 그러나 여자의 길은 순탄치 않았다. 불꽃같은 예술의 영혼은 밤마다 울었으며 국악에 대한 열정은 더욱 내공(內功)으로 다져졌다.

행복하지 않았던 여자의 길은 38세 되던 해에 정리, 대전에 사설 국악원을 설립해 가야금을 다시 시작하여 차곡차곡 쌓았던 내공이 쏟아지기 시작했다. 내공은 활화산처럼 분출하여 창작에너지화 되었다. 지난했던 삶이 고스란히 예술의 혼으로 승화되어 갔다.

함동정월의 열정은 대전을 넘어 41세 때엔 다시 서울로 올라와 박초월(朴初月)이 운영하는 예술학원에서 판소리를 공부하다 46세부터는 정악원(正樂院)에서 영제시조(嶺制時調)를 공부했다. 그리고 53세부터 57세까지 5년 동안 명고수 김명환(金命煥, 아호 일산一山, 1913~1989)과 결혼하여 최옥산류 가야금산조 연주의 절정기를 누렸다.

일산은 판소리 고수(鼓手)로 전남 곡성 출생이다. 그는 20세 후반에 판소리의 북장단을 가장 오래 공부한 불세출의 고수에 속했다. 명창 장판개(張判介)와 명고수 주봉현(朱鳳鉉), 신찬문(申贊文) 등으로부터 이론과 실기를 익혔다. 40대 후반엔 정응민(鄭應珉)의 소리방에서 4년간 전속고수로 있으며 보성소리를 배웠다.

또한 그는 판소리이론에도 해박했으며 북을 배우러 오는 제자들과 판소리를 연구하려는 학자들이 많이 모여들었다. 임방울(林芳蔚)을 비롯한 당대 최고의 명창들의 북장단을 도맡아 쳐 그의 인기는 하늘을 찌를 듯 했다.

그는 1978년 중요무형문화재 제59호 판소리예능보유자로 지정받았다. "고생을 했던 일이 있어야 예술이 나오지 생활이 풍부한 사람한테서는 안 나온다"라는 고통을 통한 참 예술론을 폈으며 평생을 예술론으로 일관했다.

함동정월과 김명환은 모두 무형문화재로 철저한 예술의 혼이 만나 의견충돌로 싸우다가 가야금과 북을 들며 언제 싸웠느냐는 표정으로 관중을 사로잡는 신기(神技)에 가까운 화음(和音)을 연주하였다. 그들은 국악발전을 위해 태어난 비익조(比翼鳥: 암수가 한쪽 눈과 한쪽 날개만 있어 짝을 이루지 않으면 나르지 못하는 새) 부부였다. 부부명인의 공연은 하늘과 땅노 울리는 세기의 명연주였다.

당시 서울대학교 정병욱(鄭炳昱) 교수는 일산에 대해 "창자(唱者)와 공연자로서 반주자로서 지휘자로서 효과(效果)로서 청중과 대표자로서도 이상적인 여건을 갖춘 명인"이라고 찬사를 아끼지 않았다.

일산은 전남의 넉넉한 집안에서 태어나 고창고보를 시인 서정주(徐廷柱), 한글학자 한갑수(韓甲洙), 정치인 정태성(鄭太成) 등과 잠시 수학하고 일본으로 건너가 동경효성(東京曉星)중학을 마친 엘리트 국악인이다.

집안에선 "상놈이나 하는 짓…"이라며 부모는 물론 형들로부터 몽둥이찜질을 당하기 일쑤였으나 "천성이 한량(閑良)기질이어서 놀고 북치고 하는 것이 그냥 좋아하다보니 이제 성공의 길에 들어섰다"며 깊은 감회를 토로하기도 했다. 그의 북의 예술은 인간문화재 정권진(鄭權鎭)의 아들 정회천(鄭會泉)이 전수받아 꽃을 피워가고 있다. 정회천은 할아버지 정응민(鄭應珉)의 손자로 아버지 정권진에 이어 3대에 걸쳐 고수(鼓手)의 정통을 잇기에 고집스럽게 집착하는 모습이 스승 김명환을 빼닮았다.

부창부수(夫唱婦隨)라 했다. 함동정월은 일산을 늦게 만났으나 따뜻한 부부애로 지난했던 삶이 아름다운 예술로 꽃피워졌다. 그녀의 삶은 《춤추는 가얏고》(朴裁熹 무형문화재23호 이수자 작)로 문화방송(MBC)에서 드라마화 되어 숱한 화제를 낳았다.

《춤추는 가얏고》는 박재희 씨가 1989년 《여성동아》 소설 공모에 당선작을 MBC가 드라마화한 것으로 서울대학교 국악과 학생들이 기생문화에 초점을 맞춰 국악에 대한 퇴폐적인 부분만 부각시켰다며 항의로 '명예훼손'과 '표현의 자유'에 대해 논쟁을 불러일으키기도 하였다. 때문에 일각에선 지나친 항의로 창작의욕이 꺾일까 우려의 목소리도 적지 않았다.

한편 탤런트 고두심과 오연수는 《춤추는 가얏고》에 출연해 일약 스타덤에 오르는 행운을 얻기도 했다. 천정 모르는 화제의 작품엔 그렇게 기대와 우려가 동시에 클로즈업 되는가보다. 한 여인의 삶이 그 삶으로 끝나는 것이 아니고 예술로 승화되어 다시 태어나 영원히 죽지 않고 예술로 존재함이 진정한 예술인의 삶이라고 하겠다.

함동정월의 예술은 그의 제자 윤미용(尹未容), 라현숙(羅賢淑), 성애순(成愛順), 황병주(黃炳周), 이경자(李京子), 이명희(李明姬) 등이 꾸준히

계승 발전시키고 있다. 그러나 《춤추는 가얏고》는 철저한 예술의 혼으로 살아온 함동정월에게 또 한 번의 상처를 안겼다.

드라마 속성상 흥미는 빼어놓을 수 없는 스펙(spec)이나 지나치게 특정 부분을 부각시켜 해당학과(국악과) 학생들에게 항의를 받은 동시에 실제 주인공에겐 불명예를 안겨주었기 때문이다. 예인의 고고한 삶보다 흥미와 퇴폐적 부문을 부각시켜 시청자들의 눈요깃감이 되어서다. 가난과 멸시를 동시에 극복하며 평생에 걸쳐 이룩한 예술의 세계가 한낱 눈요깃감으로 폄훼된 데 대한 자괴감이었을 터다.

사실 예술과 외설(猥褻)의 차이는 보는 이의 시각으로부터 탄생한다. 어떤 장면을 보고 숭고하고 아름다움으로 승화가 되는 이에겐 그 스펙이 예술이며 성적(性的, sex) 욕망이 용솟음친다면 그에겐 외설이라고 할 수 있을 것이다. 물론 주관적인 시각이나 그것이 객관적으로 검증이 되면 더욱 그 작품은 예술작품이라 할 수 없을 것이다.

함동정월을 실제 모델로 드라마한 《춤추는 가얏고》가 그 범주에 속하는 것이 아닐까? 아무튼 그의 예술은 제자들을 통해 또는 육성을 통해 맥맥이 계속 발전되고 있다. 그녀가 1936년 녹음제작한 앨범 《가야금산조》에 굿거리, 느린자진모리, 《춘향가》 이별가①(떠날 때 일을 생각하고), 이별가②(일절 통곡탄식가), 춘향이가 이별 후 탄식하는데(춘향별한), 춘향이가 이도령을 그리워하는데(만정월색), 《심청가》 범피중류, 열녀들의 혼령이 심청이를 위로하는데, 심봉사 황성 올라가는데, 《가야금병창》 단가세상사(편시춘), 춘향가 중 갈까보다(상사가),《남도민요》육자배기, 흥타령 등이 녹음되었다.

이같이 사람은 갔어도 예술은 남아 끝없이 발전, 진화하고 있다. 그러나 아쉬움이 많다. 한 세대를 먼저 태어났든지 한 세대를 늦게 태어났다면 그렇게 지독하게 가난과 싸우지 않아도 되었을 터다. 천재도 최소한의 생계가 유지되어야 하고 그의 천재성을 수용할 사회적 환경과 그의 재능이 예술로 승화될 수 있는 무대가 있어야 하기 때문이다.

그러나 함동정월은 위의 세 가지 모두가 안 된 상태에서 본인만의 의지로 예술의 경지로까지 갔으나 그 '예술의 경지'가 너무 늦게 피워 화려한 예술의 꽃을 제대로 피워보지 못하고 안타깝게 삶을 마감했다.

하지만 그녀는 국내 최초 여성역사를 다룬 전문 전시, 문화공간인 여성사 전시관에 선구자 15인에 포함되어 전시(여성가족부, 서울 동작구 대방동 여성플라자 2층)되었다. 선구자 15인은 다음과 같다. 자선사업가 백선행(1848~1933), 독립운동가 유관순(1904~1920), 독립운동가, 교육자 김마리아(1892~1944), 의병장 윤희순(1860~1935), 농촌운동가 채영신(1909~1935), 기자 최은희(1902~1984), 육영사업가 김양현당(?~1903), 교육가 하란사(1875~1919), 페미니즘 작가 강경애(1907~1943), 서양화가 나혜석(1896~1946), 무용가 최승희(1911~?), 영화배우 이월화(1904~1933), 비행사 박경원(1901~1933), 의사 박에스더(1876~1910), 국악인 함동정월(1917~1994) 등이 뽑혔다.

이같은 영광은 함문의 기쁨만이 아닐 것이며 국악계 전체의 영광이 될 것이다. 그는 가야금병창과 산조뿐만이 아니라 시조, 승무, 검무, 민요, 정가, 무용 등 국악의 전 부문을 무불통지(無不通知)한 진정한 예인(藝人)의 길을 불꽃처럼 살고 갔다.

함문을 빛낸 문화·예술인들

새로운 문화(New Culture)가 창조될 때는 그 문화가 탄생하도록 환경적인 조성이 가장 중요하다. 14~16세기 이탈리아에 르네상스 문화가 발흥되도록 하게 한 가문이 피렌체의 메디치 가문(House of Medici 1397~1743)이다. 메디치 가문이 없었던들 천재화가 레오나르도 다 빈치(1452~1519)와 미켈란젤로(1475~1564), 그리고 라파엘로(1483~1520) 등과 같은 세계적인 문화예술가는 탄생하지 못했을 뿐만이 아니라 중세암흑시대에서 인문중심의 르네상스시대는 열리지 못했을 것이다.

유럽에서 르네상스문화를 배태(胚胎)시킨 가문은 메디치 가문이 있어 가능했으며 경기도 양평(楊平 옛 지명 楊根)의 함문(咸門)은 작으나 크게 한국의 문예부흥에 일익을 충분히 해낸 한국판 메디치 가문이라 해도 조금도 손색이 없는 문벌이라 하겠다.

화단(畵壇)엔 함덕남(咸德男)→함경룡(咸景龍)→함제건(咸悌健)·함종건(咸宗健) 형제→함세휘(咸世輝)·함도홍(咸道弘) 형제의 4대와 함석숭(咸石崇)·함윤덕(咸允德)·함대영(咸大榮) 등 기라성 같은 인물들이 한국화단에 장대하면서도 누구도 넘보거나 흉내낼 수 없는 아름다운 가문 특유의 역사를 썼다.

함문의 그림영역은 진경산수(眞景山水)에서 인물(人物), 대나무, 국화에 이르기까지 폭넓은 예술의 세계를 가졌다. 그들의 작업세계는 어진화사(御眞畵師)에서 아름답고 화려하기까지 한 삼천리금수강산으로 묘사되는 국토의 모습인 진경산수와 인물화 등에로 작품세계가 다양했다.

한편 경주의 이명수(李明修)→이정근(李正根)→이수형(李壽亨)→이홍규(李泓虯)→이기룡(李起龍)→이형정(李衡精)으로 이어지는 6대가 있으며 3대론 이지한(李之翰)→이팽년(李彭年)→이기(李紀) 가문이 승문원과 규장각 글씨로도 유명한 사자관(寫字官)의 영예를 누렸다.

또한 함문은 국악계에선 함윤옥(咸潤玉)→함제홍(咸濟弘)→함재영(咸在暎)·함재운(咸在韻) 형제와 함화진(咸和鎭) 4대에 걸친 가업(家業)은 독보적인 악사(樂史)를 창출해냈다. 근·현대에 와서는 가야금 산조 및 산조분야기능보유자명인인 함동정월(咸洞庭月, 본명 咸金德 1917~1995)의 활약은 《춤추는 가얏고》로 드라마화 되어 국내외 시청자들의 심금을 울렸던 인기연속극이었다.

성(姓)은 다르지만 김두량(金斗糧 1696~1762, 자 도경道卿, 호 남리南里)도 함문의 피가 흐르는 영조(英祖 1694~1776)가 특별히 총애했던 화원이었다. 도경은 사실주의회화의 선구자 윤두서(尹斗緖 1668~1715)의 제자였으며 도화별제(圖畵別提)를 지냈다. 전통적 북종화법을 따르면서 남종화법과 서양화법을 수용한 작품들을 남겼다.

산수, 인물, 풍속, 영모(翎毛) 등 여러 방면의 소재에 능숙하였고 신장도(神將圖)도 잘 그렸다. 현존하는 작품은 49세 때인 1744년의 작품《월야산수도(月夜山水圖)》가 국립중앙박물관에 소장품이 유명하다. 그는 또한 조선의 국화(菊畵) 3대 명인의 이산해(李山海), 유환덕(柳煥德)의 한 사람인 함제건(咸濟健)의 외손자이기도 하다.

현재 널리 알려진 도경의 작품은《흑구도(黑拘圖)》,《자웅견장도(雌雄犬將圖)》,《목우도(牧牛圖)》,《맹견도(猛犬圖)》등이 있다. 도경의 부친은 김효경(金孝景)이며 자녀는 김덕후(金德厚)로 3부자가 모두 뛰어난 화원이었다.

조선의 화원은 왕족화가, 선비화가와 화원화가로 구분되었었다. 당시 화원(畵員), 역관(譯官) 등은 중인신분으로 양반대열에 들지 못했다. 조선은 양반들의 세상이었다. 경복궁(景福宮)을 중심으로 사대부들이 모여사는 북촌(北村)이 조선을 움직이는 두뇌집단으로 팔도를 지배했다.

함문이 예인(藝人)의 집안으로 성장하게 된 것은 이유가 있었다. 고려 최대 갑족(甲族)으로 있다 이성계(李成桂 1335~1408)의 역성혁명(易姓革命)으로 왕조가 바뀌자 신분의 부침이 요동쳤다. 고려는 왕(王) 씨의 나라였었으나 조선은 이(李) 씨의 나라가 되었다.

함 씨가 왕 씨로 행세했던 함문은 왕조가 바뀌자 진퇴양난의 처지다. 형제가 갈라지는 비극이 탄생했다. 정평공(定平公) 함부림(咸傅霖)과 죽계공(竹溪公) 함부열(咸傅說)이 탄생되는 역사다. 형 함부림은 개국조선에 몸을 실었고 동생 함부열은 두문동(杜門洞)으로 들어가 불사이군(不事二君)이 되었다.

이같은 정세에 관계에 출사는 순탄치 않은 현실이었다. 때문에 사대부의 길보다 예인의 길로 간 피치못한 역사일터다. 예인의 길은 그렇게 험난했다. 고려에서 불교세력으로 용문산에 거대한 사패지(賜牌地)를 받을 정도로 갑족이었으나 성리학(性理學)의 국가 조선이 개국되자 가문은 퇴락하기 시작했다. 때문에 운신 폭이 비교적 여유로운 중인의 길로 나갔을 인재들이 많았다.

해외로 나아가 새로운 문물을 접할 수가 있기 때문이다. 한말 개항(開港) 초기에 오경석(吳慶錫 1831~1879), 유대치(劉大致 1831~?) 등도 중인가문이었다. 그들은 중국에서 또는 명치유신(明治維新 1868)으로 조선보다 한발 앞서 서구화된 일본에서 새로운 문물을 들여왔다.

조선은 서세동점(西勢東漸)의 물결을 제때 수용하지 못해 사무라이들에게 붓을 꺾이고 국권(國權)까지 빼앗겼다. 그러나 오경석의 아들 오세창(吳世昌 1864~1953) 등과 같은 한발 앞서가는 신진세력들이 있어 뒤늦게나마 개국이 가능했다.

조선시대 강릉지방의 미술가로는 율곡 이이(栗谷 李珥 1536~1586)의 어머니인 신사임당(申師任堂 1504~1551)을 빼놓을 수 없다. 그리고 그의 넷째아들 옥산 이우(玉山 李瑀 1542~1609), 맏딸 매창(梅窓)부인 등도 있다. 특히 신사임당의 작품인《신사임당초서병풍(申師任堂草書屛風)》,《월하고죽도(月下孤竹圖)》등이 전해져 조선 중기 화풍변화를 보여주고 있어 당시 미술의 볼륨을 연구하는데 귀중한 자료다.

근대에서도 강릉지방에선 걸출한 화가들이 많이 배출되었다. 차강(此江) 박기정(朴基正 1874~1949), 만제(晚濟) 홍락섭(洪樂燮 1874~1918), 석강(石岡) 황성규(黃聖奎), 계남(桂南) 심지한(沈之漢

1889~1964), 소남(少南) 이희수(李喜秀) 등이 그들이다. 그 중 심지한은 무릉계곡의 《금난정(金蘭亭)》이란 현판글씨와 이희수는 강릉 선교장에 《선교유거(仙嶠幽居)》를 남긴 인물로도 유명하다.

이처럼 한나라의 역사의 여울목이 있을 때마다 의무와 책임을 다하는 가문이야말로 진정한 역사의 주인공일터다. 역사의 주인공이 되려면 지도자가 있어야 한다.

함문은 단군(檀君) 이래 한반도에서 역사를 일구어온 한민족의 일원으로서 비록 여타 성씨보다 수적으로 열세이나 역사의 멍에는 당당하고 떳떳하게 수행해냈다. 지혜로운 지도자가 있어서다. 삼한(三韓: 마한(馬韓), 진한(辰韓), 변한(弁韓)) 시대에선 성조(聖祖) 문간공(門簡公) 함혁(咸赫)이 있어서고 고려조에서는 양후공(襄厚公) 함규(咸規) 장군의 탁월한 영도의 후광이다.

시구의 르네상스는 신(神) 중심세계에서 인본(人本)주의의 사람중심의 세상으로 바뀜을 의미한다. 역사가 바뀌면 통치이념 역시 바뀌어 사상의 방향이 항상 문제가 되었다. 삼국시대엔 불교가 통치이념이었으나 고려는 불(佛), 유(儒), 선(仙)이 혼거한 절묘한 통합의 사상을 이루었다. 창조적 지배자의 통섭(統攝)의 통치철학이라 하겠다.

조선은 엄숙한 성리학의 나라였다. 이같은 역사의 여울목에서도 함문은 빠지지 않고 역사의 멍에를 마다하지 않았다. 청백리 함유일(咸有一 1106~1185)과 대문장가 함순(咸淳), 팔도 관찰사를 역임한 정평공(定平公) 함부림(咸傅霖)과 그의 아들 함우치(咸禹治), 그리고 두문동 72현의 한 분인 죽계공(竹溪公) 함부열이 그들이다. 역사의 주인공은 누구나 될 수 있으나 또한 누구나 될 수 있는 그런 자리는 아니다.

메디치 가문(1397~1743)은 서양사를 공부하지 않은 이들도 화가, 건축가, 식물학자 등으로 알려진 레오나르드 다빈치, 작품《모나리자》·《최후의 만찬》,《비너스의 탄생》·《비너스와 마르스》·《세 동방박사의 경배》의 보티첼리(1455~1510), 그리고《천지창조》·《최후의 심판》·《피에타》의 미켈란젤로 등을 모른다고 하지 않을 것이다.

유럽여행을 가려면 이탈리아의 바티칸시티, 피렌체, 베네치아, 밀라노, 나폴리, 로마 등은 으레 들어가는 코스다. 메디치 가문(家門)이 이룩해 놓은 문화예술의 향기가 끝없이 피어나는 역사의 고장이다.

메디치는 이탈리아어로 '의사'를 뜻하나 정확한 명칭의 유래는 알려지지 않고 있다. 어쩌면 신(神)중심의 중세사회에서 인간중심의 세상으로 치료해 인도하는 '의사'로서의 역할이 기대되는 명칭이 아닌가 싶기도 하다.

이들이 메디치 가문의 후원으로 배출된 르네상스시대의 걸출한 예술가들이다.

이외에도 '그래도 지구는 돈다'의 갈릴레오 갈릴레이(1564~1642), 『군주론(君主論)』으로 널리 알려진 마키아벨리(1469~1527) 등도 역시 메디치 가문의 학생들이었다. 메디치 가문의 본거지인 피렌체엔 산토스피리토성당, 산로렌초성당, 산마르코성당, 미켈란젤로의 다비드상, 우피치미술관에 소장되어 있는 도나텔로(1386~1466)의 청동 다비드상 등 르네상스시대 걸작들이 피렌체에 가득하다. 피렌체는 거대한 유적이자 유물들이 모두 메디치 가문의 후원으로 이루어진 전인류가 아끼는 문화예술작품들의 보고(寶庫)다.

물론 두 명의 교황(레오 10세, 클레멘트 7세)과 두 명의 프랑스왕비(카테리나 디 메디치, 마리아 디 메디치), 그리고 두 명의 공작(니무르 1479~1518, 우르비노 1492~1519)를 탄생시켜 정치적으로도 메디치 가문의 입김이 유럽대륙에까지 미쳤다.

한편 안동김씨(安東金氏)를 조선의 메디치 가문으로 주장하는 이들이 있다. 17세기 이후 상업의 발달로 세련되어 가는 과정에 서울 근교에 살면서 누대에 걸쳐 벼슬한 벌열가문 즉 경화사족(京華士族)이 미술과 문학의 발달(진화)을 이끌었다는 얘기다.

경화사족으론 반남박씨(潘南朴氏), 풍양조씨(豊壤趙氏) 등이 득세했으나 특히 안동권씨가 조선의 메디치 가문(家門)으로 불려도 손색이 없을 터다. 16세기 이후 이들은 장동김문(將洞金門)으로 불리며 조선 후기 최대의 예술후원가문이 되었다.

장동김문은 본거지 안동소산에서 서울 청풍계(淸風溪, 청운동 청운초등학교 뒤쪽)로 이주, 유력 문벌로 성장하여 김상용(金尙容 1561~1637), 김상헌(金尙憲 1570~1651) 형제의 후예들이다.

조선 후기에 우리나라에 나타난 새로운 현상은 겸재 정선(謙齋 鄭敾 1676~1759)으로 대표되는 진경산수(眞景山水)다. 조선 중기까지도 중국화에 영향으로 묵화 속의 산수화는 우리 것이 아니었다. 안견(安堅)의 《몽유도원도(夢遊桃源圖)》는 중국의 산천이었다.

진경산수(또는 실경산수)의 이론적 배경을 제공한 안동김씨 김상헌의 손자 김수증(金壽增 1624~1701)은 서예에 두각을 나타냈으며 지식인사회의 금석문(金石文)에도 명성을 날렸다.

특히 동생 김수항(金壽恒 1629~1689)이 스승인 송시열(宋時烈 1607~1689)과 유배되자 벼슬을 버리고 강원도 화천에 들어가 농사를 지으며 주자(朱子)의 행적을 모방하여 그곳을 곡운(谷雲)이라 부르고 경치 좋은 9곳을 평양 출신 화가 조세걸(曺世傑 1635~?)에게 그리게 하여 《곡운구곡도(谷雲九曲圖)》가 탄생하게 되었다.

김수증의 조카 김창협(金昌協 1651~1708)은 이론의 토대를 제공했으며 김수증은 진경산수의 개념을 제시했다고 하겠다. 김창협의 동생 김창업(金昌業 1658~1721) 등 그의 여섯 동생들이 18세기 조선화단에 각각 풍속화와 산수화를 대표해 사실주의를 구현했다.

문인화가인 관아재(觀我齋) 조영석(趙榮祏 1686~1761)은 정선, 현재(玄齋) 심사정(沈師正 1707~1769)과 함께 삼재(三齋)의 한사람이기도 하다.

삼연(三淵) 김창흡(金昌翕 1653~1722)은 형인 창업 등 형제가 백악사단(白岳詞壇)을 조직, 문학과 예술을 토론했는데 여기에 정선, 조영석, 시인 사천(槎川) 이병연(李秉淵 1671~1751) 등이 가세하였다. 특히 정선과 이병연은 죽마고우로서 떨어져서는 못사는 유별난 친구 사이였다. 그들은 겸재가 그림을 그려보내면 사천은 시를 썼고 시를 써서 보내면 그림을 그렸다. 그만큼 그들은 빛과 그림자 관계였다.

19세기를 넘어오면서 풍고(楓皐) 김조순(金祖淳 1765~1832)을 빼놓을 수 없다. 그는 정치가이면서 사상가 전형인이기도 하다. 또한 19세기 후반엔 안동김씨 중 문화예술 후견인으로 김이도(金履度

1750~1813), 김흥근(金興根 1796~1870), 김유근(金逌根 1785~1840) 등이 주축이었다.

김흥근은 화가 소치(小癡) 허련(許鍊 1809~1893)과 둘도 없는 절친한 사이로 그에게 집까지 내주며 창작활동을 도왔다. 또한 김조순의 아들 김유근은 문인화가인 권돈인(權敦仁 1783~1859) 등과도 돈독한 관계를 유지하면서 문화예술을 즐겨 조선의 르네상스를 일으키는데 상당한 역할을 했다.

이처럼 한반도에서 문화예술의 토양이 풍부했었다. 신라에 솔거(率居), 고려에 이녕(李寧)과 그의 아들 이광필(李光弼) 부자, 조선엔 안견(安堅) 등의 화풍(畵風)은 대륙 중국에서도 부러워하며 칭찬을 아끼지 않았다.

문화예술은 그 자체만으론 꽃피울 수 없다. 피렌체에서 르네상스시대를 구현할 수 있었던 것도 메디치 가문의 후원이 없었다면 불가능했다. 메디치 가문의 사업의 장기적인 경영전략에 의한 포석이였으나 세계역사에 영원히 남은 역사다.

함문의 역사도 그러했다. 한국 최초 국악이론가 함화진(咸和鎭), 화단(畵壇)의 함세휘(咸世輝), 청백리(淸白吏) 함유일(咸有一), 대문장가 함순(咸淳), 그리고 팔도 관찰사를 모두 역임한 함부림(咸傅霖), 두문동(杜門洞) 72현 중 한 분인 함부열(咸傅說)과 민선부통령 함태영(咸台永), 한국이 낳은 세계적 사상가 함석헌(咸錫憲) 등이 주역이다.

수천 송이 꽃들이 모여 아름다움의 극치를 보여주는 백합같이 한 민족이 대동단결하여 성취한 한반도의 르네상스에 함문도 당당한 한 가문이었다고 해도 결코 억지주장이 아닐 것이다.

함문은 전통적 교육가문

인공지능(AI)이 몰려온다. 예상보다 빠르게 우리세계를 위협하고 있다. 서둘러 대비하지 않으면 자칫 그들에게 우리가 지배당할 수도 있다는 목소리가 높다.

SF공상과학영화 같은 이야기지만 사실은 신성하고 의견은 자유롭다. 십 수 년 전부터 실리콘밸리 천재들과 구글 같은 거대조직들은 발 빠르게 움직이고 있다.

함문(咸門)의 네 번째 고등교육기관인 신한서 재능경력대학원의 학위식이 있은 후 기념사진을 찍었다. 꽃다발을 든 사각모차림 중앙 우측(右) 함기철 이사장·총장

꿈의 컴퓨터 또는 생각하는 컴퓨터란 별명을 가진 양자(量子) 컴퓨터는 슈퍼컴퓨터가 100년 걸릴 계산을 단 100초만에 해결한다고 한다. 꿈같은 얘기다. 그러나 현실이다. 4차산업혁명시대엔 낙오되면 사회생활까지도 어렵게 된다.

이 양자컴퓨터 역시 우리가 공부하여 순조롭게 적응하리라 본다. 우리 문명이 과거에 없던 것을 계속 창조하며 발전, 진화해 왔기 때문이다.

특히 인공지능이 할 수 없는 가장 인간다운 감성을 살려 각자 자기 위치에서 스스로 제일 잘하는 것을 찾아 창조적인 재능에 열정을 쏟음이 필수라 하겠다.

시대가 바뀌면 없어지는 직업과 새로 생기는 일자리가 있다. 직업은 시대요구에 따라 발전, 진화된다. 우리도 시대요구에 맞춰 발전, 진화되어 가야한다.

이제는 산업현장이 학교가 되어 이끄는 이가 스승이 되고 배우는 제자는 일하는 것을 학점으로 환전, 재능경력학사, 석·박사를 받을 수 있다. 삶의 변화가 1차산업혁명으로 시작, 금세기엔 4차산업혁명이 화두다.

기존의 교육방식으론 감당이 되지 않는 시대에 직면하고 있다. 교육이 시대가 요구하는 제도로 바뀌어야 한다. 그런데 우리는 시대가 발전, 진화되어 감을 모르는 척하고 있는 듯하다.

교육가문인 함문(咸門)은 한발 앞서 간다. 역사의 소명의식이 어느 가문보다 뚜렷하다. 교육보국(敎育報國)이 그것이다. 한 가문이 시대에 따라 사회변화 패러다임에 맞추어 교육기관을 탄생시킴은 결코 쉬운 일이 아니다.

실사구시(實事求是)의 오봉서원(五峯書院)은 강원도 최초 서원으로 칠봉공(七峰公) 함헌(咸軒 1508~?)이 주축이 되어 세웠다. 오봉서원은 숙종(肅宗) 7년(1681)에 위토3 결과 모속인 20명을 하사받아 비사액서원이나 사액서원의 예무를 받았다. 이는 공자(孔子 BC 551~BC 479)상이 배향된 데에 대한 예우로 알려졌다.

오봉서원(五峯書院). 칠봉공 함헌(七峰公 咸軒)이 세운 서원으로 공자(孔子. BC 551~BC 479)를 배향한 한국유일의 서원이다.

그리고 국내 유일의 산림인재양성의 강원대학교(설립자 함인섭 1907~1986), 또한 한서대학교(총장 함기선)의 항공대학은 대한항공, 아시아나항공에 이어 국내 3위의 비행기(48)를 보유, 30년 전 사비로 항공단을 설립, 현재는 세계항공협회 선정 세계 최우수 항공대학으로 영광을 누리고 있다. 세계 최초 신개념 학위제도의 신한서 재능경력대학원을 설립한 이사장 및 총장 함기철의 대하(大河)처럼 시대변화를 리드하는 창조적 학풍(學風)이 만들어낸 더없이 위대한 결과물이라 하겠다.

신한서재능경력대학원 학위는 블라인드(Blind)다. 언제, 어디서, 누구나 학력 제한 없이 재능, 경력을 각 분야의 심사위원회의 심사를 거쳐 수여한다. 4차산업혁명시대에 가장 혁신적인 학위제도라 하겠다.

온고지신(溫故知新)의 교육패러다임(Paradigm)이다. 절묘하다. 시대변화를 읽은 예지(豫知)다. 뛰어난 성찰력에서 창조되는 전통적 학풍이다.

강원대학교 설립자 함인섭(咸仁燮) 박사 동상제막식(2010년 6월 14일)에 함씨 춘천 종친회 임원진이 참석, 박사의 '교육 입국'의 높은 뜻을 기렸다.

지금은 세계항공협회에서도 최우수 항공대학으로 인정하는 한서대학교 항공대학 태안비행장에서 함기철 설립창시자(왼쪽에서 두 번째)가 학생들과 포즈를 취했다.

물론 유사한 교육제도는 세계 각국에서 시행하고 있다. 그러나 신한서재능경력대학원 실시의 재능, 경력인정 학위제도는 하늘 아래 유일하다. 최근 국내외에서 관심을 보이는 미네르바대학(2014년 창립)은 취지와 개념이 다르다.

신한서재능경력대학원은 함문의 교육열정이 기원전에서 시작된 태생적 학구열의 징표(徵表)다. 그 열정은 세기를 넘어 대대손손 이어져 오늘에 이르렀다. 그 열정은 학문이 탄생시키는 역사가 있는 한 결코 꺼지지 않는 횃불일 것이다.

빠르게 변화하는 시대는 우리를 기다려주지 않는다. 함문은 오봉서원을 비롯한 강원대학교, 한서대학교, 그리고 신한서재능경력대학원은 식지 않은 교육가문 열정이 북극성(北極星)같은 횃불을 자임

해왔다.

이제 고려의 문헌공도(文憲公徒)에 버금가는 4차산업혁명시대를 넘어 뉴밀레니엄시대에서도 당당히 횃불역할을 해낼 '함왕(咸王)서당'을 꿈꾸고 있다. 미래는 창조하는 이의 무대다.

갑자기 아일랜드의 극작가 겸 소설가인 버나드 쇼(1858~1950)의 비문에 새겨진 "우물쭈물하다 내 그럴 줄 알았다"가 번개같이 떠올랐다. 그렇다. 미래는 예측하며 기다리는 것이 아닌 도전과 창조하는 이의 확실한 무대다.

명문가 빛과 그림자의 현주소

성스럽기까지한 죽계공(竹溪公) 함부열(咸傅說 1363~1442) 신조(先祖)께서도 모함(謀陷)당하였다. 목숨을 걸고 불사이군 죽계공이 고려 마지막 공양왕(恭讓王 1389~1392)을 시해(弑害)했다는 왜곡보도(고성신문 2019년 4월 8일)다.

만고(萬古)의 충신이 역적이 된 왜곡역사가 되었다. 양후공(襄厚公) 함규(咸規 879~945) 장군께서 고려 제2대왕 혜종(惠宗 재위 943~945)을 시해하려 했다는 모함에 이어 두 번째다. 가슴이 메어지는 슬프고 뼈를 깎는 아픈 사건이다. 고성신문에 보도(이선국 작성)된 소위 소영웅심리의 특종의식으로 대서특필한 치명적 왜곡기사다.

필자는 함영학(咸泳鶴, 죽계공 종중회장)은 당장 고성신문으로 함씨들이 집단으로 쳐들어가야 한다는 문중의 움직임을 전해들었다. 하지만 그렇게 감정적으로 행동하면 안된다고 하며 함정대(咸正大) 대종회 회장에게 전화하여 대종회 차원에서 항의해야 된다며 기사정정(訂正) 문제로 가닥을 잡았다.

처음엔 2019년 4월 15일에 간다고 했다가 함정대 대종회회장의 선약이 있어 17일로 연기, 강원도 강릉에 회동이 추진되었다.

왕을 시해하면 그 후 목적이 뚜렷해야 한다. 권력의 공백상태가 되어 특정집단이 정권을 잡아 새 인물이 왕으로 등극하는 것이 역모의 기본생리다. 새 왕조가 탄생하게 되는 경우다.

소위 역성혁명(易姓革命)의 역사다. 불사이군 함부열이 공양왕을 시해했다는 소식은 경천동지할 뉴스가 아닌 세상이 바뀌었어야 했는데 왜 그때 세상이 바뀌지 않았는지 보도내용이 허술하고 치명적으로 왜곡되었다는 흔적이 명백한 영웅 심리에서 특종을 해야겠다는 속내가 역력해 보이는 허술한 기사였다.

사실 역모(逆謀)를 하려면 적어도 몇 달 전 아니 몇 년 전부터 치밀한 계획이 있어야 하며 목적을 같이 할 여러 동지가 있어야 한다. 더욱이 본인이 고려조에 마지막 충신으로 두문동(杜門洞)에까지 들어갔었던 이가 어느 날 갑자기 역적이 되는 뚜렷한 동기가 있어야 소위 특종이 될 수 있다.

하지만 고성신문의 기사는 달랑 '시해' 두 글자밖에 없다. 충동적 함문에 대한 열등의식의 역사적 배경이 있었는지도 알 수 없는 미스터리다. 그렇지 않고서야 이 엄청난 역사왜곡이 있을 수 없는 허술하기 짝이 없는 소영웅심리의 특종의식의 기사였으리라?

강원도에서 함문(咸門)은 비록 숫자는 적으나 명문(名門) 중 명문가

(名門家)다. 그런 가문에서 역성혁명으로 조선이 개국되고 고려 마지막 충신으로 청사에 길이 기록되었던 죽계공(양근 함씨) 함부열이 사실은 역적이었다는 역사를 이선국은 온몸이 떨리는 흥분에 싸여 앞뒤 생각 없이 역사를 바꾼다는 세기의 특종으로 착각, 왜곡을 거리낌 없이 했었을 터다.

그동안 조선개국(1392년) 이후 600여 년을 충신으로만 만인이 알아왔던 죽계공 함부열이 사실은 역적이었다는 것이 이선국이 쓴 고성신문의 왜곡특종기사다.

그는 정식기자 출신도 아니었다. 이곳 고성 출신으로 고성고를 나와 방송대 법학과를 졸업, 2012년 수필가로 등단, 고성군청 공무원을 40년을 했으며 고성문학회회장을 역임하기도 하였다.

저서론『지명유래지』,『고성지방의 옛날이야기』,『길에서 금강산을 만나다』가 있는 고성에선 꽤 알려진 인사인 듯 하다.

하지만 치명적 약점은 기사작성에서 금과옥조(金科玉條)인 소위 육하원칙(5W1H)을 무시했다는 사실이다. 기사엔 빠트리면 안 되는 육하원칙을 그는 특종의식의 황홀함에 빠져 놓치고 말았다.

아예 몰랐을 가능성이 높다. 전문가의 눈엔 특종 욕심에 눈이 어두운 어설픈 문필가로 보였다.

함문은 양후공 함규 장군이 고려 제2대왕 혜종(惠宗 재위 943~945)을 시해하려 했다는 모함에 빠진 씻지 못할 치욕적인 역사 이후 두 번째로 역적에 몰린 대사건이었다.

역적으로 오보(誤報)한 고성신문에서 즉시 정정보도와 사과문을 내긴 했으나 청사에 빛난 죽계공 함부열의 뜨거운 충심엔 큰 상처가 났다. 상처가 나긴 쉬워도 치유는 어렵다. 더욱이 역사가 왜곡되어 역적으로 몰리기까지 한 함문의 종사(宗史)는 영원히 지워지지 않고 상처로 남는다.

양후공 모함역모가 대표적 사례다. 이선국은 고성 출신으로 함문의 종사를 손바닥의 손금처럼 어느 누구보다도 소상히 알고 있는 문필가다.

그런 그가 죽계공을 그가 충심으로 모셨다는 왕을 시해했다는 것이 알려지면 함문이 어떻게 될 것이란 상상의 사실까지도 연상하면서 왜곡특종을 황홀감에 들떠 썼을 터다.

본인 독단으로 소위 특종이라 게재를 했을 리 만무하다. 신문사 측과 나름대로 면밀한 검토와 발행 이후의 사태가지도 충분한 고려가 있었을 것이다.

그렇지 않고서야 이 엄청난 역사왜곡을 자행했을 리가 만무하기 때문이다. 왜곡특종보도 후엔 어느 특정 성씨에게 반사이익이 갈 수 있어서다. 그것은 동서고금의 역사가 증명해 주는 역사적 진리다.

또한 그곳에 거주하고 있는 함문은 대명천지에 고개를 들고 다닐 용기가 나질 않을 터다. 불행 중 다행은 정정보도와 사과문(강원도민일보)까지 보도했으나 종사에 치명적인 상처는 영원히 치유가 불가능한 치욕적 왜곡특종이었다.

역모를 하면 구족(九族)이 멸족을 당하는 사건이다. 그런 위험천만한 역사적 사건을 이선국은 서슴없이 불사이군 죽계공이 공양왕을 시해했다는 왜곡특종을 버젓이 해놨다.

양후공이 모함당해 강화도 갑곶에서 그를 따르는 300여 사대부들이 타살된 치욕의 역사가 떠오른다. 함문의 종사에 씻을 수 없는 왜곡정사(正史)다. 근년에 혜종의 이복동생 소(昭, 후에 광종光宗 재위 949~975)의 집단에게 모함 당했을 것이 분명하다는 역사가 몇몇 역사학자가 발표하고 있으나 서럽고 치욕적인 종사는 아름다운 청잣빛 같이 치유되지는 않는다.

그런데 21세기 대명천지에서 고려 최후의 충신으로 청사에 기록되어 있었던 죽계공이 하루아침에 역적이라고 둔갑시킨 세기의 왜곡특종이 고성신문에 보도되었다.

"성질 같아서는 고성신문을 때려 부수고 싶다"는 함정대(咸正大 [주]함창회장) 대종회회장의 말에 분노의 도를 쉽게 짐작이 간다. 강원도에서 함문의 위상을 이선국을 비롯한 신문사측에선 잘 알고 있을 터다.

명가의 함문이 사실은 이러한 역사의 약점을 가지고 있었다는 것을 알리려는 의도가 있었을 것이다. 그 반사이익은 또 다른 강릉의 명문가에게 고스란히 갈 수 있다는 치밀한 왜곡특종의 속내가 숨겨 있었던 것은 아닐까?

더욱이 총선(2020년 4월 15일)이고 보면 합리적 의심이 가는 왜곡특종의 미스터리가 풀리지 않는 이유다. 함문은 강릉 토착민이다. 함문 외 몇몇 명가들은 외래성씨들로서 조선조와 근·현대에 들어 큰 벼슬을 해 크게 번성한 성씨들의 오늘의 현주소다.

하지만 함문은 고려의 대명문가로 조선조에 들어서는 가문이 퇴락하였다. 조선말·한말·대한제국 그리고 대한민국에 이르기까지 몇몇 명망가들이 나와 종사(宗史)를 빛내고 있다. '개성왕씨 몰살 작전' 이후 원래 함씨(咸氏)로 돌아온 역사의 설움이 대대로 이어왔음의 현실이다.

그런 세월 중에 공양왕 시해 사건이 터졌다. 함씨대종회 중심으로 국내외 20여 만의 종친들의 분노가 하늘을 찌를 듯이 터져 나올 상황이다.

하지만 크게 번지면 누워 침 뱉기 식이 될 가능성이 높다. 그렇게 되면 함문 외에 강릉 명문가(崔氏, 金氏, 朴氏, 郭氏)로 자처하는 가문들이 돌아서서 남몰래 낄낄댈 우려가 태산같이 컸다.

이웃이 땅을 사면 박수쳐 축하해주는 것이 아닌 배가 아픈 것이 얄팍한 오늘의 세상인심이 아닐는지… 하지만 '낮말은 새가 듣고 밤말은 쥐가 듣는다' 했듯이 산 넘고 들 건너 삽시간에 세상으로 퍼져 나갈 터다.

아니 1700여 년 전의 성조(姓祖)인 문간공(文簡公) 함혁(咸赫)왕의 귀에도 들어갔을 터이며 양후공 함규 장군도 함씨 특유의 급한 성질로 밤잠을 이루지 못하고 함왕성(咸王城)을 배회했을 것이 자명하다. 변변치 못한 후손들이 그만 영광스런 모습이 아닌 본의 아니게 또 욕되게 해서 죄스럽기만한 오늘의 현실이 되고 말았다.

억울하면 출세하란 말이 딱 이 경우에 해당하는 말인듯해 씁쓸하기 그지없다. 만만히 보인 것인지 큰 명문가의 명예에 치명적인 상처를 주어야 돌아오는 반사이익도 크리라 믿고 왜곡특종을 했는지 지금도 그 판단이 서지 않는 미스터리한 사건이다.

아무튼 종사 왜곡특종은 일단락되었으나 개운치 않은 마무리다.

양후공이 역성혁명으로 한국사(正史)엔 버젓이 기록되어 있는 이후 두 번째 모함이다. 첫 번째는 왕(혜종)을 죽이려 했다는 모함으로 강화도 갑곶(甲串)에서 양후공을 비롯한 그를 따르는 문·무관 300여 명과 함께 살해되었다. 이번의 사건은 치욕의 모함 600여 년 후에 발생한 왜곡특종이지만 역시 왕과 관련된 왜곡된 종사였다.

공교롭게도 두 사건 모두 왕과 얽힌 사건이다. 함문은 비록 인원은 적으나 큰 사건의 주역으로 등장해야 역사가 이루어지는가 보다. 개운치 않은 역사(종사) 현장이다. 예나 지금이나 상대를 모함하거나 자빠뜨려야 내가 일어설 수 있는 현실이 안타깝다.

사실 함문은 조선조가 개국되면서부터 역사의 현장에서 갈등해 왔다. 양평 용문산이 대표적 현장이다. 그곳에선 지금도 밤낮없이 함문과 연안이씨(이숭원李崇元 1428~1491)의 역사쟁패다.

불교명문기와 유교가문 산의 패권다툼이다. 양근·강릉함씨 대종회에서 근년에 사나사(舍那寺) 앞의 산(山)을 매입(19,000여 평)하면서부터 한동안 수면으로 드러나지 않았던 갈등을 다시 보이지 않는 명예전쟁에 불을 붙인 꼴이 되었다.

더욱이 산성천제(山城天祭, 2018년 8월 13일)가 1700여 년 만에 재현되면서부터 연안이씨들은 마음이 편치 않았을 터다. 함씨대종회에서 양평군에 매입한 산의 개발프로젝트가 군에 제출되어 인허가를 기다린다는 소문이 퍼져나가 연안이씨 측의 저지 움직임도 있었으리라….

사나사 앞산에 함문의 대규모 시설이 들어서면 함왕성(咸王城, 경기기념물 제123호) 이후 대규모 성역화가 되기 때문이다. 현재론 연안이씨가 우세한 듯해 보이는 가문의 모양새가 단번에 뒤바뀔 가능성이 보여서 일게다.

연안이씨는 유교로 번성한 가문이지만 함문은 불교로 한 시대를 풍미했었던 가문이다. 그 가문이 르네상스(Renaissance)를 위해 포효(咆哮)하고 있는 형세다. 끝이 없는 종사(宗史)전쟁이다.

연안이씨 이숭원의 선친 연천군 신도비백비사건이 대표적 사례다. 역사는 상상력이 되고 상상력에 맞추어 모자이크 맞추듯 맞추어가는 작업이다.

용문산을 영산으로 성조(姓祖) 함혁왕(咸赫王)께서 역사를 이룬 성지(聖地)다. 성조로부터 21세인 양후공은 세 따님을 고려조에 받친 겸부원군(府院君)이다. 태조왕건(太祖王建 재위 918~943)과 혜종이 양후공의 부마(駙馬·사위)다.

양후공은 하남에서 홍천 등에 이르는 지역을 통치했었던 한강유역의 패권자였었다. 소위 결혼정책으로 후삼국을 통일하려는데 한강유역을 차지해야 하는 것은 후삼국통일에 있어서 충분조건이 되는 사안(事案) 중 하나다.

그 중심에 양후공이 버티고 있는 주인공으로 떠올랐으리라! 왕건은 아마 눈에 넣어도 아프지 않은 세 딸이 있음을 알고 사위가 되길 자청했을 터다. 크든 작든 조직을 움직이는 리더는 세상사 흐름을 읽어야 한다.

역사의 대세다. 왕건의 후삼국통일은 당시 대세였다. 양후공은 못이기는 척 두 부원군의 자리에 올랐으리라. 양후공은 문무를 겸한 뛰어난 지도자다. 왕건에겐 양후공이 후삼국통일을 이루고 명실공히 고려를 반석에 올려놓으려면 절대 필요한 인물이라고 생각했을 터다. 양후공은 그런 왕건이 희망하는 필요충분조건인 덕망과 식견을 갖추고 있었던 것이다.

때문에 사성(賜姓)을 거리낌 없이 주었을 것이며 거대한 사패지(賜牌地)를 용문산 함왕성지를 중심으로 주었으리라! 그런데 세상이 바뀌어 이숭원이 불교탄압 은공(恩功)으로 그곳(사패지)에 사패지를 받아 연안이씨 세장지지(延安李氏 世葬之地, 대대로 묘를 쓰고 있는 땅)의 표적이 세워지고 신도비까지 세워져 함문의 성질 급한 한 분이 분노하여 신도비를 깎는 불행한 사건이 발생했던 것이다.

내 조상이 귀하면 타인의 조상 역시 귀한 것이 세상사다. 그런 세상인심에 신도비 삭제는 바람직한 사건은 아니었으나 성질 급한 함문의 원로 한 분이 울분을 참지 못하고 순간적인 행동에 일말의 동정이 발동했을 수도 있었을 가슴 아프고 다시는 있어서는 안 되는 숙연한 불행사다.

그런데 역사(宗史) 전쟁에 다시 불이 붙었다. '죽계공 함부열, 공양왕 시해' 왜곡보도가 그것이다. '자라 보고 놀란 가슴 솥뚜껑 보고 놀란다'고 함문은 그렇게 종사왜곡에 예민하다.

아직도 양후공이 혜종을 시해하려 했다는 정사(正史)의 상처가 말끔히 아물지 않은 상태다. 역사가 왜곡되어 낸 상처는 영원히 치유가 불가능하다. 그런 세월에 '죽계공 함부열 공양왕 시해' 왜곡보도는 잠시 잊을 뻔 했었던 종사 상처를 사정없이 부풀렸던 대사건이 되었다. 함문으론 되도록 기억하고 싶지 않은 종사상처다.

아무튼 함정대대종회 회장의 속전속결 처리로 사건이 더 커지지 않게 마무리가 되었으나 상처는 상처대로 종사의 주름살로 남았을 터다.

　두 사건의 치유는 함문이 고려 초기의 위세로 르네상스 되는 작업이다. 다행인 것은 대종회 역사 이래 현 집행부가 그 작업을 열정적으로 추진하고 있다는 오늘의 현주소다.

　용문천(가칭) 위 용문산에 거대한 함문의 성지설계도다. 그 설계도대로 실현이 되면 왕건 묘와 같은 규모의 성조(姓祖) 문간공 함혁왕(咸赫王)의 묘가 세워질 터다. 왕릉 규모다.

　삼한(三韓 마한·진한·변한) 시대에서 창씨(創氏)된 함문의 종사는 무려 1700여 년의 장구한 역사다. 그 화려한 역사가 재현되는 거대한 르네상스 프로젝트다. 들리는 소문엔 연안이씨 측에서 저지(인·허가)에 속앓이를 한다는 풍문도 있는 듯하다.

　함문과 연안이씨는 사돈지간 관계다. 정평공(定平公) 함부림(咸傳霖 1360~1410)의 처가댁이다. 이제 역사적 화해의 즈음이 아닐까? 그러나 용문산 입구(함왕성 서문)에서부터 함왕봉까지엔 함문의 숨결이 지금도 멈추지 않고 왕성하게 숨 쉬고 있는 현장이다.

　역사의 파편들은 그렇게 생생하게 현장을 지키고 있으나 시대가 변하여 가문에 대한 의식은 점차 퇴색해 가는 것이 오늘의 세태다.

　이즈음 우리 세대에서 장업하고 성스럽기까지한 함문의 역사도 더 쇠락하기 전에 과감한 르네상스운동으로 정려하고 아름답게 꽃피워져 영원하였으면 하는 마음 간절하다.

　그리고 더 바람은 고려는 불교가 국교가 되어 통치(이데올로기)까지 진화되었으며 조선 역시 소위 억불숭유(抑佛崇儒)정책으로 사회가 움직였었다.

이제 대한민국은 종교의 자유로 누구나 사회활동에 장애가 되지 않는 세상이 되었다. 함문과 연안이씨 가문은 사돈관계의 가문으로 역사의 굴레에서 벗어나 서로 존중하는 관계가 됐으면 좋겠다.

하루 속히 두 가문은 똘레랑스(tolerantia·관용)의 문화를 만들어 사돈관계를 만들 때 분위기로 돌아가길 기대해본다. 그같은 억울함도 명문가가 감내해야 하는 몫인가 보다.

안내를 끝내며

함문의 종사는 쉼 없이 진화 중

쉽게 이룬 결과물은 쉽게 무너질 수 있다. 그러나 장구한 시간과 난해한 어려움을 극복하고 얻은 결과물은 쉽게 잃어버리지 않는다. 『청백리 나라』가 후자에 속하는 성과물이다. 십 수 년의 세월과 수십 차례의 취재를 거듭하여 이해의 충돌과 불신의 벽을 넘은 결과다.

1700여 년의 역사를 복원함과 동시에 전국으로 헤어져 세거(世居)를 이뤄 생활과 사상의 차이에서 오는 이해의 충돌과 불신의 벽은 의외로 심각하고 높았다. 성조(聖祖) 함혁왕(咸赫王)의 후예라는 단순 논리로는 도저히 건너지 못하는 세월의 강이 있었음을 미처 깨닫지 못했던 것이다.

배가 산으로 가는 취재가 부지기수였으며 목적은 『청백리 나라』 발간이었으나 취재는 쉽지 않았다. 그러나 '지성이면 감천'이라 했듯이 뜻있는 대학원을 운영하는 종친의 큰 그림이 그려져 『청백리 나라』가 어렵사리 발간의 길로 들어서게 되었다.

사실 역사는 쓰는 이에 따라 변질될 수도 있다. 그래서 어느 시대 누가 쓰느냐에 따라 역사의 진실 등에 의문을 제시하는 것이 여

안내를 끝내며 ∣ 319

기에 기인한다.

과거의 인식 없이는 보다 높은 수준의 정신문화를 생각할 수 없을 뿐만이 아니라 일상생활의 아름답고 위대한 미래를 창조할 수 없다. 문화는 승자와 패자의 경험과 공헌이 이해돼야 한다. 승자만이 기억되고 낙오자들은 잊어지는 평가가 강요되서는 안될 것이다. 함문의 역사 또한 1700여 년 동안 양지로 나오지 못하고 그늘에서 르네상스를 기다리고 있었다.

작금의 상황에서도 역사의 길로 나오지 못하면 영원히 햇빛을 보지 못할 지도 모른다. 그같은 상황의 절박함에서 절치부심(切齒腐心)의 심정에서 발로 뛰어 취재, 역사를 찾았다.

'구슬이 서 말이라도 꿰어야 보배'라 했다. 그렇다. 1700여 년 동안에 창조해낸 역사와 문화를 몇 년 사이에 복원시키려는 생각이 처음부터 무리였을지도 모른다. 때문에 당대의 지혜로운 이들이 수십 차례의 취재를 통해 예지를 모았다.

역시 절치부심의 심정에서다. 무수한 암초들을 넘고 넘는 지혜를 얻기 위함이었다. 하늘의 뜻이라고나 할까. 『청백리 나라』를 십 수 년의 산고 끝에 햇빛을 보게 되었다. 물론 1700여 년의 역사와 문화를 충분조건을 갖추었다고는 장담할 수 없으나 소위 '육하원칙'은 구비되었다고는 말할 수 있을 것이다.

사실은 사실이라고 또한 진실은 진실이라고 확연한 장담에는 궁색한 변명이 따르겠지만 그늘에 있던 진실과 사실을 양지 바른 곳으로 옮겨났다는 데에는 다소나마 마음이 놓인다고 하겠다.

마한시대부터 시작된 함문의 역사와 문화를 발굴, 복원하려는 시도에 아쉬움은 없었는지? 더욱이 한술에 배부를 수는 없다. 육하원칙이 구비되었다고 완전한 문장(역사)이 되었다고 장담하지는 않을 것이다.

수정과 보완을 통해 『청백리 나라』로서 손색이 없는 역사가 되도록 취재를 아끼지 않았다. 20만 현종들께서도 아낌없는 지도편달을 보내줘 1700여 년 동안 축적된 함문의 정신사에 흠결(欠缺)이 없도록 인색함이 없는 노력을 경주하였다. 함문의 역사는 곧 한민족 역사의 한축이기 때문이다.

역사는 진화(進化)한다. 1700여 년 전에 용문산 일대에서 씨족국가를 세운 함혁왕(咸赫王)의 역사를 그때 그대로 방치해두면 그 역사는 죽은 역사다. 그러나 오늘날의 시각에서 재해석하여 복원시킬 때 비로소 살아 있는 전통의 역사가 될 것이다.

이번 『청백리 나라』가 그 시도다. 말의 성찬(聖餐)이 아닌 실행이 중요한 때였다.

고려 초기 문무를 겸한 양후공 함규(咸規) 장군같이 걸출한 인물이 오늘날엔 목말랐으며 세계적 사상가인 함석헌(咸錫憲) 옹 같은 지혜로운 어른도 가슴 뜨겁게 아쉬웠다. 그러나 더 이상 기다릴 시간이 없어 미흡하고 어리나 과감히 『청백리 나라』를 발간하기로 마음을 굳혀 작업을 마무리하기로 했다. 만족할 만한 시간과 여건이 성숙되지는 않았으나 아쉬운 대로 작업이 진행되었다.

역사엔 언제 어느 때나 아쉬움이 붙는다. 100% 만족할 역사는 없기 때문이다. 『청백리 나라』도 예외가 아니다. 그러나 뜨거운 열정으로 시작했으나 시간과 주변 환경이 녹녹치 않아서다. 역시 함문만의 독특한 충효(忠孝) 사상과 시대를 이끌어가는 예지 정신의 역사복원엔 열정만으론 만족할만한 르네상스(Renaissance)가 어렵다는 것을 『청백리 나라』 발간작업에서 더욱 절실하게 느꼈다.

사람에 비유하면 어느 정도 미숙아에 해당할 수도 있으나 역사적으론 두 딸을 왕비(睿宗 1450~1469, 成宗 1457~1494)로 만든 한명회(韓明澮 1416~1487)도 칠삭둥이(七朔)가 아니던가? 그러나 그는 수양대군(1417~1468, 후에 世祖)을 도와 혁혁한 공을 세우지 않았던가! 『청백리 나라』도 재판을 통해 수정과 보완을 게을리 하지 않을 것이다.

그렇게 하여 1700여 년 동안 그늘에서 또는 지하에서 잠자고 있었던 함문(咸門)의 역사와 문화를 고려 시대에서 아름답고 위대한 역사(歷史)로 르네상스로 갈 수 있도록 열정과 노고를 아끼지 않을 것을 약속드린다.

충남 예산군 덕산면 대치3나길 21
2021년 6월 한서아카데미 별관에서
함기철

용어 풀이

문화는 기호(記號)다. 멀리는 삼한(三韓 마한·진한·변한)에서부터 사용했었던 언어가 고스란히 지금도 통용되는 언어(말)가 있는가 하면 고려와 조선조에서 사용했던 언어들이 생소한 예도 있다.

때문에 『청백리 나라』에 동원된 고유명사와 고유직제 등이 오늘날 현대인들에겐 낯설듯 하여 부득이 원활한 이해를 돕는 의미에서 용어 풀이를 했다.

내시(內侍)

고려 시대엔 과거를 통해 시문(詩文), 경문(經文)에 뛰어난 문과 출신으로 등용, 오늘날 대통령 특별보좌관과 유사하며 직책에 따라 차이가 있으나 장관보다 높은 부총리 급이다.

또한, 내시 중엔 권문세가의 자제들로 구성된 좌번(左番) 내시와 과거를 통해 치열한 경쟁을 뚫고 들어온 유사(儒士)인 우번(右番) 내시가 있다. 우번 내시는 왕에게 경연(經筵)까지 하는 업무가 있어 그들의 실력을 가늠할 수 있으며 때론 백성들의 삶을 살펴, 보고도 하는 실세 중 실세다.

환관(宦官)

고려, 조선 시대엔 거세(去勢)된 남자로 궁중에 벼슬한 남자로 별칭(別稱)으로 시인(寺人), 화자(火者), 내관(內官), 중관(中官), 환시(宦寺), 내수(內竪), 정신(淨身), 오시(汚寺), 혼시(閽寺), 혼관(閽官), 엄수(閹竪), 엄시(閹侍), 엄인(閹人), 폐환(嬖宦) 등 다양한 이름들이 있다.

내시와 환관 하면 음흉하고 간사한 부정적인 이미지가 떠오르는 것이 사실이다. 그것은 TV 드라마에서 맛깔 나는 재미를 시청자들에게 주기위해 극화한 장면이기도 하다.

그러나 역사적으로 큰 발자취를 남긴 인물도 있다. 김처선(金處善 ?~1505)과 채륜(蔡倫 ?~?)이 그들이다. 김처선은 조선의 제10대 임금인 연산군(燕山君 재위 1494~1506)의 비행에 직간하다 다리와 혀를 잘려 절명했으며, 채륜은 후한(後漢)에서 정신문화 3대 발명품인 문자와 인쇄술에 이어 종이의 제조기술을 창안해 냈다.

또한, 환관 중엔 궁내의 빈객을 접대하는 대객환관(對客宦官), 임금이나 왕비의 능을 지키는 시릉환관(侍陵宦官), 세자궁인 동궁에 소속되어 세자의 말을 전하는 승언환관(承言宦官)도 있다.

대원군(大院君)

왕이 후사가 없을 때 종친 중에 왕위를 계승 받으면 그 생부를 지칭하는 칭호. 선조(宣祖 재위 1567~1608)의 아버지 덕흥군(德興君 후에 德興大院君)을 추존한데서 비롯하여 정원대원군(定遠大院君), 전계대원군(全溪大院君), 흥선대원군(興宣大院君) 등 4명이 있었다. 위의 3인은 사후 추존되었으며, 생존 시 대원군이 된 이는 흥선대원군뿐이다.

부원군(府院君)

임금님의 장인.

부마(駙馬)

임금의 사위.

옹주(翁主)

임금의 왕비 소생이 아닌 딸을 지칭, 궁녀의 소생 등 서녀(庶女)를 말함.

음보(蔭補)

조상의 사회적 지위로 후세들이 얻는 벼슬.

경처(京處)

벼슬을 한 사대부가 한양에 두는 부인을 이르는 지칭으로 첩의 개념이 아닌 향처와 대등한 신분이다.

향처(鄕妻)

벼슬한 사대부가 고향에 있는 조강지처를 지칭하는 이름.

신원(伸冤)

살아생전에 억울한 사건으로 죽임을 당했을 경우 사후에 원한을 풀어주는 제도.

도방(都房)

고려 무신정권 시대에 만들어진 사병집단이며 숙위기관(宿衛機關), 경대승(慶大升 1154~1183)에 의해 최초로 조직되었으며 정중부(鄭仲夫 1106~1179) 때엔 중방(重房)이 있었다.

부조현(不朝峴)

경덕궁(敬德宮) 앞 언덕으로 고려 유신들이 조선의 개국에 협조하지 않고 그 고개를 넘어갔다 하여 붙여진 이름이며 또한 그 북쪽에 관을 걸어놓고 넘어갔다고 해 괘관현(掛冠峴)이라고도 했다.

신도비(神道碑)

왕이나 고관대작의 무덤 앞에 또는 무덤으로 가는 길목에 죽은 이의 사적(私跡)을 기리는 비석. 대개는 무덤의 남동쪽을 향해 세우는데 신도(神道)라는 말은 신령들의 길이라는 뜻이다.

불천위(不遷位)

나라에 큰 공이 있거나 도덕성과 학문이 높은 분의 신주(神主)를 땅에 묻지 않고 사당에 영구히 두면서 제사를 지내는 것이 허락된 신위(神位).

두문동(杜門洞)

이성계(李成桂 1335~1408)가 조선을 개국하자 출사하지 않고 개성 개풍군에 있는 두문동으로 고려 선비들이 입산해 나오지 않은 곳이다. 불사이군(不事二君)의 충신의 뜻도 있는 동시에 두문동 72현의 의미도 함축된 장소이기도 하다.

기년설(朞年說)

효종(孝宗 1619~1659)이 붕어했을 때 복상(服喪) 문제의 하나로 1년간을 주장한 제사 기간의 일종.

대공설(大功說)

복상 기간을 9개월을 주장하는 역시 제사 기간의 일종이다. 이는 조선 후기 현종(顯宗 1641~1674), 숙종(肅宗 1661~1720) 대에 걸쳐 효종과 효종의 비(趙大妃 인조의 계비)의 복상 기간을 둘러싸고 일어난 서인(西人)과 동인(東人) 간의 두 차례에 걸친 논쟁, 소위 예송(禮訟)에서 주장했던 복상 기간이다.

원상(院相)

조선 시대 어린 왕의 즉위로 섭정이 이뤄질 때 승정원에 나와서 왕을 보좌하고 6조(曹)를 통합한 관직. 원임(原任), 시임(時任)의 재상을 임명하여 국정을 논의했다. 처음엔 재상들이 원상이 되었으나 뒤엔 시임의 삼정승을 원상으로 임명하는 것이 관례였다. 원상은 1467년(세조 13) 9월에 왕이 병이 나서 명나라 사신을 접대하는 데 무리가 없게 하려고 신숙주(申叔舟 1417~1475), 한명회(韓明澮 1415~1487), 구치관(具致寬 1406~1470) 등으로 승정원에서 서무를 지휘하게 한 것으로부터 시작되었다.

진종설화(眞宗說話)

양쪽 부모가 모두 석가의 부모명을 그대로 신라의 진평왕(眞平王 재위 579~632)은 휘(諱) 백정(白淨), 왕비는 마야부인(摩耶夫人)으로 썼

다. 즉 양계(兩系)가 모두 특수성을 주장하는 진종이라는 석가(釋迦)의
설화에서 따왔다.

별제(別提)

화원으로 최고 직위, 세종조엔 함세휘(咸世輝), 김두량(金斗樑), 최경
(崔慶)이 영광을 누렸다.

산조(散調)

허튼소리, 소위 음악 연주 중에 사람이 사이사이에 넣는 소리.

소축(燒祝)

제를 올리고 난 후에 축을 태우는 행사.

정악(正樂)

국악 가운데 아악(雅樂)을 의미하며 아정(雅正)하고 고상하며 바르고
큰 음악이라는 뜻이다. 궁중음악을 포함한 민간상류층에서 연주하는
곡을 지칭한 동시에 속악(俗樂)의 대칭 개념이기도 하다.

예인(藝人)

선가(善歌), 명가(名歌), 명창(名唱), 선창(善唱) 등으로도 불린다.

금석문(金石文)

금속이나 돌 등에 새겨진 글이나 그림 등으로 청동기나 석비 등에
새겨진 명문을 뜻하나 넓은 의미로 갑골문(甲骨文), 토기(土器), 와전(瓦
塼, 기와 벽돌) 등에 새겨진 문자도 포함시키고 있다.

전칭작(傳稱作)

어떤 작품을 그 사람이 그렸다고 확신하고 전해오는 작품.

삼절(三絶)

시(詩), 서(書), 화(畵)에 능한 예술가를 지칭함.

남종원체화풍(南宗院体畫風)

궁정 취향에 따라 화원을 중심으로 직업 화가들의 화풍, 온화한 강남지방의 기후와 나지막한 산과 물이 많은 특이한 자연환경을 배경으로 이룩한 화풍을 말함. 특히 마하파(馬夏派) 화풍이 전형적으로 전해지고 있다.

비보풍수(裨補風水)

어떤 지형이나 산세가 풍수적으로 부족하다면 이를 보완하는 술법이다.

사성(賜姓)

나라에서 성씨를 내려주는 사례. 왕건(王建 재위 918~943)은 고려를 건국하면서 혁혁한 공을 세운 공신에게 왕(王)씨를 하사했다. 함규가 왕규(王規)로 된 것이 대표적인 사례.

경화사족(京華士族)

서울 근교에 거주하는 근기 남인, 소론, 북학(北學)을 수용한 노론 낙론계 학자들, 중앙학계에 주류를 이루며 여러 대에 걸쳐 관료 생활하는 데 성공한 집단을 지칭함.

백좌강회(百座講會)

나라의 평안과 백성의 고통을 구제하기 위해 백 개의 사자좌(獅子座, 부처 모시는 자리)를 마련하고 100명의 법사를 초빙해 100일 동안 매일 한 분씩 설법하는 법회.

기려도(騎驢圖)

선비가 풍류를 즐기며 시상에 잠겨 당나귀를 타고 가는 모습. 함윤덕(咸允德)의 《기려도》가 유명하다.

기전체(紀傳體)

역대 제왕의 업적을 기록한 본기(本紀)와 당 시대에 두드러진 행적을 남긴 개인의 열전(列傳)을 중심으로 기와 전자를 따서 기전체라 한 것이다.

편년체(編年體)

연대에 따라 사건을 객관적으로 서술하는 역사를 편년체라고 한다.

기사본말체(紀事本末體)

사건의 원인과 결말을 중심으로 전개과정을 서술하는 것을 기사본말체라고 하며 송(宋)나라에서 성리학이 발달함에 따라 성리학적 기준으로 역사적 사건을 평가하여 강(綱)과 목(目)으로 나누어 설명하는 강목체 등도 있다.

분적(分籍)

원적(原籍)에서 따로 떨어져 나와 본적(本籍)을 만드는 성씨(姓氏). 강릉 명문가 강릉 함씨는 양근(楊根) 함씨에서 분적해 나아간 성씨로 조상은 함혁(咸赫)으로 같다.

쟁간(爭諫)

임금이 듣기 싫어하는 말을 면전에서 직을 걸고 용기 있게 옳은 말을 하는 사간(司諫)을 지칭하는 쟁간 외에도 직간(直諫) 등이 있다.

지평(持平)

조선 시대 사헌부의 정5품 관직. 사헌부의 직무는 백관의 비위 사실에 탄핵 감찰권과 일반 범죄에 대한 검찰권을 행사하는 동시에 불복공소(不服控訴)에 대한 고등법원으로 역할까지도 겸임. 지평은 두 명이다.

보노니아

세계 최초 대학 볼로냐(Bologna)를 로마인들은 보노니아(Bononia)로 불렀으며, 일설엔 한낮에 햇빛을 받은 돌이 밤엔 빛을 뿜어 어둠을 밝혔다는 전설도 있다.

함왕서당

함문엔 이미 칠봉공 함헌(咸軒)이 세운 오봉서원(五峯書院)이 있다. 그러나 함왕서당을 추진함은 4차산업혁명시대에 재능, 경력을 통한 맞춤 인재 배출을 위한 교육보국 차원의 노블레스 오블리지 운동이기도 하다.

청요(淸要)

청직(淸職)과 요직(要職)의 합성어로, 사간원·사헌부·홍문관 벼슬을 지칭.

참고문헌

E. H. 카 『역사란 무엇인가』 곽복희 역(청년사, 1989)

파울 키른 『역사학 입문』 한기영 외 역(정음사, 1985)

양병우 『역사논초』 (지식사업사, 1987)

금장태 『한국의 선비와 선비정신』 (서울대학교출판부, 2001)

이규태 『서양의 의식구조』 (신원문화사, 1985)

이규태 『한국인의 생활구조』 1~2(조선일보사, 1984)

강효석 편저 『조선왕조 오백년의 선비정신』 권역대 외 역(화산문화, 1996)

정옥자 『조선 후기 역사의 이해』 (일지사, 1995)

정옥자 『조선 후기 중화 사상연구』 (일지사, 1998)

정옥자 『역사에서 희망 읽기』 (문이당, 1998)

정옥자 『조선 후기 지성사』 (일지사, 1991)

이덕일 『당쟁으로 보는 조선 역사』 (석필, 1997)

이덕일 『사화로 보는 조선 역사』 (석필, 1998)

이덕일 『누가 왕을 죽였는가』 (푸른역사, 1998)

유학봉 『조선 후기 학계와 지식인』 (신구문화사, 1998)

김홍경 『조선 초기 관학파의 유학 사상』 (한길사, 1996)

이이화 『한국 근대인물의 해명』 (학민사, 1985)

한국사상연 편저 『조선 유학의 학파들』 (예문서원, 1996)

손인철 『한국인의 미와 미풍양속』 (문음사, 1984)

박영규 『한 권으로 읽는 고려왕조실록』 (들녘, 1996)

박영규 『한 권으로 읽는 조선왕조실록』 (들녘, 1996)

박영규 『한 권으로 읽는 신라왕조실록』 (웅진닷컴, 2001)

박영규 『고구려 본기』 (웅진출판, 1997)

이도학 『새로 쓰는 백제사』 (푸른역사, 1997)

김부식 『삼국사기』 1~2, 최호 역, (홍신신서, 1995)

일연 『삼국유사』 이민수 역(을유문화사, 1995)

최영성 『조선전기 한국유학사상사』 (아세아문화사, 1995)

최영성 『고대·고려 편 한국유학사상사』 (아세아문화사, 1994)

서길수 『고구려 역사유적답사』 (사계절, 1998)

서병국 『고구려제국사』 (혜안, 1997)

한국역사연구회 『삼국시대 사람들은 어떻게 살았을까』 (청년사, 1998)

한국역사연구회 『고려시대 사람들은 어떻게 살았을까』 (청년사, 1997)

한국역사연구회 『조선시대 사람들은 어떻게 살았을까』 (청년사, 1997)

강재언 외 『선비의 나라 한국유학 2천 년』 (한길사, 2003)

김호기 『시대정신과 지식인』 (돌베개, 2017)

안대희 『선비답게 산다는 것』 (푸른역사, 2007)

이태복 『청백리 삼산 이태중 평전』 (동녘, 2019)

김윤제 외 『안동의 선비문화』 (아시아문화사, 1997)

이우성 외 『한국의 역사 인식』 상·하(창작과비평, 1976)

니콜로 마키아벨리 『군주론』 권혁 역(돋을새김, 2005)

함씨 대종회 『함씨 대동보』 1~7(회상사, 1987)

함씨 대종회 『함씨 대동보』 증보판(회상사, 2002)

이상해 외 『서원』 사진 안장헌(열화당, 1998)

미야지마 히로시 『양반』 노영구 역(강, 1996)

금장태 『유학 사상과 유교 문화』 (전통문화연구회, 1994)

소현왕후 한씨 『내훈』 육완정 역(열화당, 1984)

정일동 외 『양평 함왕성지』 (수원대학교박물관, 1999)

함용익 『함씨 뿌리를 살피다』 (약업신문사, 2019)

윤석달 『명창들의 시대』 (작가정신, 2006)

함석헌 『간디의 참모습』 (한길사, 1983)

이규태 『선비의 의식구조』 (신원문화사, 1984)

이규태 『한국인의 성과 미신』 (기린원, 1985)

정옥자 외 『시대가 선비를 부른다』 (효형출판사, 1998)

이덕일 외 『우리 역사의 수수께끼』 1~3(김영사, 1999)

박현 『한국 고대 지성사 산책』(백산서당, 1995)

한국정치외교사학회 『조선조 정치 사상연구』(평민사, 1987)

한국정치외교사학회 『한국독립과 열강 관계』(평민사, 1985)

야마베 겐타로 『한일합병사』 안병무 역(범우사, 1991)

함씨 대종회 『함씨 대종회종보』1~4호(대종회, 2006)

함씨 대종회 《종보》 창간호(2006)

함씨 대종회 『함씨 대종회종보』 함왕성(2021)

지아 우딘 외 『문화연구』 이영아 역(김영사, 2003)

리처드 오스본 『사회학』 윤길순 역(김영사, 2004)

이이화 『한국사 이야기』1~8(한길사, 1996)

함경옥 『선비 문화』(한줄기, 1997)

이장희 『조선 시대 선비연구』(박영사, 1989)

임용순 『정통역사 청백리 열전』(문학창조사, 1993)

정순목 『옛 선비 교육의 길』(문음사, 1992)

차하순 『역사의 본질과 인식』(학연사, 1988)

김태유 외 『한국의 시간』(쌤앤파커스, 2021)

저자 약력

함경옥(시인·작가·역사연구가)
남양주에서 전형적인 농부아들로 태어나 서울 유학, 용문고·중앙대학교 국어국문학과 졸업, 일간스포츠·서울경제신문·한국일보 기자, 세계일보 편집부장·편집위원·논설위원을 역임하였다.

기자생활 중 KBS 구성작가로 부족한 생활비를 충당했다. 저서론『한국기자사회의 이해』, 『정보화시대』, 『선비문화』, 『취재&편집, 기자의 세계』, 『기자가 말하는 기자』(공저)가 있으며, 논문으론『국익과 알 권리』등이 있다.

그리고 10여 년간 약업신문에 「풍류천일야화」와 화장품신문에 「美人美學」을 연재했었다. 지금은 원래 꿈이었던 시와 소설 쓰기에 열정을 쏟고 있다. 듣고 보고 쓰고 삼고(三苦)의 작업이 즐겁고 즐겁다.

함기철(咸基喆, 예명: 바보천치, 신한서재능경력대학원 이사장·총장)
역사와 충절의 고장, 충남 예산에서 태어나 예산농업고등학교 2년 중퇴, 뒤늦게 하와이 호놀룰루 대학 자연의대 명예박사를 취득했다. 국방 의무는 해병대 자원입대, 청룡부대로 월남전에 참전, 국내 최초 사회단체 충남동지회 구급봉사대를 창설·운영, 소방서119구급봉사대가 설치되는데 선도적인 역할을 했다.

한서대학교 사업본부장으로 한서대학교 설립 창시자로 역할을 했으며, 사무처장·학교법인 함주학원 사무국장·한서대학교 항공단 단장·한서대학교 사회체육교육원 원장·오성교육문화재단 이사장·법무부 범죄예방위원회 홍성지구연합회 회장·세계무술협회 회장(독일연방공화국) 역임.

학교법인 신한서대학교 이사장·총장, 신한서재능경력대학원 이사장·총장으로 4차산업혁명시대에 세계최초 재능경력인증학위제도 발명특허 관련 3건 보유, 새로운 교육보국을 넘어 제도를 정착시키기 위해 교육혁명가로 열정을 쏟고 있다.

청백리나라
깨어나라, 청요의 영혼

함기철, 함경옥 지음

발 행 처 · 도서출판 **청어**
발 행 인 · 이영철
영　　업 · 이동호
홍　　보 · 천성래
기　　획 · 남기환
편　　집 · 방세화
디 자 인 · 이수빈 ｜ 김영은
제작이사 · 공병한
인　　쇄 · 두리터

등　　록 · 1999년 5월 3일
(제321-3210002510019990000063호)

1판 1쇄 발행 · 2021년 8월 30일

주　　소 · 서울특별시 서초구 남부순환로 364길 8-15 동일빌딩 2층
대표전화 · 02-586-0477
팩시밀리 · 0303-0942-0478

홈페이지 · www.chungeobook.com
E-mail · ppi20@hanmail.net
I S B N · 979-11-5860-969-6(03990)